KB189718

ADHD의 슬기로운 대학생활

대학생 ADHD를 위한 인지행동치료

Arthur D. Anastopoulos, Joshua M. Langberg,

Laura Hennis Besecker, Laura D. Eddy 공저

박정수 외 공역

역자 서문

학교생활은 '원래부터' 정해져서 시작된다. 해가 바뀌면 학년이 오르고, '당연한 듯' 교실, 반, 교사, 이수과목, 시간표가 생긴다. 매년, 매학기, 매월마다 어떤 과목을, 언제까지, 어디까지 마치는지 미리 계획되고 진행된다. 시간표 매시간은 '필수', '선택' 과목의 우선순위에 따라 시간과 분량이 배분되고, 쉬는 시간도 1시간마다 규칙적이다. 하루 절반 이상 학업과 생활을 공유하는 학생 다수가 한 '반'에 모여 1년 동안 친해지거나 갈등을 겪는다.

한 해 운명처럼 주어지던 학교생활은 대학 입학부터 다른 국면을 맞는다. 부모, 교사, 학교의 도움 없이 전적으로 학생 홀로 찾고 결정하는 과정을 거치면서 20대 이후 성인으로서 자립하여 스스로 책임질 준비를 한다. 대학생활은 자율성이 커지고, 새롭고 다양한 만남과 경험으로 흥미진진한 시기이다. 동시에 불확실하고 낯선 상황에서 좌충우돌로 스트레스도 상당하다. 10대 후반에서 20대 초반 심각한 정신장애의 높은 발병률이 이를 반영한다. 반수나 재수, 전과, 휴학, 편입학 등으로 자신이 처한 환경 자체를 바꿀 수도 있다. 잠재력의 실현가능성과 희망만큼, 예측불가와 통제불능에 대한 두려움도 공존한다. 이 책 2장에서 '자기조절력이 취약한 ADHD에게 유독 힘들고 도전적인 대학생활'로 특정하였으나, 고등학교 졸업 이후 "어른"의 삶이란 환경에 맞추면서도 자기 자신을 잃지 않는 '자기조절력(self-regulation)'을 끊임없이 시험받는다.

ACCESS(Accessing Campus Connections and Empowering Student Success)는 ADHD가 있는 대학생 대상의 인지행동치료(Cognitive Behavioral Therapy, 이하 CBT) 프로그램이다. 표준국어대사전에서 액세스(access)는 '기억 장치 데이터를 쓰거나 기억 장치에 들어 있는 데이터를 탐색하

고 읽는 과정'의 의미로, '액세스'보다는 '접근'으로 순화된 표현을 권한다. '메인 컴퓨터에 액세스하다', '액세스 권한을 부여하다'처럼 정보 통신 관련해서 흔히 쓰는 용어이다.

이 책의 ACCESS는 경험적인 연구 근거가 축적된 CBT의 교육, 집단, 과제, 연습 등을 대학 캠퍼스 지원 서비스 및 인적 자원 같은 환경적 측면과 연결해 활용하도록 안내한다. 원제는 "CBT for College Students with ADHD: A Clinical Guide to ACCESS"로, 직역을 하면 '대학 캠퍼스 접속(connection)에 액세스(access)하여 성공적인 대학생활의 역량을 키우는 프로그램'이다. 제목 그대로 "ADHD 대학생 CBT"라고 했을 때, 은연 중 병명이 주는 낙인과 거부감, (전문가에게 친숙한) CBT 용어의 난해함을 피할 수가 없다. ADHD가 있는 대학생의 흥미를 끌고 치료 서비스 진입장벽도 낮추기 위해 저자는 정보 통신이나 컴퓨터 관련 단어를 조합해 프로그램 제목을 정하지 않았나 짐작해본다. '슬기로운 대학생활에 액세스하는 법'의 취지를 살려 참여자 핸드아웃의 ACCESS는 번역 없이 원문 그대로 두었다.

미국 대학에서는 신체 장애 이외에도 정신장애가 있는 교내 지원서비스 체계가 구축되어 있다. ADHD를 비롯한 정신장애의 도움과 치료가 단지 증상을 낮고 없애는 목적만이 아니다. 장애를 가지고(with), 장애와 함께(with) 대학생활의 적응을 추구한다. 낮은 청년 취업률로 대학이 취업 준비의 교육기관처럼 점점 인식되는 대한민국의 현실에서 미국 대학의 장애 지원 서비스는 낯설게 느껴질 수 있다. 그렇지만 한국도 정신 장애는 남들에게 절대로 감추고, 가족 안에서 해결하며, 스스로 '정신력'으로 극복해야 한다고 믿던 과거와는 다르다. 한때 유행하던 혈액형으로 성격을 맞추듯이, 코로나 19 이후 TV 예능 프로그램까지 MBTI로 서로 성격 유형을 확인하고 즐거워한다. 자발적으로 SNS나 유튜브에 자신이 불안, 우울, 공황장애, 성인 ADHD를 앓는다고 공개하는 세상이다. 해야 할 일은 미루고, 스마트폰 영상이나 게임, 인터넷 쇼핑에 열중하면서, 자신이 너무 산만하고 충동적이라고 고민한다. 그리고 다시 스트레스 해소를 위해 같은 행동을 되풀이한다. ADHD 때문이든, ADHD가 아니라도, 주의 산만을 걱정하고, 일상의 정리와 계획을 배우고 연습하고 싶은 사람들에게 ACCESS 프로그램은 생각의 전환을 '시험(testing)'하고 행동적 '실험(experiment)'의 경험이 될 것이다.

공동 역자인 박사 과정생 유미, 최선, 초벌 번역에 함께한 배정은과 같이 20년 전 어린 학생처럼 다시 공부하여 의미가 깊다. 석사 입학부터 졸업까지 긴 시간 번역과 교정에 참여한 김나래, 김미영, 임효섭에게 고마움을 전한다. 2023년 2024년 두 해에 걸쳐 ACCESS를 적극 배우고 진행한 석사생 김가현, 정재권, 그리고 지도감독으로 고생한 박희경에게 감사하다. 무엇보다 심리학과 대학원 성인임상 랩이 진행한 6개월 이상의 ACCESS 프로그램 마지막까지 꾸준히 참여한 18명 아주대 학부생들에게 무한한 응원과 감사의 마음을 보낸다. 내담자들의 자기이해와 변화를 위한 용기 있는 시도, 부단한 노력에서 ACCESS 역자와 진행자는 귀한 치료적 자산과 배움을 얻었다.

끝으로 선뜻 초임 교수의 번역 작업을 가능하게 해주신 박영사 노현 대표님, 원고 전체를 엎다시피 한 교정을 초인적인 인내와 눈썰미로 애써주신 전채린 차장님과 부서 직원분들께 진심으로 감사드린다.

역자대표

▌서문

  주의력 결핍 과잉 행동 장애(ADHD)가 있는 대학생들은 일반적으로 학업적, 개인적, 사회적, 정서적 기능 영역에서 임상적으로 유의한 수준의 손상을 보인다. 대학에 입학한 첫해부터 적응이 어려워서, ADHD 대학생은 학위취득에 시간이 더 오래 걸리거나 학교를 중퇴할 가능성이 높다. 이러한 이유로, 근거기반 치료와 지원을 받아야 한다. 아직 ADHD 대학생을 위한 치료 및 지원 서비스에 대한 연구는 거의 없고, 현재 심리사회적 개입, 특히 인지행동 치료(CBT) 개입이 도움이 된다는 정도이다. CBT 프로그램은 대학생들이 필요한 부분을 다루고 동시에 대학 이후 성인기 전환을 도와줄 기술과 지식을 전달한다.

  지난 8년 동안 노스캐롤라이나 대학교(UNC Greensboro)와 버지니아 커먼웰스 대학교(VCU) 연구팀은 ADHD 대학생을 대상으로 한 근거기반치료 프로그램 연구를 수행했다. ACCESS는 교내 기관과 연계하는 집단 치료 및 개인 멘토링 CBT 개입이다. 본 프로그램에서는 ADHD 지식과 학업적, 개인적, 사회적, 정서적 기능 향상에 필요한 기술을 제공한다. 연구를 통해 ACCESS 프로그램의 효과성은 입증되었고, 본 치료 매뉴얼은 ADHD 대학생 대상 ACCESS 진행을 위한 안내서이다.

  1장은 ADHD에 대한 배경 지식, 대학생 대상의 치료 연구, ACCESS 프로그램 개발 근거 및 효과성에 대한 경험적 증거 등을 요약했다. 2장은 ACCESS 집단 및 멘토링 구성 요소의 시행 방법뿐만 아니라, 프로그램 진행자 자격, ADHD 학생 특징을 고려한 일정관리, 비밀보장, 캠퍼스 지원 부서의 직원을 강사로 초청하는 방법을 제시했다. 3~11장에서는 ACCESS 집단 및 멘토링 구성 요소를 수행하는 단계를 상세하게 설명했고, 각 회기의 목표 및 주제, 프로그램 내용, 정보 및 목표로 하는 기술을 포함한 핸드아웃이 수록되어 있다.

UNC Greensboro와 VCU는 ACCESS를 통해 ADHD 대학생들이 겪는 많은 어려움을 도와주었다. 이 프로그램은 다른 대학교 학생들에게도 호평을 받았다. 우리가 효과를 본 것처럼, 다른 전문가들도 ADHD 대학생 대상으로 ACCESS 프로그램을 성공적으로 이용할 것으로 기대한다. 성인 진입기에 있는 ADHD 대학생의 일상생활을 개선해서 대학생활이 점차 나아지고, 성인기 전환의 시작 단계를 도와주려는 우리의 노력을 담아 본 치료 매뉴얼을 집필하였다.

Greensboro, NC, USA, Arthur D. Anastopoulos
Richmond, VA, USA, Joshua M. Langberg
Greensboro, NC, USA, Laura Hennis Besecker
Greensboro, NC, USA, Laura D. Eddy

목차

4장   활성화 단계 2주 차 ●────────────────

5장   활성화 단계 3주 차 ●────────────────

6장　활성화 단계 4주 차　●────────────────

7장　활성화 단계 5주 차　●────────────────

참가자 핸드아웃

부록

성인 전환기
대학생활과 ADHD

1장

주의력 결핍 과잉행동 장애(Attention-Deficit Hyperactivity Disorder [ADHD], American Psychiatric Association[APA], 2013)는 발달적으로 비정상적인 수준의 부주의, 충동성 및 과잉 행동을 특징으로 하는 정신 건강 상태로, 아동기에 처음 발생하여 평생 지속되며 일상생활 기능의 많은 영역에서 심각한 손상을 일으킨다. 아동, 청소년 및 성인에서 ADHD 영향은 그동안 많이 기술되었으나(Barkley, 2015), 성인기로 진입하는 18세에서 25세의 ADHD 임상 양상에 대해서는 관심이 적었다(Arnett, 2007). 최근에서야, ADHD 하위 집단에 대한 연구와 임상적 관심이 급증하면서 ADHD 대학생도 주목을 받고 있다(Green & Rabiner, 2012; Prevatt, 2016; Weyandt & DuPaul, 2012).

　　ADHD에 대한 최신 지식은 이 장애를 성공적으로 관리하는 데 핵심적이므로, 이 장은 ADHD에 대한 개요로 시작하여 임상 양상, 평가 문제 및 동반이환을 논의한다. 그 다음 ADHD 대학생을 위한 다양한 접근법들의 치료 효과 연구들을 검토한다. 이 장의 나머지 부분은 ACCESS (Accessing Campus Connections and Empowering Student Success)를 소개하면서, 프로그램 개발의 근거, 예비연구, 주요한 치료 구성 요소들에 대한 자세한 설명과 함께 그 효과를 입증하기 위해 수행한 연구 결과를 간략하게 요약하겠다.

ADHD 개관

ADHD는 아동기에 처음 증상이 나타나는 신경 발달 장애이다(APA, 2013). 부주의와 과잉행동-충동성의 두 가지 주요 증상 범주에는 건망증, 주의지속의 어려움, 조직화의 어려움, 가만히 있지 못하고 지나치게 말이 많으며, 타인을 방해하기 같은 행동이 포함된다. 누구나 가끔 이러한 행동을 보일 수 있지만, ADHD가 있는 사람은 같은 연령 및 성별에게 기대하는 정도에 비해 행동이 더 과도하며, 훨씬 더 빈번하다(APA, 2013). ADHD 증상의 존재는 전반적인 자기 조절 능력과 관련된 전반적인 뇌 영역의 결핍을 나타내며, 이는 일상생활에서 많은 문제를 일으킨다(Barkley, 2015). 일반적으로 ADHD가 있는 개인은 목표 달성을 위해 자신의 행동을 계획, 조직화 및 모니터링하는 능력을 포함하는 집행기능 문제도 경험한다(Barkley & Murphy, 2011; 이 주제의 심층 논의는 Solanto(2015) 참조하시오).

유병률

유병률의 경우, 아동 중 3.5%~7%가 ADHD 기준을 충족하는 것으로 추정된다(Polanczyk, Salum, Sugaya, Caye, & Rohde, 2015; Thomas, Sanders, Doust, Beller, & Glasziou, 2015; Willcutt, 2012). ADHD 아동 및 청소년의 약 65%는 성인이 되어도 계속 ADHD 진단기준을 충족하는데(Barkley, Murphy, & Fischer, 2008), 유병률은 약간 낮다(2.8~5%; Fayyad et al., 2017; Kessler et al., 2006; Matte et al., 2015). 이러한 결과와 일치하여 대학생 중 ADHD 유병률은 5~8%로 추정된다(Eagan et al., 2014; Wolf, Simkowitz, & Carlson, 2009). 대학 캠퍼스에서 장애 관련 편의 지원

[1]을 요청하는 상당수 학생이 ADHD에 해당한다(DuPaul, Weyandt, O'Dell, & Varejao, 2009).

기능 손상

ADHD는 졸업 및 학업 유지 문제와 관련하여 학생과 학교 모두에게 심각한 문제이다. 또래에 비해 ADHD 대학생은 평균 학점이 상당히 낮고(GPA; DuPaul et al., 2018; Gormley, DuPaul, Weyandt, & Anastopoulos, 2016), 수강을 포기하거나(DuPaul et al., 2018), 대학을 중퇴할 가능성이 높다(Barkley et al., 2008; DuPaul et al., 2018; Hechtman, 2017). ADHD 대학생은 계속 재학해도, ADHD가 없는 학생보다 학위를 마치는 데 시간이 더 오래 걸리는 경우가 많다(Hechtman, 2017). 대학에서 겪는 어려움은 학업에만 국한되지 않는다. ADHD 대학생은 자살 사고 및 자살 시도 경험(Eddy, Eadeh, Breaux, & Langberg, 2019), 우울증과 불안장애(Anastopoulos et al., 2018a)를 포함하는 정신 건강 문제의 위험성이 높다. ADHD 증상이 심한 학생들은 갈등을 다루기 어렵고(Mc Kee, 2017), 관계의 질도 좋지 않아(Bruner, Kuryluk, & Whitton, 2015) 대인관계 문제를 더 많이 경험한다(Sacchetti & Lefler, 2017). ADHD 아동과 성인은 감정 조절 문제를 자주 겪으며 이로 인해 심리사회적 어려움이 더욱 커진다(Anastopoulos et al., 2011; Surman et al., 2013). 일반 대학생들도 약물을 많이 사용하지만(O'Malley & Johnston, 2002), 위험하거나 문제있는 약물 사용 패턴은 ADHD 대학생에게서 더 자주 나타난다(Baker, Prevatt, & Proctor, 2012; Rooney, Chronis-Tuscano, & Yun, 2012). 이러한 점들을 고려하면, ADHD 대학생의 전반적인 삶의 질이 또래들에 비해 더 낮다는 사실은 그리 놀랄 만한 일이 아니다(Pinho, Manz, DuPaul, Anastopoulos, & Weyandt, 2019).

---

1   역자 주) 미국 대학 내에 있는 학생 건강 및 상담센터, 학생 장애 담당 부서(Office of Student Disabilities: OSD)에서는 ADHD 진단을 받은 학생들이 공식적으로 학업 편의(예: 시험시간 연장, 수업 우선 등록, 덜 산만한 곳에서 시험 응시 등)를 받도록 지원한다.

개념 이해

ADHD의 본질적인 결함은 자기조절에 있다. 이러한 이유로 청소년기에서 성인기로 전환되는 대학생활에서 ADHD가 있으면 그렇지 않은 학생보다 특히 고군분투할 가능성이 높다(Fleming & McMahon, 2012). 해당 발달 시기는 인생의 여러 상황이 한꺼번에 모여서 발생하는 "퍼펙트 스톰[2](perfect storm)"의 일부로 설명되기도 한다(Anastopoulos & King, 2015). 누구나 대학생활 시작부터 학업, 개인, 사회, 건강 및 재정 문제와 같은 영역에서 고등학교 때보다 훨씬 광범위한 자기조절을 필요로 한다. 예를 들어, 첫 학기 수업에 제시간에 출석하고, 여러 과제들을 성공적으로 관리하고 우선순위를 정하는 동시에 돈을 관리하고, 자신의 옷을 세탁하고, 식사를 챙기고, 새로운 친구를 사귀어야 한다. 대다수 학생들은 부모의 즉각적인 지원을 못 받고 전적으로 책임을 지는 일이 처음이라 적응을 힘들어 한다. ADHD 학생의 경우 자기조절 능력의 결함으로 인해 이러한 발달적인 도전이 훨씬 어려울 수 있다. 이렇듯 자기조절의 요구는 더욱 늘어나는데, 정작 부모의 지원, 교육 편의(academic accommodation), ADHD 치료(예: 자극제 약물 치료) 등은 종종 중단되기에 문제는 더욱 복잡해진다.

요약

많은 ADHD 학생이 고등학교를 거쳐 대학에 입학할 만큼 충분한 성취를 이루었지만, 대학생활 내내 교육적, 심리사회적으로 상당한 어려움을 겪을 가능성이 높다. 자기조절 역량은 적은데, 대학생활에서는 더 큰 자기조절 능력이 요구되고, 이러한 부조화가 문제의 발단이 된다. 더군다나 부모의 지원 및 다른

---

2 역자 주) 퍼펙트 스톰은 기상용어로 개별적으로 위력이 크지 않은 태풍이 다른 자연현상과 동시에 발생하면 엄청난 파괴력을 내는 현상을 말함. 2008년 미국 글로벌 금융위기로 달러 가치 하락, 유가 및 곡물 가격 급등, 물가 상승이 겹치면서 심각한 경제위기를 일컫는 용어로 진화함. 본문에서는 ADHD 대학생이 겪는 급격한 생활환경의 변화 및 내적, 외적 요구의 급증을 가리킴

ADHD 치료가 중단되면서 상황이 악화된다. 다수의 ADHD 학생이 대학에 다니고 대학 진학률도 계속 증가하기에(Wolf et al., 2009) 해당 집단에 대한 근거 기반 개입의 개발은 필연적이다.

평가 이슈

ADHD 진단

치료 서비스를 제공하는 전문가는 ADHD 여부를 초기 평가에서 직접 수행하고 문서로 남길 의무는 없어도, 그 과정에 익숙해질 필요는 있다. 전문가가 평가 과정을 잘 이해하여 전달하면, 내담자는 ADHD 평가 서비스 지식이 있는 소비자가 될 것이다.

성인 ADHD에 대한 "최적 표준(gold-standard)" 평가에는 여러 정보 제공자에게 다양한 방법을 사용하여 수집한 정보가 포함된다(성인 ADHD 평가의 자세한 논의는 Ramsay, 2015 참조). 임상가의 평가 수행은 임상 면담, 평가 척도 및 과거 평가 보고서와 같은 기록을 통해 ADHD 증상, 동시에 발생하는 상태 및 기능 장애에 대한 데이터 수집을 목표로 한다. 자기 보고 및 타인 보고를 통해 수집한 정보를 모두 활용해야 ADHD의 정확한 진단이 가능하므로, 임상가는 가능한 부모, 중요한 타인 또는 룸메이트 같은 다른 정보 제공자들에게 정보를 수집해야 한다(Sibley et al., 2012).

임상 평가 자료의 유형과 분량은 정신 장애 진단 및 통계 매뉴얼 5판(DSM-5; APA, 2013)에 설명된 ADHD 다섯 개 진단적 주요 기준을 정확하고 철저하게 다룰 정도로 충분해야 한다. 특히 중요한 기준은 현재 ADHD 증상과 관련된 기능 손상의 유무이다. DSM-5에 따르면, 9개 부주의 증상 중 5개 이상 그리고/또는 9개 과잉행동-충동 증상 중 5개 이상이 빈번하게 나타나야 하며, 이는 발달적인 기대치에서 크게 벗어나는 것이어야 한다. ADHD를 확인하기 위해 흔히 증상 개수를 사용하지만, 연구 결과에 따르면 증상의 개수와 손상 **모두** 평가하는 것이 필요하다. ADHD 증상이 있다고 해도 손상 수준이 아닐 수 있기 때문이다(DuPaul, Reid, Anastopoulos, & Power, 2014; Gathje, Lewandowski, & Gordon, 2008; Gordon et al., 2006). 아울러 DSM-5는 다른 정신 건강 및 의학적 상태의 존재를 배제하고 ADHD 진단을 확정하도록 요구한다. 따라서 관찰된 손상을 더 잘 설명할 수 있는 다른 의학적 상태에 대한 정보를 수집해야 한다. 공식적인 진단을 내리려면 ADHD 증상이 두 가지 이상의 환경에서 발생하고 이러한 증상의 발병이 12세 이전에 처음 나타났다는 명확한 증거가 있어야 한다.

평가 상황에서 일반적인 문제는 두 가지 이상의 정신 건강 상태를 의심하는 경우이다. 감별 진단은 ADHD 증상 및 기타 상태가 처음 나타난 연령을 고려해야 한다. 예를 들어, ADHD 증상은 일반적으로 아동기에 처음으로 나타나지만, 우울 및 불안장애는 대개 청소년기에 발병한다(Kessler, Petukhova, Sampson, Zaslavsky, & Wittchen, 2012). ADHD와 동반질환이 언제 처음 발생했는지 살펴보면 진단적 그림이 더욱 명확해진다. 이를 테면, 임상적으로 심각한 우울이나 불안 발병 몇 년 전, ADHD가 존재한 설득력 있는 상황은 ADHD 진단을 강하게 지지하는 증거이다. 발병 시기와 함께, 증상이 일시적인지 만성적인지를 고려하는 것이 감별 진단에 도움이 될 수 있다. ADHD 증상은 만성적으로 지속되지만, 우울 증상은 우울 삽화 기간에 가장 현저하고 증상으로 인한 손상도 심하다. 우울증이 있는 동안만 집중력이 떨어진다면, 이러한 증상이 ADHD 때문이라고 보기 어렵다. 반대로, 우울증이 있건 없건 간에 집중력 문제가 존재한다면, ADHD의 가능성을 시사한다.

동반 질환

다른 정신 건강 상태가 ADHD 증상과 손상의 존재를 더 잘 설명하지 못한다고 판단되면, ADHD 외에 다른 정신질환이 있는지 고려할 필요가 있다. ADHD에 동반하는 질환은 개인의 심리사회적인 어려움을 악화시키므로, 전반적인 임상 관리 계획의 일부로 다루어야 한다. 일생동안 ADHD와 다른 정신건강 문제가 동시에 발생할 수 있으며, 성인 진입기도 예외는 아니다(Pliszka, 2015). 대학교 1학년 학생들을 대상으로 한 최근 연구에서 ADHD 환자의 55%가 다른 정신 건강 상태, 즉 주요 우울 장애 또는 범불안장애로 진단되었다(Anastopulos et al.,2018a). 통상적으로 ADHD 평가는 동반 질환을 종합적으로 평가해야 한다.

추가 고려 사항

ADHD 대학생들은 나이와 대학 환경에서 비롯된 독특한 집단적 특성을 지닌다. 대학에 입학하면서 보통 학생들은 처음으로 부모님 집을 떠난다. 그 결과, 고등학교에서 적응을 도와주던 주요한 지원 체계에서 멀어진다. 대학생들은 직업에 대한 장기적인 계획과 전공 선택, 교과 요건 충족과 일상적인 책임의 균형을 맞추어야 한다. 더욱이 대학생들은 일반적으로 불규칙한 일정(예: 수업 날짜와 시간이 일정하지 않음)과 학업량의 변화(예: 학기 초에는 적고, 학기 말에는 늘어남)가 중요한 문제가 된다. 불규칙하게 변화하는 일상에 적응하느라 일정한 일과도 지키기 어려워져서 ADHD 대학생들은 특히 어려움을 겪는다. 대학 환경은 ADHD 증상을 관리하기 어려워 악화되기도 한다. 청소년기는 ADHD 증상이 있어도 임상적 수준은 아니었는데, 대학 시절에 그렇지 못한 경우가 있다. 일부 환경 특성의 원인으로 대학 재학 중 첫 ADHD 진단을 종종 받는다.

대학생의 ADHD를 평가하는 임상가는 주로 학생 본인이 제공한 정보에 의존한다는 점을 명심해야 한다. 이와 달리 아동기나 청소년기 ADHD 진단은 주로 다른 사람(예: 부모, 교사)이 제공한 정보에 의존한다. 타인 보고에 의존하는 평가 접근 방식에서 자기 보고에 의존하는 접근 방식으로 바뀌기 때문에 일부 ADHD 환자는 성인기 초기에 처음 임상적 관심을 받기도 한다. 아동기와 청소년기는 부모와 교사는 학생이 보이는 행동이 외적으로 관찰 가능하고 주위에 지장을 줄 때 ADHD 평가를 의뢰한다. 성인이 된 개인은 주로 안절부절못함, 주의산만과 같은 다른 사람들이 관찰하기 어려운 내적 증상을 스스로 걱정해서 평가와 치료를 받을 수 있다.

또 다른 중요한 평가 문제는 아동기부터 현재까지 ADHD의 발병, 경과 및 관련 장애를 정확하게 뒷받침하는 과거 정보가 필요하다는 것이다. 성인기에 진입하는 대학생은 이러한 유형의 정보를 신뢰할 만하게 보고할 수 없어서 부모의 보고가 중요하다. ADHD 대학생이 부모의 의견을 받는 데 동의해도 장애물이 상당하다. 예를 들어, ADHD 대학생은 집에서 멀리 떨어져 사는 경우가 많아서, 부모 평가 척도 점수 같은 정보 수집이 어렵다. 다양한 이유로 일부 대학생은 평가 과정에 부모가 포함되지 않거나 더 이상 참여하지 못할 수 있다. 부모 보고를 얻지 못해도, 손위 형제자매나 지인을 통해 그 학생의 어린 시절 정보를 충분히 구할 수 있다. 개인의 주관적인 자기 보고 정보에 더하여, 배우자, 파트너, 친한 친구, 룸메이트 관점에서 현재 기능에 대한 정보 수집은 매우 큰 도움이 된다.

요약

ADHD와 함께 발생하는 특징을 정확하게 확인하는 것은 적절한 근거 기반 치료의 선택 및 실행을 안내하는 중요한 첫 번째 단계이다. ADHD 진단기준을 충족하는지 결정하려면, 다중 방법, 다중 정보 제공자 평가가 적합하다. 나이와 대학 환경 내 고유한 측면으로 인해, 성인기에 진입하는 대학생은 진단 정확성을 고려해야 하는 독특한 평가 문제가 있다.

치료

장애 편의지원과 약물치료

많은 대학 캠퍼스의 장애 편의 지원 센터에서는 ADHD 학생이 도움을 받을 수 있도록 흔히 시험시간을 연장해주거나 다른 편의를 지원하는 형태로 서비스를 제공한다(Wolf et al., 2009). 불행히도 많은 학생들이 이러한 서비스를 이용하지 않는다(Fleming & McMahon, 2012). 덧붙여 편의지원 하나만 이용해도 최소의 장기적 이득이 있으나(예: Lewandowski, Gathje, Lovett, & Gordon, 2013; Miller, Lewandowski, & Antshel, 2015; Pariseau, Fabiano, Massetti, Hart, & Pelham, 2010), 증상에 수반하는 집행기능 결함(Antshel, Hier, & Barkley, 2014; Dvorsky & Langberg, 2014)이나 정서적 고통(Anastopoulos et al., 2018a)은 다루지 못하는 한계가 있다.

중추신경 자극제 및 기타 형태의 약물치료가 아동과 성인에게 효과적이고 비교적 안전한 것으로 나타났지만(Barkley, 2015; Faraone & Glatt, 2010), 성인기에 진입하는 대학생 대상 연구는 충분하지 않다. ADHD 대학생을 대상으로 잘 통제된 중추신경 자극제 약물 시험은 현재까지 단 한 건이 있다(DuPaul et al., 2012). 이 연구에서 리스덱스암페타민 디메실레이트(예: Vyvanse)는 ADHD 증상을 유의하게 감소시키고 집행기능을 개선하였다. 이러한 결과는 희망적이지만, 약물의 효능과 안전성, 대학 캠퍼스에서 약물 오남용 등에 관한 우려를 해결하려면 추가적인 약물 연구가 필요하다(Benson, Flory, Humphreys, & Lee, 2015, Kaye & Darke, 2012, Rabiner et al., 2009). 미래의 임상 시험 연구자들은 대학 환경의 독특한 측면과 그 환경이 약물 처방 방식에 어떤 영향을 미칠 수 있는지도 고려해야 한다. 현재까지는 약물을 처방하는 대부분의 사람들이 일반적으로 매일 같은 시간에 투약하는 일일 약물 요법을 권장하지만, 날마다 수업시작 시간이 다르고, 학기 중에 학업에서 요구하는 양이 변화하는

(예: 기말고사 주간) 대학생에게 이러한 치료 일정은 현실적이지 않다. 또한 주치의가 캠퍼스 근처에 있지 않아 약의 재처방이나 복용량 변경이 어려운 경우가 많다. 요약하자면, ADHD 대학생의 각성제와 기타 약물 사용 및 처방과 관련한 모범 답안 제시는 아직까지 어려운 실정이다.

심리사회적 개입

장애 편의지원 및 약물치료가 ADHD 대학생이 이용 가능한 주요 치료 형태지만, 경험적인 근거는 잘 확립되어 있지 않다. ADHD 대학생이 나타내는 광범위한 동시 발생적 특징 및 기능적 손상을 다루기에 역부족이라서 추가적인 치료 선택은 필수적이다.

최근 심리사회적 개입을 통한 ADHD 대학생 치료 연구들이 조금씩 증가하고 있다(개관 논문 He & Antshel, 2016 참고). 한 연구 집단에서는 목표 설정, 조직화 및 시간 관리를 활용하는 코칭 접근 방식을 조사했다(Field, Parker, Sawilowsky, & Rolands, 2013; Prevatt & Yelland, 2015; Swartz, Prevatt, & Proctor, 2005). 다른 연구 집단은 인지 행동 치료(Cognitive-Behavioral Therapy[CBT]; Eddy, Canu, Broman-Fulks, & Michael, 2015; LaCount, Hartung, Shelton, Clapp, & Clapp, 2015), 변증법적 행동 치료(Dialectical Behavior Therapy[DBT]: Fleming, McMahon , Moran, Peterson, & Dreessen, 2015), 마음챙김 기반 인지 치료(Mindfulness-Based Cognitive Therapy[MBCT]: Gu, Xu, & Zhu, 2018), 자기감찰(Self-Monitoring, Scheithauer & Kelley, 2017), 조직화, 시간 관리 및 계획(Organization, Time Management, and Planning[OTMP]) 기술 교육(LaCount, Hartung, Shelton, & Stevens, 2018)을 사용하는 개입들을 연구했다.

해당 분야의 초기 심리사회적 연구를 살펴보면, 개입 결과 ADHD 주요 증상이 상당히 개선되었는데, 대부분은 부주의 증상이 감소했고(Eddy et al. 2015; Gu et al., 2018; Fleming et al., 2015; LaCount et al., 2015; LaCount et al., 2018), 집행기능 개선에 대한 자기보고도 있었다(Fleming et al., 2015). 학습 전략과 교육 기능은 통상적으로 평가하지 않았지만, 도움이 되었다는 자기보고도 있었다(LaCount et al., 2015; LaCount et al., 2018; Prevatt & Yelland, 2015). 주목할 부분은 이러한 개선에 상응하는 GPA 향상이 확실하게 입증되지 않았다는 점이다(Fleming et al., 2015; Gu et al., 2018; LaCount et al., 2018). 마찬가지로 일부 연구(Gu et al., 2018)에서 우울 및 불안 증상 감소가 나타났지만, 모든 연구에서 그렇지는 않았다(Fleming et al., 2015).

심리사회적 치료 연구결과에 대한 비판

이렇듯 부상하는 문헌의 결과는 궁극적으로 ADHD 대학생의 전반적인 임상 관리에서 심리사회적 개입이 상당한 역할을 하리라는 전망을 제시한다. 동시에 기존 연구 결과가 일관적이지 않아서 치료 효과를 판단하기에 제한이 있다. 비일관적인 연구 결과들은 이 분야의 프로그램 연구가 부족하고 연구 전반에 걸친 방법론 및 개념이 다르기 때문일 가능성이 높다(He & Antshel, 2016). 예를 들어, ADHD에 동반이환하는 정신의학적 상태를 파악하기 위해 기준을 얼마나 엄격하게 적용했는가는 연구마다 차이가 있다. 치료의 개념적 토대(예: CBT, DBT, 코칭, OTMP)도 연구마다 차이가 뚜렷하다. 예를 들어, DBT 및 마음챙김 기반 인지 치료 접근 방식은 일반적으로 일정 계획, 효과적인 학습 또는 장기 프로젝트 관리 같은 대학 환경에서 성공하는 데 필요한 구체적인 학업 기술을 강조하지 않는다. 반대로, 조직화 및 시간 관리 기술에 초점을 맞춘 개입과 코칭 접근법은 일반적으로 우울 및 불안에서 발생하는 어려움(예: 부적응적 사고 및 신념)을 충분히 다루지 못할 수 있다. ADHD가 있는 대학 1학년 학생들의 최대 55%에서 발생한다고 밝혀진 우울과 불안(Anastopoulos et al., 2018a)은 저조한 졸업률과 같은 심각한 손상과 관련있다(Salzer, 2012). 이를 직접적으로 다루지 않는다면, 전통적인 ADHD 치료 효과를 저해할 수 있다.

대부분 심리사회적 치료 연구에서 보고된 치료 회기는 짧은데(1~3개월 기간

3~10회기 범위), ADHD 치료가 훨씬 집중적으로 오래 지속할수록 효과가 계속 유지된다는 우세한 견해에 역행한다(Smith, Barkley, & Shapiro, 2006). 앞서 언급한 연구 중 치료 종료 3개월이 지난 추후 평가 결과가 포함된 경우는 한 개에 불과하다(Fleming et al., 2015). 심리사회적 치료 참여를 마친 후 치료적 이득이 유지되는지 아직은 연구할 여지가 많다. 마지막으로, 앞서 언급한 어떤 개입도 외부 지원 및 자원(예: 장애지원센터, 상담센터, 학생 건강 서비스)에 중점을 두지 않았다. 이러한 자원은 대학 캠퍼스에서 쉽게 이용가능하고 심리사회적 개입과 병행할 수도 있다.

요약

장애 편의지원 및 자극제는 대학생의 ADHD 치료에 일반적으로 사용되지만, 그 사용에 대한 경험적 지지는 미미하거나 부족하다. 이러한 치료는 ADHD 대학생이 흔히 보이는 기능적 손상이나 동시에 나타나는 특징의 상당한 부분을 다루지 않아서, 최근 이러한 공백을 메우는 심리사회적 치료를 개발하려는 관심이 급증하고 있다. 초기 연구 결과들은 희망적이지만, 개념적 차이, 방법론적 한계 및 이 주제를 다루는 프로그램 연구가 부족하여, 현재로서는 심리사회적 치료 접근법의 효과에 대한 확실한 결론을 도출할 수 없다. 본 ACCESS 프로그램은 체계적으로 개발되었으며 이전에 보고된 치료 프로그램의 많은 한계점을 다루고 있다.

ACCESS

ACCESS 개발 배경

ADHD 대학생을 위한 근거-기반 개입 개발의 필요성은 임상기관의 의뢰에서 처음 시작되었다. 2008년부터 UNC Greensboro의 ADHD 클리닉에서는 대학생의 ADHD 문제에 대한 평가를 요청하는 의뢰가 꾸준히 증가했다. 학생들이 직접 의뢰한 경우가 일부 있었지만, 대개 장애 서비스 사무실, 학생 건강 서비스 및 상담 센터에서 의뢰했다. 이러한 종합 진단 평가를 진행하는 과정을 통해 성인기에 진입하는 대학생들이 대학에서 겪고 있는 어려움을 제대로 인식하게 되었다. 특히 주목할 만한 세 가지가 있었다. 이 학생들의 상당수는 임상 양상이 ADHD에 국한된 경우가 거의 없었다. 우울장애, 불안장애 및 기타 정신 건강 문제 발생이 매우 일반적이었다. 임상 양상의 또 다른 특징은 ADHD 증상의 영향이 만연하여, 학업 기능뿐만 아니라 개인적, 사회적, 정서적 및 직업적 기능을 방해했다. 많은 학생들이 장애 편의지원 및 기타 교내 서비스를 받는데도 계속 어려움을 겪는다. 종합적으로, 이러한 관찰을 통해 ADHD 대학생의 더 많은 임상적 요구를 해결할 필요성이 시사된다.

먼저 이 문제를 다루기 위해 연구 문헌을 참고했다. 본 문헌 검토와 비슷하게 (DuPaul & Weyandt, 2009; Green & Rabiner, 2012), 그 당시에도 코칭과 관련한 몇몇 연구 결과밖에는 없었다(Reaser, Prevatt, Petscher, & Proctor, 2007; Swartz et al., 2005). 다음에 성인 ADHD 문헌으로 관심을 돌려서, 치료 효과가 있었던 두 가지 심리사회적 치료 접근 방식을 확인했다(Safren, Perlman, Sprich, & Otto, 2005; Solanto, 2011). 두 접근 방식 모두 ADHD 심리교육, 행동 전략 및 인지 치료 기술을 포함한 CBT 전략 사용에 중점을 두었다. Safren 프로토콜(Safren et al., 2005)에서는 개인 치료를 제공했고, Solanto(2011) 프로그램에서는 집단 형식을 활용했다. 두 가지 접근 방식 모두 유망해 보였지만, ADHD 대학생 집단을 경험적 연구로 평가하지는 않았다.

College STAR 프로젝트

2011년 봄, 매우 운 좋게 College STAR(Supporting Transition, Access, & Retention: 전환, 접근 및 유지 지원) 프로젝트에 참여하게 되었다. College STAR 프로젝트는 학습 문제가 있는 대학생의 요구를 충족시키는 데 중점을 둔 노스 캐롤라이나 대학교(UNC) 시스템 프로젝트이다. 우리는 2011년부터 2014년까지 참여하였고, 총 3개의 UNC 시스템 캠퍼스가 College STAR를 구성하여 이스트 캐롤라이나 대학교(ECU)가 주도하고, 애팔래치아 주립 대학교(ASU)도 참여했다. 당시 프로젝트 자금은 오크 재단, 글락소스미스클라인 재단, 브라이언, 위버, 쉬말라, 타넨바움 스턴버거, 미셸 가족 재단 등 그린스보로 북캐롤라이나의 사립 재단에서 후한 지원을 받았다.

College STAR 캠퍼스 세 곳 모두에서 ADHD(UNCG), 학습 장애(ECU) 및 집행기능 장애(ASU)가 있는 대학생의 요구사항을 해결하기 위해 교수법 개발 및 학생 지원 프로그램을 만드는 노력을 기울였다. UNC Greensboro의 연구팀은 학생 지원 부분의 개발을 담당해서 ACCESS를 초기에 개념화하고 개발, 예비 연구를 진행했다.

Safren(Safren et al., 2005) 및 Solanto(2011) 프로그램의 많은 요소가 매력적이지만, 성인 대상이므로, 발달 요구를 고려할 때 대학에 다니는 ADHD 학생에게 현재 형식 그대로 시행 가능한지 확신할 수 없었다. 2011년 여름, 이 접근 방식을 발달 수준에 적절히 맞게 적용하도록 개념화하는 데 많은 시간과 에너지를 할애했다. 성인 CBT 프로그램 분석을 바탕으로, ACCESS에 발달 상 적절한 ADHD에 대한 심리교육, 행동 전략, 인지 치료 기술 등을 포함하기로 정했다. 형식은 개인(Safren et al., 2005)이나 집단(Solanto, 2011) 하나로 고르지 않고 둘 다 구성하였다. ADHD 치료가 장기적인 영향을 미치려면 치료를 더 오래 지속해야 한다는 연구 결과에 따라(Smith et al., 2006), 대부분의 치료에서 시행했던 8~12주 이상으로 ACCESS 기간을 늘리는 편이 가장 좋다고 생각했다. 이를 위해, 초기 활성화 치료 단계에서 집중적인 치료를 하고, 이후 유지 단계에서 치료를 점차 철회하는 방식으로 프로그램을 계획했다.

ACCESS의 전반적인 기준은 분명했지만, 정확한 세부 사항은 구체화하지 못했다. 처음에는 6~10주 사이의 활성화 치료 단계와 1~3학기에 걸친 유지 단계를 고려했다. 2011년부터 2014년까지 College STAR 프로젝트에 참여하면서 다른 많은 치료 세부 사항과 함께 선택사항을 구현하고 평가했다. 치료 접근 방식을 검토하고 개선하는 과정을 반복하면서 ADHD 대학생에 최적화된 ACCESS를 개발할 수 있었다.

ACCESS 프로그램 구성

ACCESS는 경험적으로 지지된 성인 CBT 프로그램(Safren et al., 2005; Solanto, 2011)의 요소를 통합하여 성인기에 진입하는 ADHD 대학생의 발달 요구에 맞게 조정했다. 그림 1.1에서 보듯이 ACCESS는 두 학기 동안 이어서 진행한다. 첫 번째 학기는 집중적인 8주 활성화 단계, 두 번째 학기는 유지 단계로 집중적인 치료가 점차 줄어든다. 각 학기 치료는 집단 및 개별 멘토링 형태로 구성된다. 활성화 단계는 매주 집단 1회에 90분이고, 전체 8회로 이루어진다. 집단 회기에 매주 30분 정도 개별 멘토링 회기가 병행된다. 치료 종결 과정의 일환으로 유지 단계는 90분 집단 부스터 회기가 한 번 있고, 한 학기 동안 30분 개별 멘토링 회기를 최대 6번 진행한다. 집단 및 개별 멘토링 형식의 목적은 모두 ACCESS 프로그램에서 ADHD 대학생이 일상생활 기능을 성공적으로 수행하는 데 필요한 지식과 기술 제공이다.

1학기 - 활성화 단계			2학기 - 유지 단계		
1개월 차	2개월 차	3개월 차	1개월 차	2개월 차	3개월 차
|-----집단 8회기-----|		집단 부스터 회기		
|-----멘토링 8-10회기-----|			|---멘토링 최대 6회기---|	

그림 1.1 - ACCESS 타임라인

성인 CBT 프로그램(Safren et al., 2005; Solanto, 2011)과 비슷하게, ACCESS는 1) ADHD 지식을 늘리고, 2) 조직화, 시간 관리 및 기타 집행기능 결함을 해결하는 행동 기술을 개발하며, 3) 인지 치료 전략을 통해 적응적 사고가 향상되도록 설계했다. ACCESS의 기본 전제는 치료로 세 가지 영역을 변화시켜, 대개 ADHD가 영향을 주는 일상생활 기능의 여러 영역 개선을 촉진하는 것이다. ACCESS 프로그램의 임상적 변화 기제는 ADHD 지식, 행동 전략 및 적응적 사고 기술로 개념화된다.

✎ 표 1.1 ACCESS의 고유한 특징

ACCESS의 고유한 특징
활성화 단계 및 유지 단계 모두 포함 • 활성화 단계 – 새로운 자료 제시 • 유지 단계 – 지속적 연습 기회 • 유지 단계 – 새로운 자료와 기술의 숙달 촉진
집단 참여 및 개인별 접근 • 지원과 연계 격려 • 멘토링 일대일 관심과 지지
치료적 구성요소 동시 전달 • 요구를 해결하도록 도움 • 참석 시 발생하는 문제 해결 도움
심리교육 강조(ADHD 지식) • ADHD 많이 알수록 진단 더 잘 수용 • 병에 대한 인식 및 치료 이용 촉진

ACCESS는 CBT 기반 프로그램이므로 ADHD를 지닌 성인 및 대학생을 위한 다른 여러 심리사회 치료 프로그램과 공통점이 있지만, 동시에 고유한 치료 요소들도 많다(표 1.1 참조). 예를 들어 Safren(Safren 등, 2005) 및 Solanto(2011) 프로그램은 ADHD 지식 모듈을 시작으로 행동 전략 모듈을 거

쳐 적응적 사고 기술 모듈로 끝나는 등 주요 치료 구성 요소가 순차적으로 진행되는 반면, ACCESS는 치료 구성은 같아도 동시에 제공한다. 이러한 동시 접근법은 임상적 관찰에서 영감을 받았다. ADHD지식, 행동전략, 적응적 사고방식 가운데 학생마다 필요하고 중요한 게 모두 다르다. 집단 내 모든 학생들의 관심과 참여를 유지하기 위해 각 활성화 단계의 집단 회기(그림 1.2 참조)는 공통 주제(예: 학업 기능)에 초점을 맞춘 통합적 방식으로 ADHD 지식, 행동 기술 및 적응적 사고 기술을 다룬다. 동시에 진행하는 멘토링 회기는 집단 회기에서 논의한 것 중 그 학생에게 가장 관련 있고 의미 있는 구성 요소(즉, 지식, 행동 전략 및 적응적 사고)에 초점을 두어서 각 학생의 요구에 ACCESS를 맞추고 보완한다.

✎ 그림 1.2   주간별 활성화 단계 내용

	1주	2주	3주	4주	5주	6주	7주	8주
ADHD 지식	주요 증상	원인	평가	학교 및 일상 기능	정서, 위험 감수	투약 관리	심리사회적 치료	장기 전망
행동 전략	교내 서비스	플래너,- To-do-list	조직화	수업 출석	학습	장기 프로젝트	사회적 관계	장기 목표
적응적 사고	기본 원칙	부적응적 사고	적응적 사고	학업관리	정서 다루기	치료 순응	사회적 관계	재발 방지

다른 CBT 프로그램과 구별되는 ACCESS의 특징은 ADHD에 대한 심리교육이 많다는 점이다. 임상 경험과 연구 결과를 통해 ADHD가 있는 대학생 상당수가 매우 제한적인 지식만을 가진 상태에서 장애를 이해한다는 사실이 확인되었다. ADHD 지식이 처음 진단을 받았던 어린 시절 부모가 해준 이야기에 근거하기 때문이다. ADHD를 받아들이고 인정하기 어려운 이유는 공개적으로 부정적 꼬리표가 붙을까 우려하기 때문이다. 이는 많은 ADHD 대학생들이 진단 공개가 필요한 장애 지원 센터에 등록하지 않는 주된 이유이기도 하다. 명백한 지식 부족 해결을 위해, 상당한 ADHD 심리교육 요소를 ACCESS 내에 통합했다. 모든

활성화 단계 집단 회기에서 ADHD에 대한 정보를 논의한다. 학생들이 ADHD의 발달 과정을 더욱 적절히 이해하면 자신의 진단을 한층 쉽게 받아들이고, 적극적으로 치료와 지원체계를 찾게 될 것이다. 서비스 이용이 수월하도록, 활성화 단계 집단 회기 중 초청 연사들이 교내 서비스 기관(예: 장애 편의지원, 상담 센터)에 대한 정보를 제공하고 질문에 대답하는 시간도 마련한다.

ACCESS의 또 다른 특징은 집단 치료와 개인 멘토링을 동시에 진행한다는 점이다. 일반적으로 치료는 집단치료나 개인 멘토링 하나로 이루어지는데, 둘 다 한계가 있다. 예를 들어, 집단 치료는 알려준 임상 정보를 참가자가 완전히 이해했는지, 이를 적절하게 사용하는지 항상 확인할 수 없다. 개인 멘토링의 경우, 비슷한 삶의 도전에 직면한 다른 사람들과 연결되어 도움을 받을 기회가 없다. 집단 치료와 개인 멘토링을 모두 진행하면 한 쪽의 장점이 다른 쪽의 단점을 상쇄시켜 전체적인 치료를 더 효과적으로 제공할 수 있다.

ACCESS의 집단 회기는 활성화 단계에서 새로운 정보를 전달하는 주요 수단이다. 활성화 단계의 멘토링 요소는 다음의 세 가지 보완적 목표를 가지고 있다. 1) 학생이 집단에서 배운 것을 모니터링하고 조율하기, 2) 장애 편의시설과 기타 교내 서비스에 대한 요구를 평가하기, 3) 학생과 협력하여 개인 목표를 확인하고 목표 달성을 위해 협력하기. 유지 단계에서 집단 리더와 멘토는 학생들이 활성화 단계에서 습득한 지식과 기술을 다듬고 숙달하도록 돕는다. 집단 리더와 멘토는 학생들이 점점 더 많은 책임을 지면서, ACCESS 참여가 끝난 후에도 스스로 적용하도록 안내한다.

경험적 지지

College STAR 프로젝트에 참여하는 동안, ACCESS 치료 영향 평가는 공개적으로 모집한 임상 연구로 시작했다. 4년 동안 UNC Greensboro에서 ADHD로 확인된 총 88명의 대학생들을 대상으로 ACCESS를 실시했다. 활성화 단계 이전, 활성화 단계 직후, 유지 단계를 완료했을 때, 이렇게 세 시기에 걸쳐 평가

자료를 수집했다.

임상연구 결과, 다양한 기능 영역이 향상되었다(Anastopoulos & King, 2015; Anastopoulos et al., 2018b). 활성화 단계를 완료하면, 통계적으로 유의미한 증상의 변화를 보였다. 주의력 부족과 과잉활동 - 충동성 특징을 모두 포함하는 전반적인 ADHD 증상 심각도가 저하되고, 집행기능의 개선 및 불안과 우울 증상 심각도 총점 감소 역시 나타났다. 수강과목을 더 늘려 학점을 받고, 장애 편의 시설 및 ADHD 약물 치료도 증가했다. 이러한 향상이 적극적인 치료가 끝난 후 5~7개월 동안, 즉, ACCESS 유지 단계 내내 지속된 점이 중요하다. ACCESS의 개념적 토대에 근거한 탐색적 연구에서는 부적응적 사고 감소와 함께 ADHD 지식 및 행동 전략의 상당한 향상이 나타났다. 공개 임상 시험 설계라서 확증할 수는 없지만, 이러한 결과는 ADHD 지식, 행동 전략 및 적응적 사고 기술 향상이 ACCESS에서 임상적 변화의 기제라고 가정한 가설과 일치한다.

공개 임상 시험의 유망한 결과만으로 ACCESS 효과를 확정할 수 없는 이유가 몇 가지 있다. 가장 중요한 부분은 치료 효과를 비교할 대조군이 없는 점이다. 결과 평가의 범위가 제한적이고, ACCESS 완료 후 치료로 개선된 기능의 효과가 지속되는지 후속 평가를 못했으며, 기대보다 적은 참가 인원도 한계점이다.

프로그램 효과를 더 직접 연구할 목적으로, 미국 교육부의 교육 과학 연구소(Institute of Education Sciences)에서 4년간 진행하는 Goal 3 연구지원금(R305A150207)을 받았다. 이 연구비로 버지니아 커먼웰스 대학교(VCU)의 Joshua M. Langberg 박사 연구팀과 협력하여 여러 지역에서 무작위 대조군 연구(Randomized Controlled Trial; RCT)를 수행했다. 모집은 2015년 가을에 시작했고, 모든 참가자 데이터 수집은 2019년 봄에 완료했다.

연속 5학기 동안 UNC 그린스보로와 VCU에서 총 361명의 학부생을 선별했다. 이 중 280명이 엄격한 자격 요건을 충족했으며, ACCESS를 즉시 받는 집단과 1년 후 참여하는 지연 치료 통제 집단(Delayed Treatment Control; DTC)이 무작위로 할당되었다. ACCESS 개입 즉시 집단에 배정된 인원 중 30명은 수업 일정이나 아르바이트 때문에 집단 모임에 참석할 수 없어서, 프로젝트의 최종 대상자는 250명이었다. 최종 ACCESS 즉시 시행 집단 119명, 지연 치료 통제(DTC) 조건 131명이 되었다.

모든 참가자는 다중방법 및 다양한 정보제공자의 진단적 평가에서 나온 데이터에 근거해 ADHD DSM-5 기준을 충족했고, 세 명의 ADHD 전문가 패널이 확인하였다. 약 58%는 ADHD 복합형, 42%는 ADHD 부주의 우세형 기준을 충족했다. ADHD 외에도, 60%는 임상적으로 유의한 우울 및 불안 증상을 특징으로 하는 동반이환 정신의학적 진단에 해당했다. 인구통계학적 주요 특징은 연령 범위 18~30세, 여성(60%), 백인(66.3%), 1학년(47.6%)이었다.

활성화 치료의 집단 회기 참여율은 훌륭했다. ACCESS를 시작한 학생 중 83.2%가 매주 진행하는 총 8회기 중 6회기 이상을 참여했고, 8.4%는 최소 4회기에 참여했다. 마찬가지로 활성화 치료의 멘토링 회기 참여율도 높아서 매주 진행하는 8개 회기 중 85.7%가 최소 6회기, 7.6%는 최소 4회기에 참여했다.

모든 집단 및 멘토링 회기는 오디오로 녹음했고, 이 중 20%를 무작위로 선택해 치료 충실도를 평가했다. 두 개입 방식 모두 결과가 훌륭하였고, 집단 리더와 멘토의 치료 프로토콜 준수율이 각각 96.4%, 95.6%로 전반적으로 높은 수준이었다.

활성화 단계 직전, 활성화 단계 직후, 유지 단계 완료 이렇게 세 시점 모두 집단의 결과 데이터를 수집했다. ACCESS 즉시 시행 집단은 유지 단계 종료 6개월 이후 추가 후속 평가를 실시해서 자료를 수집했다. 이 자료의 초기 통계 분석은 ACCESS의 효과를 **"강력하게"** 지지했다. 지연 치료 통제(DTC) 조건의 참가자에 비해, ACCESS 즉시 시행 집단의 참가자는 활성화 단계 이후와 유지 단계 이후, ADHD (부주의) 증상, 집행기능, 학습 전략, 일반적인 일상 기능, 우울 증상, 불안 증상, 캠퍼스 기반 장애 편의지원 이용 등 다양한 기능 영역이 상당히 개선되었다. 이러한 변화는 연구 가설인 ADHD지식, 행동전략(예: 조직화, 계획), 적응적 사고 기술을 다루는 임상적 변화 기제가 되면서 함께 나타났다. 유지 단계 종료 후 6개월 이후 실시한 후속 평가에서 ACCESS 즉시 시행 집단의 치료 효과가 지속된 점은 임상적으로 매우 중요하다.

마지막으로, ACCESS 전체 프로그램을 구현하려면 한 학생당 $1,187의 비용 지출이 필요했고, 이 중 83%가 인건비로 학생당 집단 리더, 개별 멘토에 지불한 비용이 각각 $367, $419였다.

요약 및 결론

대학생활의 발달 시기는 자기조절 요구가 증가하기 때문에, 누구에게나 어려운 도전이다. 성인기에 진입하는 ADHD 대학생의 경우, 자기 조절이 어려운데 이전의 치료 및 지원을 더 이상 받을 수 없어서 문제가 악화될 수 있다. 실제로 ADHD가 있는 대학생은 그렇지 않은 학생보다 여러 일상생활 기능 손상과 정서적 어려움을 동시에 겪을 가능성이 높다는 연구 결과가 일관적으로 보고되고 있다.

이러한 연구 결과는 ADHD 대학생 대상의 근거 기반 치료의 필요성을 분명히 보여준다. 불행히도 현재까지 이 문제를 다룬 연구는 상대적으로 거의 없다. ADHD 대학생을 위한 심리사회적 치료 개발에 주목하여(He & Antshel, 2016), ACCESS 프로그램을 만들었고, 처음부터 실제 임상 경험, 개념적 이해 및 치료 개발 권장 사항과 일치하는 연구를 체계적으로 접근하여 진행했다 (Rounsaville, Carroll, & Onken, 2001; Weisz, Jenson, & McLeod, 2004). 공개 임상 시험에서 먼저 예비 연구로 ACCESS 시행 후, 여러 지역에서 대규모로 무작위 대조군 연구(RCT)를 수행했다. 두 연구에서 여러 기능 영역에 걸쳐 통계적으로 유의미한 기능 향상이 일관되게 나타났다. 이러한 기능 향상이 ACCESS 참여 종료 이후에도 6개월 동안 지속되었다는 사실도 중요하다.

결론적으로, ACCESS는 ADHD 대학생의 다양한 요구를 해결하기 위해 다른 치료 서비스와 함께 활용할 수 있는 저비용의 실용적인 증거 기반 CBT 개입이다. 본 치료 매뉴얼의 목적은 이러한 개입에 관심이 있는 전문가들을 지원하는 것으로, 자세한 내용은 다음 장에서 설명하겠다.

참고문헌

American Psychiatric Association. (2013). *Diagnostic and statistical manual of mental disorders* (5th ed.). Washington, DC: Author.

Anastopoulos,A. D., & King, K. A. (2015). A cognitive-behavior therapy and mentoring program for college students with ADHD. *Cognitive and Behavioral Practice, 22*, 141-151. https://doi.org/10.1016/cbpra.2014.01.002

Anastopoulos, A., Smith, T., Garrett, M., Morrissey-Kane, E., Schatz, N., Sommer, J., ⋯ Ashley-Koch, A. (2011). Self-regulation of emotion, functional impairment, and comorbidity among children with ad/hd. *Journal of Attention Disorders, 15*, 583-592.

Anastopoulos, A. D., DuPaul, G. J., Weyandt, L. L., Morrissey-Kane, E., Sommer, J. L., Rhoads, L. H., ⋯ Gudmundsdottir, B. G. (2018a). Rates and patterns of comorbidity among first-year college students with ADHD. *Journal of Clinical Child & Adolescent Psychology, 47*, 236-247. https://doi.org/10.1080/15374416.2015.1105137

Anastopoulos, A. D., King, K. A., Besecker, L. H., O'Rourke, S. R., Bray, A. C., & Supple, A. J. (2018b). Cognitive-behavioral therapy for college students with ADHD: Temporal stability of improvements in functioning following active treatment. *Journal of Attention Disorders*. https://doi.org/10.1177/1087054717749932

Antshel, K. M., Hier, B. O., & Barkley, R. A. (2014). Executive functioning theory and ADHD. In *Handbook of executive functioning* (pp. 107-120). New York, NY: Springer.

Arnett, J. J. (2007). Emerging adulthood: What is it, and what is it good for? *Child Development Perspectives, 1*, 68-73. https://doi.org/10.1111/j.1750-8606.2007.00016.x

Baker, L., Prevatt, F., & Proctor, B. (2012). Drug and alcohol use in college students with and without ADHD. *Journal of Attention Disorders, 16*, 255-

ADHD의 슬기로운 대학생활: 대학생 ADHD를 위한 인지행동치료

263. https://doi.org/10.1177/1087054711416314

Barkley, R. A. (2015). *Attention-deficit hyperactivity disorder: A handbook for diagnosis andtreatment* (4th ed.). New York, NY: Guilford Press.

Barkley, R. A., & Murphy, K. R. (2011). The nature of executive function (EF) deficits in daily life activities in adults with ADHD and their relationship to performance on EF tests. *Journal of Psychopathology and Behavioral Assessment, 33*, 137-158. https://doi.org/10.1007/s10862-011-9217-x

Barkley, R. A., Murphy, K. R., & Fischer, M. (2008). *ADHD in adults: What the science says*. New York, NY: Guilford.

Benson, K., Flory, K., Humphreys, K. L., & Lee, S. S. (2015). Misuse of stimulant medication among college students: A comprehensive review and meta-analysis. *Clinical Child and Family Psychology Review, 18*, 50-76. https://doi.org/10.1007/s10567-014-0177-z

Bruner, M. R., Kuryluk, A. D., & Whitton, S. W. (2015). Attention-deficit/hyperactivity disorder symptom levels and romantic relationship quality in college students. *Journal of American College Health, 63*, 98-108. https://doi.org/10.1080/07448481.2014.975717

DuPaul, G. J., & Weyandt, L. L. (2009). College students with ADHD: Current status and future directions. *Journal of Attention Disorders, 13*, 234-250.

DuPaul, G. J., Weyandt, L. L., O'Dell, S. M., & Varejao, M. (2009). College students with ADHD: Current status and future directions. *Journal of Attention Disorders, 13*, 234-250.

DuPaul, G. J., Weyandt, L. L., Rossi, J. S., Vilardo, B. A., O'Dell, S., Carson, K. M., ⋯ Swentosky, A. (2012). Double-blind, placebo-controlled, crossover study of the efficacy and safety of lis-dexamfetamine dimesylate in college students with ADHD. *Journal of Attention Disorders, 16*, 202-220.

DuPaul, G. J., Reid, R., Anastopoulos, A. D., & Power, T. J. (2014). Assessing ADHD symptomatic behaviors and functional impairment in school settings: Impact of student and teacher characteristics. *School Psychology Quarterly, 29*, 409-421.

DuPaul, G. J., Franklin, M. K., Pollack, B. L., Stack, K. S., Jaffe, A. R., ⋯ Weyandt, L. L. (2018). Predictors and trajectories of educational functioning in college students with and without ADHD. *Journal of Postsecondary Education and Disability, 31*, 161-178.

Dvorsky, M. R., & Langberg, J. M. (2014). Predicting impairment in college students with ADHD: The role of executive functions. *Journal of Attention Disorders*, 1624-1636. https://doi.org/10.1177/1087054714548037

Eagan, K., Stolzenberg, E. B., Ramirez, J. J., Aragon, M. C., Suchard, M. R., & Hurtado, S. (2014). *The American freshman: National norms fall 2014*. Los Angeles: Higher Education Research Institute, UCLA.

Eddy, L. D., Canu, W. H., Broman-Fulks, J. J., & Michael, K. D. (2015). Brief cognitive behavioral therapy for college students with ADHD: A case series report. *Cognitive and Behavioral Practice, 22*, 127-140.

Eddy, L. D., Eadeh, H. M., Breaux, R., & Langberg, J. M. (2019). Prevalence and predictors of suicidal ideation, plan, and attempts in first-year college students with ADHD. *Journal of American College Health*, 1-7. https://doi.org/10.1080/07448481.2018.1549555

Faraone, S. V., & Glatt, S. J. (2010). A comparison of the efficacy of medications for adultattention-deficit/hyperactivity disorder using meta-analysis of effect sizes. *Journal of Clinical Psychiatry, 71*, 754-763.

Fayyad, J., Sampson, N. A., Hwang, I., Adamowski, T., Aguilar-Gaxiola, S., Al-Hamzawi, A.,⋯ Gureje, O. (2017). The descriptive epidemiology of DSM-IV adult ADHD in the world health organization world mental health surveys. *ADHD Attention Deficit and Hyperactivity Disorders, 9*, 1-19. https://doi.org/10.1007/s12402-016-0208-3

Field, S., Parker, D. R., Sawilowsky, S., & Rolands, L. (2013). Assessing the impact of ADHD coaching services on university students' learning skills, self-regulation, and Well-being. *Journal of Postsecondary Education and Disability, 26*, 67-81.

Fleming, A., & McMahon, R. (2012). Developmental context and treatment principles for ADHD among college students. *Clinical Child and Family Psychology Review, 15*, 303-329. https://doi.org/10.1007/s10567-012-0121-z

Fleming, A. P., McMahon, R. J., Moran, L. R., Peterson, A. P., & Dreessen, A. (2015). Pilot randomized controlled trial of dialectical behavior therapy group skills training for ADHD among college students. *Journal of Attention Disorders, 19*, 260-271.

Gathje, R., Lewandowski, L., & Gordon, M. (2008). The role of impairment in the diagnosis of adhd. *Journal of Attention Disorders,11*, 529-537.https://doi.org/10.1177/1087054707314028

Gordon, M., Antshel, K., Faraone, S., Barkley, R., Lewandowski, L., Hudziak, J. J.,⋯

ADHD의 슬기로운 대학생활: 대학생 ADHD를 위한 인지행동치료

Cunningham, C. (2006). Symptoms versus impairment: The case for reporting DSM-IV's criterion D. *Journal of Attention Disorders, 9*, 465-475.

Gormley, M. J., DuPual, G. J., Weyandt, L. L., & Anastopoulos, A. D. (2016). First-year GPA and academic service use among college students with and without ADHD. *Journal of Attention Disorders, 23*, 1-14. https://doi.org/10.1177/1087054715623046

Green, A., & Rabiner, D. (2012). What do we really know about adhd in college students? *Neurotherapeutics, 9*, 559-568. https://doi.org/10.1007/s13311-012-0127-8

Gu, Y., Xu, G., & Zhu, Y. (2018). A randomized controlled trial of mindfulness-based cognitive therapy for college students with ADHD. *Journal of Attention Disorders, 22*, 388-399. https://doi.org/10.1177/1087054716686183

He, J., & Antshel, K. (2016). Cognitive behavioral therapy for attention deficit / hyperactivity disorder (ADHD) in college students: A review of the literature. *Cognitive and Behavioral Practice*. https://doi.org/10.1016/j.cbpra.2016.06.001

Hechtman, L. (2017). *Attention deficit hyperactivity disorder: Adult outcome and its predictors*. New York: Oxford Press.

Kaye, S., & Darke, S. (2012). The diversion and misuse of pharmaceutical stimulants: What do we know and why should we care?: Pharmaceutical stimulant diversion and misuse. *Addiction, 107*, 467-477. https://doi.org/10.1111/j.1360-0443.2011.03720.x

Kessler, R. C., Adler, L., Barkley, R., Biederman, J., Conners, C. K., Demler, O., ⋯ Zaslavsky, A. M. (2006). The prevalence and correlates of adult ADHD in the United States: Results from the national comorbidity survey replication. *American Journal of Psychiatry, 163*, 716-723. https://doi.org/10.1176/appi.ajp.163.4.716

Kessler, R. C., Petukhova, M., Sampson, N. A., Zaslavsky, A. M., & Wittchen, H.-U. (2012). Twelve-month and lifetime prevalence and lifetime morbid risk of anxiety and mood disorders in the United States. *International Journal of Methods in Psychiatric Research, 21*, 169-184. https://doi.org/10.1002/mpr.1359

LaCount, P. A., Hartung, C. M., Shelton, C. R., Clapp, J. D., & Clapp, T. K. (2015). Preliminary evaluation of a combined group and individual treatment for college students with attention-deficit/hyperactivity disorder. *Cognitive and*

Behavioral Practice, 22, 152-160.

LaCount, P. A., Hartung, C. M., Shelton, C. R., & Stevens, A. E. (2018). Efficacy of an organizational skills intervention for college students with ADHD symptomatology and academic difficulties. *Journal of Attention Disorders, 22*, 356-367.

Lewandowski, L., Gathje, R. A., Lovett, B. J., & Gordon, M. (2013). Test-taking skills in college students with and without ADHD. *Journal of Psychoeducational Assessment, 31*, 41-52.

Matte, B., Anselmi, L., Salum, G. A., Kieling, C., Gonçalves, H., Menezes, A., ⋯ Rohde, L. A. (2015). ADHD in DSM-5: A field trial in a large, representative sample of 18- to 19- year-old adults. *Psychological Medicine, 45*, 361-373. https://doi.org/10.1017/S0033291714001470

McKee, T. E. (2017). Peer relationships in undergraduates with ADHD symptomatology: Selection and quality of friendships. *Journal of Attention Disorders, 21*, 1020-1029. https://doi.org/10.1177/1087054714554934

Miller, L. A., Lewandowski, L. J., & Antshel, K. M. (2015). Effects of extended time for college students with and without ADHD. *Journal of Attention Disorders, 19*, 678-686.

O'Malley, P. M., & Johnston, L. D. (2002). Epidemiology of alcohol and other drug use among American college students. *Journal of Studies on Alcohol, Supplement, 14*, 23-39.

Pariseau, M. E., Fabiano, G. A., Massetti, G. M., Hart, K. C., & Pelham, W. E., Jr.(2010). Extended time on academic assignments: Does increased time lead to improved performance for children with attention-deficit/hyperactivity disorder? *School Psychology Quarterly, 25*, 236-248.

Pinho, T. D., Manz, P. H., DuPaul, G. J., Anastopoulos, A. D., & Weyandt, L. L. (2019). Predictors and moderators of quality of life among college students with ADHD. *Journal of Attention Disorders, 23*, 1736-1745. https://doi.org/10.1177/1087054717734645

Pliszka, S. R. (2015).Comorbid psychiatric disorders in children. In R. A.Barkley (Ed.), *Attention-deficit hyperactivity disorder: A handbook for diagnosis and treatment* (4th ed., pp. 140-168). New York: Guilford Press.

Polanczyk, G. V., Salum, G. A., Sugaya, L. S., Caye, A., & Rohde, L. A. (2015). Annual research review: A metaanalysis of the worldwide prevalence of mental disorders in children and adolescents. *Journal of Child Psychology and Psychiatry, 56*, 345-365. https://doi.org/10.1111/jcpp.12381

Prevatt, F. (2016). Coaching for college students with adhd. *Current Psychiatry Reports, 18*, 1-7. https://doi.org/10.1007/s11920-016-0751-9

Prevatt, F., &Yelland, S. (2015). An empirical evaluation of ADHD coaching in college students. *Journal of Attention Disorders, 19*, 666-677.

Rabiner, D., Rabiner, D. L., Anastopoulos, A. D., Costello, E. J., Hoyle, R. H., McCabe, S. E., & Swartzwelder, H. S. (2009). Misuse and diversion of prescribed ADHD medications by college students. *Journal of Attention Disorders, 13*, 144-153.

Ramsay, J. R. (2015). Psychological assessment of adults with ADHD. In R. A. Barkley (Ed.), *Attention-deficit hyperactivity disorder: A handbook for diagnosis and treatment* (pp. 475-500). New York: Guilford Press.

Reaser, A., Prevatt, F., Petscher, Y., & Proctor, B. (2007). The learning and study strategies of college students with ADHD. *Psychology in the Schools, 44*, 627-638.

Rooney,M.,Chronis-Tuscano, A.,& Yoon,Y. (2012). Substance use in college students with ADHD. *Journal of Attention Disorders, 16*, 221-234. https://doi.org/10.1177/1087054710392536

Rounsaville, B. J., Carroll, K. M., & Onken, L. S. (2001). A stage model of behavioral therapies research: Getting started and moving on from stage I. *Clinical Psychology: Science and Practice, 8*, 133-142.

Sacchetti, G. M., & Lefler, E. K. (2017). ADHD symptomology and social functioning in college students. *Journal of Attention Disorders, 21*, 1009-1019. https://doi.org/10.1177/1087054714557355

Safren, S., Perlman, C., Sprich, S., & Otto, M. W. (2005). *Mastering your adult ADHD: A cognitive behavioral treatment program therapist guide*. Oxford: New York.

Salzer, M. S. (2012). A comparative study of campus experiences of college students with mental illnesses versus a general college sample. *Journal of American College Health, 60*, 1-7. https://doi.org/10.1080/07448481.2011.552537

Scheithauer, M. C., & Kelley, M. L. (2017). Self-monitoring by college students with ADHD: The impact on academic performance. *Journal of Attention Disorders, 21*, 1030-1039.

Sibley, M. H., Pelham, W. E., Jr., Molina, B. S. G., Gnagy, E. M., Waxmonsky, J. G.,

Waschbusch, D. A., ⋯ Kuriyan, A. B. (2012). When diagnosing ADHD in young adults emphasize informant reports, DSM items, and impairment. *Journal of Consulting and Clinical Psychology, 80*, 1052-1061. https://doi.org/10.1037/a0029098

Smith, B. H., Barkley, R. A., & Shapiro, C. (2006). Combined child therapies. *Attention-deficit Hyperactivity Disorder, 3*, 678-691.

Solanto, M. V. (2011). *Cognitive-behavioral therapy for adult ADHD: Targeting executive dysfunction*. New York: Guilford Press.

Solanto, M. V. (2015). Executive function deficits in adults with ADHD. In R. A. Barkley (Ed.), *Attention-deficit hyperactivity disorder: A handbook for diagnosis and treatment* (pp. 256-266). New York: Guilford Press.

Surman, C. B. H., Biederman, J., Spencer, T., Miller, C. A., McDermott, K. M., & Faraone, S. V. (2013). Understanding deficient emotional self-regulation in adults with attention deficit hyperactivity disorder: A controlled study. *ADHD Attention Deficit and Hyperactivity Disorders, 5*, 273-281. https://doi.org/10.1007/s12402-012-0100-8

Swartz, S. L., Prevatt, F., & Proctor, B. E. (2005). A coaching intervention for college students with attention deficit/hyperactivity disorder. *Psychology in the Schools, 42*, 647-656.

Thomas, R., Sanders, S., Doust, J., Beller, E., & Glasziou, P. (2015). Prevalence of attentiondeficit/hyperactivity disorder: A systematic review and meta-analysis. *Pediatrics, 135*, 995-001.

Weisz, J. R., Jensen, A. L., & McLeod, B. D. (2005). Development and dissemination of child and adolescent psychotherapies: Milestones, methods, and a new deployment-focused model. In E. D. Hibbs & P. S. Jensen (Eds.), *Psychosocial treatments for child and adolescent disorders: Empirically based strategies for clinical practice* (pp. 9-39). Washington, DC: American Psychological Association.

Weyandt, L. L., & DuPaul, G. J. (2012). *College students with ADHD: Current issues and future directions*. New York: Springer.

Willcutt, E. G. (2012). The prevalence of DSM-IV attention-deficit/hyperactivity disorder: A meta-analytic review. *Neurotherapeutics, 9*, 490-499. https://doi.org/10.1007/s13311-012-0135-8

Wolf, L. E., Simkowitz, P., & Carlson, H. (2009). College students with attention-deficit/hyperactivity disorder. *Current Psychiatry Reports, 11*, 415-421.

ACCESS 계획 및 실행 지침

2장

이 장에서는 ACCESS 계획과 실행에 대한 일반적인 지침을 제공한다. 계획 부분은 프로그램 집단 리더 및 멘토 자격 요건을 설명한다. 다른 심리사회적 치료와 마찬가지로 임상적으로 ACCESS를 권유하는 대상이 중요하므로, ACCESS가 적합하거나 적합하지 않을 수 있는 학생의 특성을 논의한다. 대학마다 학사일정에 차이가 있기 때문에, ACCESS 실시 시기와 관련된 문제도 다룬다. 실행 부분은 전체 치료 프로그램에 적용할 임상 지침을 제공한다. 이 지침은 각 치료 회기에서 집단 리더 또는 멘토가 겪는 치료 과정 문제를 자세히 설명한다. 이 밖에도 회기 시간 배분, 집단 및 멘토링 요소의 조화로운 전달, 비밀 유지 문제, 교내 서비스 부서의 초청 강사 일정 조율, 회기 불참 다루기, 회기 핸드아웃 제공, ACCESS 구성 요소 활용법을 제안한다.

프로그램 진행자 자격

　다른 심리사회적 치료와 마찬가지로 ACCESS의 효과적인 시행을 위해서 일정 수준의 임상적 기술과 지식이 필요하다. 기본적으로 CBT 프로그램이기 때문에, 집단 리더와 멘토는 임상 경험이 있거나 인지 및 행동 이론 원리와 기본적인 기법을 최소한 친숙하게 다룰 수 있어야 한다. ACCESS를 성공적으로 시행하려면, 프로그램에 참여할 학생보다 ADHD를 훨씬 더 많이 알고 깊이 있게 이해하고 있어야 한다. 의무사항은 아니지만, 집단 리더와 멘토는 캠퍼스에서 이용 가능한 자원을 많이 알수록 좋다. 청소년기, 성인 진입기 발달에 대한 배경지식뿐만 아니라, 대학생을 대상으로 관련된 전문적 경험도 중요하다.

　집단 리더는 특정 유형의 전문 학위가 필요하지 않지만, 가급적 임상 또는 응용 분야에서 훈련과 경험이 있는 석사 학위 이상의 수준이 낫다. 집단 운영에 필요한 일부 기술 때문이다. 훈련과 경험이 있어야 ADHD뿐만 아니라 동시에 발생하는 다양한 정신 건강 상태의 사람들 치료가 수월해진다. 수년에 걸쳐 우리 집단의 리더는 석사 수준의 면허가 있는 전문 상담사, 임상 심리학 박사 과정 학생 및 면허가 있는 박사 수준의 심리학자였다. 상담, 사회복지, 기타 응용 분야는 전문 교육을 받은 사람이 ACCESS 집단 리더 역할 수행에 적합할 것이다.

　멘토 자격조건으로, 유사한 응용분야에서 훈련받은 경험을 선호하지만 ACCESS 프로그램 진행의 필수 사항은 아니다. 필요한 역량은 일대일 멘토링 회기 내에서 대학생들과 잘 지내면서 안내를 해주는 대인관계 기술이다. ACCESS를 실행한 경험을 돌이켜보면, 인간 발달 및 가족학, 상담학, 발달심리학, 임상심리학 석사 과정 대학원생을 비롯해 다양한 전문 교육을 받은 멘토를 활용해 큰 성공을 거두었다. 집단 리더와 마찬가지로, 사회복지 및 다른 응용 분야의 석사 과정 대학원생, 장애 서비스 사무처 및 튜터링 센터에서 근무하는 직원도 멘토

역할에서 상당한 잠재력이 있다는 근거는 충분하다.

주의할 점은 프로그램 집단 리더 및 멘토로 일한 사람들이 ACCESS 참여 전 주의할 점은 ADHD 지식이나 인지 및 행동 기법과 전략 사용 등에서 훈련의 정도가 같지 않은 것이다. 즉, 모든 진행자가 비슷한 수준의 지식과 전문성을 갖추도록 다양한 유형과 분량의 훈련을 제공해야 한다. 훈련은 일반적으로 대학생 ADHD 관련 주제에 대한 읽을거리, 일반적으로 사용하는 인지 및 행동 전략, 집단 토론, 역할극 및 관찰 등이 포함된다. ACCESS 시행에 관심이 있고 비슷한 훈련을 원하는 사람들을 지원하기 위해, ACCESS 시행을 원하는 대학이나 기관 요구에 맞춘 자문도 가능하다. 자세한 내용은 https://accessproject.uncg.edu/ 에 있는 ACCESS 웹페이지를 참조한다.

학생의 특성

ACCESS는 ADHD가 있는 대학생을 위해 특별히 기획되었기 때문에, 치료 시작 전 학생의 ADHD 진단서가 유용하지만 꼭 필요하지는 않다. 학교에서 잠재적인 ACCESS 참가자에게 종합심리평가를 하고 서면 보고서를 제공할 수 있다. 학생이 예전에 받은 심리평가 보고서를 가져올 수도 있다. 많은 경우 공식 문서를 이용할 수 없고, ADHD 진단을 받았다는 학생의 자기 보고만 남는다. 이러한 상황에서 집단 리더나 멘토는 적어도 학생이 겪는 어려움을 인터뷰하여, ADHD가 맞는지, ACCESS가 도움이 될지 확인해야 한다. 학생의 ADHD 상태가 확실하지 않다면, 집단 리더나 멘토는 ADHD 여부를 더 잘 파악하기 위해 학생과 학생 부모에게 표준화된 ADHD 평가 척도를 실시할 수 있다. 초기 평가에서는 현재 증상과 아동기 증상 정보를 모두 수집하는 척도 사용이 중요하다.

ADHD 진단만 고려할 유일한 요소는 아니다. ACCESS 개입이 임상적으로 필요하다는 명확한 근거가 있어야 한다. 부분적으로 ADHD 학생이 학업적, 개인적, 사회적, 정서적 기능에서 임상적 의미의 어려움이 있어야 ACCESS 프로그램 참여로 긍정적인 효과를 보일 가능성이 높다. 1장에서 언급했듯이, ADHD

대학생 인구의 약 55%는 우울과 불안을 특징으로 하는 진단을 동시에 받는다. 동반 질환으로 ACCESS 참여를 배제하지 않는다. 그러나 자폐 스펙트럼 장애, 양극성 장애, 강박장애 및 물질 남용 상태일 경우 ACCESS에 참여할 수 없다. 왜냐하면 이러한 상태가 일반적으로 ACCESS와 다른 개입 전략이 필요하기 때문이다. 더욱이 ACCESS가 이차적인 조건(예: 자폐 스펙트럼 장애, 양극성 장애)을 가진 대학생에게 임상적으로 적절하다는 경험적 증거가 없다.

ACCESS 서비스 제공이 적절한지 결정하려면 학생의 다른 특성도 고려해야 한다. 예를 들어, ACCESS는 대학에서 마지막 학기를 앞둔 학생에게 적합하지 않다. 최대 효과를 위해서 ACCESS는 두 학기에 걸쳐 이어지므로, 마지막 학기의 상급생은 프로그램의 유지 관리 단계에 참여할 수 없다. ACCESS는 온라인 코스만 수강하고, 정기적인 집단 및 멘토링 모임에 올 수 없는 학생에게는 적합하지 않다. 심사숙고가 필요한 학생 특성은 ACCESS 프로그램 집단모임이 시작된 이후에야 드러나기도 한다. 집단 진행을 방해하는 태도, 행동, 의견을 보이는 학생이 있다. 어느 학생의 행동 문제로 인해 ACCESS 다른 집단원들이 집단 리더에게 프로그램 탈퇴의사를 표현한 사례도 있었다. 다루기 어려운 성격문제의 학생을 확실히 이해하고 돕기 위해 최선을 다했지만 집단의 다른 학생들에 대한 의무도 있다. 집단 리더와 멘토는 많은 논의 끝에 해당 학생은 ACCESS 집단에서 빠지지만, 멘토링을 통해 ACCESS 서비스를 계속 받도록 했다. 이 민감한 상황에서 학생과 만나 의논을 했고, 해결책을 받아들여서 ACCESS 프로그램의 멘토링 부분을 마칠 수 있었다.

일정관리에서 고려할 점

ACCESS 시행을 준비하면서 두 가지 중요한 고려 사항은 프로그램 시작 날짜와 집단 및 멘토 모임 일정이다. ACCESS 프로그램의 적절한 시작일을 결정할 때, 학생이 8주 집단 회기와 최대 10주 멘토링 회기를 포함하는 활성화 단계 전체 모임에 참여할 시간이 충분한지 확인해야 한다. 학기 말 전에 프로그램을 마치도록 ACCESS 시작 날짜를 정해야 한다. 학기 초는 많은 학생들의 수업 일정이 유동적이기 때문에, 학생의 일정이 정해진 후에 ACCESS 프로그램 시작 날짜를 확정하는 편이 낫다. 일반적으로 학기가 시작하고 2~3주가 지난 후 프로그램 시작 날짜를 정하기 좋다.

일정을 관리할 때 두 번째로 고려할 사항은 집단 및 멘토링 모임 시간이다. 집단 회기는 언제나 관심이 있는 학생 모두가 참석할 수 있는 시간으로 정해도 집단 리더가 가능한 시간, 그리고 해당 시간에 집단이 모일 공간 확보에 제약이 생길 수 있다.

그럼에도 불구하고, 가능한 한 많은 학생이 참석 가능한 시간으로 집단 회기 시간을 정하도록 한다. 일례로 늦은 오후나 이른 저녁 시간에 진행 하면, 수업 후 학생들이 참석 가능하다. 멘토링 회기는 일반적으로 30분(집단 회기의 경우 90분)이고, 대부분의 학생들이 30분 정도는 쉽게 일정을 맞출 수 있다. 다만, 매주 집단 회기 이후 며칠 이내 반드시 멘토링 회기일정을 정해 집단 회기와 연결되도록 한다. 학생들에게는 집단 회기에서 배운 행동 전략과 기술을 시험해보고 멘토와 함께 검토하고 개선하는 기회가 된다.

ACCESS 실행

1장에 설명한 대로, ACCESS는 2학기 동안 연속하여 진행하는 CBT 프로그램으로, 첫 학기에 집중적인 8주 활성화 단계를 시행하고, 다음 학기 유지 관리 단계에서 개입을 점차 줄여나간다. 각 치료 단계는 집단 및 개별 멘토링 형식으로, ADHD 대학생에게 일상생활 기능의 성공적인 수행에 필요한 지식과 기술을 제공한다.

집단 회기

ACCESS 집단 회기는 활성화 단계에서 새로운 정보를 전달하는 주요 수단이다. 집단 회기 내용은 강의 형식이지만 학생의 적극적인 참여를 유도하기 위해 가능한 질문하고 답변하는 방식이 된다. 이를 테면, ADHD가 학업에 마치는 영향을 논의할 때, 학생 본인의 관점에서 ADHD가 학업 기능에 어떻게 영향을 주었는지 공유한다. 한 학생이 들려주는 이야기는 바로 그때 다른 학생들이 "나에게도 일어난 일"로 생각하는 계기가 되고, 서로 이야기를 나누면 집단 결속에 기여한다. 각 회기의 행동 전략에서 집단 리더는 종종 어떤 전략이 효과적인지, 그렇지 않은지 물으면서 논의를 시작한다. 한 학생이 특정 전략을 성공하지 못했다고 얘기하면, 집단 리더는 참석한 다른 집단원들이 피드백을 주도록 요청하면서 해당 전략을 어떻게 더 효과적으로 쓸지 강조할 수 있다. 일례로, 학생이 자신의 플래너를 다른 집단원에게 보여줄 때 플래너 시스템(예: 중요한 부분을 색칠해서 강조하기)을 적용하면 도움이 된다고 언급할 수 있다. 치료의 적응적 사고 기술도 유사한 전략을 써서, 적응적 사고 활동을 보여줄 화이트 보드나 기타 시각 보조장치를 이용한다.

유지 단계에서는 한 번의 집단 부스터 회기를 실시한다. 주된 목적은 집단원들이 ADHD에 대한 새로운 궁금증을 다루고, 행동 전략 실행에서 나타난 문제를 해결하며, 적응적 사고 기술 사용을 개선할 시간을 갖는 것이다. 또한 집단원이 서로 다시 연결되어 동료의 지원을 받는 기회가 된다는 측면에서 임상적으로 유익하다.

멘토링 회기

활성화 단계에서 진행하는 ACCESS 멘토링은 다음 세 영역으로 구성되어 있다. 1) 집단에서 배운 내용을 모니터링하고 조율하기, 2) 장애 편의지원 및 기타 교내 서비스에 대한 학생의 필요를 평가하기, 3) 학생과 협력하여 개인적 목표 달성을 확인하고 모니터링하기. 멘토는 학생들이 ADHD를 얼마나 이해하고 있는지 살피고, 집단 치료 이외의 상황 혹은 일대일 상황에 맞는 행동 전략과 적응적 사고 기술을 적용하도록 촉진한다. 멘토는 학생의 학업 수행과 성공을 돕기 위해 필요한 교내 서비스 부서를 접할 방법을 알려주거나 의뢰를 해준다. 멘토는 학생들이 현실적인 목표를 발전시키고, 목표 달성 과정을 모니터링하고 지지하면서, 개인 코칭을 해준다. 멘토링 회기는 집단 회기를 실시한 1주 이내에 모두 진행한다. 첫 멘토링 시간에 멘토들은 학생의 현재 학업 및 개인적 기능, 캠퍼스 자원의 사용, 도전 과제, 치료 목표를 점검한다. 이후 회기에서 멘토는 참가자와 간단히 사전 체크하고 학생과 협력해 해당 회기 안건을 선정한다. 집단에서 다룬 정보를 논의하고 새로 습득한 기술과 전략을 연습하기 위한 노력을 검토하고 조율한다. 새로운 목표와 회기 간 연습 과제를 정하고, 학생이 요청하거나 학생에게 필요한 여러 주제를 다룬다. 각 영역에 할애하는 시간은 학생 개개인의 요구와 관심사에 따라 다르다.

유지 단계에서는 최대 6회 멘토링 모임을 진행하는데, 활성화 단계보다 훨씬 더 유연하며 주로 학생의 필요와 선호에 따라 진행한다. 행동 전략 사용을 검토, 수정하려고 멘토링에 참여하는 학생도 있지만, 주로 개인적인 목표를 설정하고 지지를 얻기 위해 멘토링을 이용한다. ACCESS를 마친 후 학생 스스로 해나갈 수 있도록, 멘토들은 멘토링을 하는 중에, 그리고 멘토링 회기 사이에 발생하는 상황에서 학생들이 점점 더 책임을 지는 형태로 지도한다.

소크라테스식 질문

다른 많은 CBT 응용 프로그램과 마찬가지로 소크라테스식 질문은 두 가지 치료 전달 형식에서 중요한 역할을 한다. 일반적으로 소크라테스식 질문은 대안 적인 관점을 반영하고 심사숙고하도록 질문하는 형태이다. ACCESS에서 집단 리더와 멘토는 학생이 소크라테스식 질문에 참여해서 (1) 학생이 할 수 있는 모든 부적응적 사고를 생각하고, (2) 같은 상황에서도 다른 방식을 고려하도록 돕 는다. 학생들은 자신의 부적응적인 사고 패턴을 인식할수록 매 순간 자신의 생 각을 잘 감지하고 더욱 적응적인 사고로 대체하여, 적응적인 감정과 행동을 보 인다. 이 과정에서 학생들은 스스로 할 수 있다는 자신감을 가져서, ACCESS 참 여가 끝나도 혼자서 적응할 준비를 하게 된다.

회기 주제의 시간 배분

1장에 설명한 대로, 각 활성화 단계 집단 회기는 공통 주제(예: 학업 기능)에 초점을 맞춰서 ADHD 지식, 행동 기술 및 적응적 사고 기술을 통합적으로 다룬 다. 이론적으로 집단 회기 90분 동안 각 세 가지 주제에 동일한 시간을 배분하지 만, 경우에 따라 행동 전략을 다루는데 상대적으로 더 많은 시간이 필요할 수 있 다. 적응적 사고 기술이나 ADHD 지식의 적용을 우선 고려하는 경우도 있다. 한 집단 회기 내에서 세 가지 주제에 대한 시간을 엄격하게 나누지 않는다. 주제의 분량과 복잡성, 집단의 관심과 요구, 정보를 흡수하는 능력에 따라서 시간 배분 을 달리한다. 모든 집단 회기에서 각 주제별 시간을 정확히 지정하기보다는 집단 리더가 집단 필요와 상황을 평가해 결정하는 편이 가장 좋다. ADHD 지식, 행동 전략, 적응적 사고 기술을 다루는 시간 배분에서 가장 유통성을 발휘해 전체 집단 회기에서 가급적 세 주제 모두를 적절히 망라한다.

주제별 시간할당은 멘토링과 크게 관련이 없다. 멘토링 회기는 집단에서 논의한 내용 중에서 그 학생에게 가장 관련되고 의미 있는 요소(즉, 지식, 행동 전략, 적응적 사고)에 중점을 두어 진행한다. 멘토들은 일대일 형태로 작업하기 때문에 학생의 이해와 요구를 신속하게 평가해서, 필요한 주제를 회기마다 유연하게 다룰 수 있다.

집단 회기와 멘토링의 조화

ACCESS 집단 및 개별 멘토링을 구성하는 요소를 전달하는 지침이 따로 있지만, 구성 요소들은 밀접하게 연계되고 서로 조율되어야 한다. 집단 리더와 멘토는 활성화 단계마다 매번 만나고, 매주 진행하는 ACCESS 회기 전에 일정을 잡아야 한다. 집단 리더와 멘토는 만나서 멘티가 집단에서 어떻게 수행했는지 그 성과를 공유한다. 집단 리더는 멘티가 집단 회기 때 잘한 부분을 메모해두어서, 멘토링 때 멘토가 멘티의 성과를 인정하는 시간을 마련한다. 집단 리더는 멘티에게 우려하는 부분도 멘토와 공유해서 개별적인 멘토링 시간에 멘토가 멘토링을 할 때 이를 직접 다루도록 한다. 마찬가지로 멘토 역시 멘토링 회기에서 발견한 멘티의 강점이나 우려 사항을 집단 리더에게 알려서 후속 집단 회기 수행에 도움을 줄 수 있다.

비밀보장

비밀보장의 정확한 경계는 ACCESS를 실시하는 환경의 기능에 따라 다를 수 있지만, 널리 인정받는 비밀보장 지침을 학생이 인식하는 것이 중요하다. 집단 리더와 멘토는 ACCESS 참여 도중 드러난 학생들의 모든 정보를 학부모, 학교 관리자, 의료기관 혹은 그 누구와도 서면 허가 없이 공유하지 않는다고 알릴 책임이 있다. 그렇지만, ACCESS 프로그램의 협력적인 실행을 위해서 집단 리더와 멘토는 서로 정보를 공유한다는 점을 알리고 이를 이해시키도록 한다. 어떤 사항들을 기록하고(예: 멘토링 회기 메모), 비밀보장을 위해 기록을 어떻게 저장, 보호하는지 학생들에게 알린다. 이와 함께 학생과 ACCESS 진행자가 집단 및 멘토링 회기 밖 의사소통(예: 전화, 문자, 이메일)에서 비밀보장을 위해 취할 조치도 논의한다.

일반적인 임상 현장처럼 비밀이 보장되지 않는 조건을 학생들에게 고지하는 것도 필요하다. 정확한 의무 보고 기준은 지역마다 다소 다를 수 있지만, 대체로 참가자가 임박한 자살 계획 혹은 살인 행위가 드러나거나 아동이 신체적 또는 성적 학대의 피해자인 경우 비밀보장의 원칙은 깨질 수 있다. 이같은 상황이 발생할 가능성이 낮더라도 명확하고 구체적인 계획 수립이 ACCESS 진행자의 책임이다. 일례로 학생이 자살 사고를 표현할 상황에 대비해, 집단 리더와 멘토는 초기 자살 위험 평가를 수행할 수 있도록 일정 수준의 훈련이 필요하다. 초기에 상황을 해결하려는 노력이 성공하지 못하면, 면허를 소지한 정신건강 전문가의 자문을 받아 다음 단계를 결정해야 한다. ACCESS 프로그램 시작 전에 이와 같은 후속지원을 해줄 수 있는 사람의 신원과 연락처 정보를 집단 리더와 멘토가 정확히 알고 있어야 쉽게 절차가 진행될 수 있다.

비밀유지에 관해 한 가지 더 추가해야 할 부분이 있다. 학생들은 이미 서로 만나거나 함께 아는 친구가 있어도 집단 밖으로 나오면 집단 안에서 들은 것을 공개하지 않는다는 신뢰 확립이 매우 중요하다. 학생들이 집단 내에서 알게 된 다른 학생들의 개인 정보를 집단 외부에서 공유하지 않도록 강하게 권고한다.

초청 강사

ACCESS 프로그램의 목적 중 하나는 대학생들이 가용한 캠퍼스 자원을 효과적으로 이용하도록 돕는 것이다. 대다수 대학은 폭넓은 학생 지원 서비스를 제공한다. ADHD 대학생이 학업적 요구를 성공적으로 이루도록 지원하고, 신체 및 정신 건강에 필요한 부분을 돌봐주며, 진로 계획도 도움을 준다. 임상이나 연구 결과에서 ADHD 대학생은 가용한 교내 서비스를 모르는 경우가 흔하고, 심지어 서비스를 알아도 이용을 망설인다고 나타났다.

학생들이 캠퍼스 자원을 더 잘 이용하려면 먼저 교내 서비스에 관한 의구심과 오해를 풀어야 한다. 이를 해결하기 위해, 캠퍼스에 있는 다양한 지원 서비스 부서의 직원을 강사로 초청한다. 치료의 활성화 단계 집단 회기를 시작할 때 2~3번, 통상 20~30분 정도 진행한다. 초청 강사는 슬라이드를 준비해서 짧은 프리젠테이션을 하거나 교내 지원 서비스에 대해 짧고 편하게 이야기를 할 수도 있다. 두 접근 방식 모두 괜찮고, 학생들에게는 교내 서비스 사무처 직원을 만나는 기회만으로 이와 같은 자원 이용에 좀 더 마음을 열게 된다. 직원들은 전체적인 질문이나 우려 사항을 답변하여 서비스 접근 장벽을 낮춘다. 예컨대, 어떤 학생은 장애 지원 사무소에 등록하면 모든 수업에서 편의 지원 서비스를 받아야 한다고 오해한다. 이러한 오해를 바로잡아서 조기 수강 신청과 같은 지원을 받게 할 수 있다.

학생 지원 서비스가 얼마나 제공되는지는 학교마다 차이가 있지만, 장애 지원 서비스, 학생 상담, 학생 건강 서비스, 개인 지도 및 학업 코칭을 포함한 학업 지원 서비스, 진로 상담, 글쓰기 지원 센터(글쓰기 지도 및 첨삭)가 보편적이다. 새 학기가 시작되어야 집단 모임 시간이 정해지므로, 이후에나 초청 강사 일정을 짜야 할 수도 있다. 집단 리더는 ACCESS 시작 전에 가능한 강사들에게 미리 연락을 해서 지원 서비스를 소개하는 강의에 관심이 있는지 확인해야 한다. 이를 토대로 강사 목록을 준비하고, 참여하고 싶어 하는 직원들을 추가해 강사로 초청한다.

회기 불참

ADHD 대학생이 흔히 보이는 한 가지 문제 행동은 모임 및 기타 약속에 늦거나 결석하는 것이다. ADHD 증상 중 하나가 건망증이기에 놀라운 일은 아니다. 건망증 외에도 계획 및 조직화 문제로 인해 ACCESS 집단 및 멘토링 모임에 참석을 잘 못할 수 있다. 학생들은 두 개 이상의 약속을 같은 시간에 잡기도 하고, 마감 시간에 과제를 끝내야 하거나 시험공부 때문에 집단 및 멘토링 모임에 참석 못 할지도 모른다. 요약하자면, ADHD 학생은 실제 의도와 달리, 다른 학생들에 비해서 집단 및 멘토링 모임에 늦거나 때로는 결석할 가능성이 더 높다.

영구적인 해결책은 아니지만 학생들에게 모임 알림을 보내고, 집단 리더 또는 멘토와 제한적인 범위 내에서 보충 회기를 진행한다. 모임 알림은 이메일, 문자 또는 전화로 할 수 있다. 수월한 의사소통을 위해, 학생들에게 가장 좋은 연락 방법이 무엇인지 물어본다. 대다수는 문자 메시지를 선호해서 자동 반복 문자 알림을 설정하는 방법이 있다. 집단 회기 당일에 알림, 1시간 전에 알림, 때로는 10분 전 마지막 알림을 해주는 식으로 여러 차례 알림 메시지를 제공한다. 알림 횟수, 시기 및 형식은 개인의 필요에 따라 정할 수 있다. ACCESS가 도움이 되려면, 규칙적인 참석이 필수이므로, 알림 제공은 출석률과 시간 준수에 유용하다.

학생이 집단 또는 멘토링 회기에 아예 결석한 경우, 집단 리더와 멘토는 학생을 보충 집단 회기에 참석시킬지, 가능한 빨리 멘토링 회기를 다시 예약해서 진행할지 논의해야 한다. 각 집단 회기는 바로 전 주에 실시한 집단 회기 내용을 기반으로 하기 때문에, 집단을 위한 보충 회기가 효과적이라고 권장된다. 다만, 대학 상담센터 결석에 대한 보충 횟수 규칙에 따라 재예약은 제한적으로 허용될 수도 있다. 이와 같은 제한된 규칙을 지키며 학생에게 기본적인 내용을 전달한다. 집단 리더가 90분 동안 보충 회기를 일대일로 진행하지는 않는다. 대신, 학생과 개별적으로 만나서 20~30분 이내에 결석한 집단 모임에서 했던 내용을 개관하고 해당 회기의 핸드아웃을 제공하는 식으로 마친다. 우리 연구에서 ACCESS 참가자에게 최대 2회까지 보충 회기를 허용한 적도 있다. 매주 일정 시간을 보충 회기로 정해서 결석한 학생 누구나 참석하는 방법도 선택 가능하다. 집단 리더와 멘토는 보충 회기에 관대해질 필요가 있다. 출결석 문제는 흔한 일이고, 일부 ADHD 증상이 원인이기 때문이다. 멘티가 결석이나 지각을 반복한다면, 멘토는 이러한 문제 해결에 사용할 행동 전략과 적응적 사고 기술을 확인해서 회기 중에 논의한다.

핸드아웃

활성화 단계 전반에 걸쳐 각 집단 모임과 멘토링 모임에서 핸드아웃을 제공한다. 핸드아웃은 학생들이 집단에서 한 내용을 요약해서 가져갈 수 있는 형태로 만든다. 핸드아웃은 집단 내 토론을 용이하게 한다. 집단 리더는 학생들에게 핸드아웃에 있는 행동 전략을 살펴보라고 지시한 다음, 여러 전략 중 어떤 전략 사용이 흥미롭고 그 이유는 무엇인지 등 질문을 이끌어낸다. ACCESS 시행에서 핸드아웃이 중요하기 때문에, 치료 회기를 논의하는 각 장의 끝부분에 회기별로 핸드아웃을 수록했다.[3]

ACCESS 구성 요소 활용

앞서 강조했듯이 ACCESS는 치료 구성 요소로 ADHD 지식, 행동 전략, 적응적 사고 기술을 전달하는 두 학기에 걸친 장기 개입이다. 임상시험 연구에서 효과를 입증하고 검증된 ACCESS가 바로 이 형태로, ACCESS 실행하는 다른 사용자도 이 치료 매뉴얼에서 설명한 대로 전체 프로그램 진행을 권한다.

ADHD 대학생을 대상으로 임상적인 작업을 하는 많은 경우에 ACCESS 전체를 그대로 쓰지 못할 수도 있다. ACCESS 전체를 실행 못 하면, ADHD 학생 치료에 도움이 되는 일부 치료 구성 요소라도 진행하는 게 낫지 않을까? 라는 딜레

---

3   역자 주) 본 번역서에서는 회기별 핸드아웃을 일괄적으로 정리하였다.

마가 생긴다. 현재까지 이 문제를 직접적으로 다룬 연구를 수행하지 않아서, 이 질문에 확실하게 답을 할 수 없다. 경험적 증거가 없다고 ACCESS 프로그램 일부만 진행하면 도움이 안 된다는 의미는 아니다. 필요에 따라 ACCESS의 구성 요소나 전달 형태를 바꾸어 해볼 수도 있다.

예를 들어, 대학 상담 센터는 ACCESS 집단 회기 진행은 가능하지만, 개인 멘토링이 어려울 수 있다. 반대로, 대학 장애 서비스 사무처 상담원은 보통 학생과 일대일로 만나기 때문에 멘토링 부분 서비스는 잘 하지만, 집단 구성 요소를 제공할 수 없다. 교내 서비스가 서로 연계하면, 완전한 형태로 ACCESS를 실행할 수도 있다. 협력하여 대학 상담 센터에서 집단 회기 부분을 제공하고, 장애 서비스 사무처에서 멘토링을 담당하는 식이 가능하다.

사설 치료 장면의 상황도 ACCESS 전체를 실시하기 어렵다. ADHD 대학생이 대학가 근처에 위치한 사설 센터에서 치료를 받는 경우는 흔하다. 많은 개인 치료자들이 주로 일대일로 작업하기 때문에, ACCESS의 멘토링 부분 활용은 매우 적합해 보인다. 일반적인 치료 회기 50분은 ACCESS 멘토링 회기 30분보다 길어서, 개인 치료자들은 ACCESS 집단 내용 일부를 개인 치료 회기에서 실시할 수 있다.

연구자들이 효과 검증한 ACCESS 전체를 실시하면 가장 바람직할 것이다. 그렇지만 ACCESS 프로그램 전체 실행은 상황적 한계가 많아서, 집단처럼 일부 ACCESS 프로그램만 실행해도 어느 정도 치료적 도움이 될 것이다.

활성화 단계 1주 차

3장

ACCESS 프로그램 활성화 단계 1주 차에 다룰 내용은 다음과 같다. 먼저 집단 회기 내용을 제시한 후, 멘토링 회기 내용을 설명한다. 집단 첫 시간은 학생들이 해당 프로그램에 익숙해지게 하고, ADHD 증상 및 관련 특징에 대한 정보를 제시하며, 이용 가능한 교내 서비스를 논의하고, 인지 치료와 적응적 사고 기술의 원리 소개를 목표로 한다. 우선 ACCESS의 내용과 구조, 목표를 설명한다. 참여와 치료 진행 과정에 대한 기대도 함께 다룬다. 그 다음으로 ADHD 증상의 유병률과 발달 경과, 상황 가변성에 관한 정보를 제시한다. 가용한 교내 서비스를 검토하기 위해, 관련 서비스를 이용해본 경험을 공유한다. 집단 회기는 인지 치료와 적응적 사고 기법의 기본 원칙을 개관하며 마친다. 초기 멘토링 회기에서 학생은 멘토와 친해지며 멘토링 과정에 적응한다. 멘토는 멘티에 대한 일반적인 배경 정보를 수집하고, 집단에서 다룬 내용을 검토하고 확인하며, 멘티의 목표와 강점, 필요한 부분에 대한 정보를 수집한다.

ACCESS 프로그램 소개

집단 회기 도입

집단 리더는 자기소개 및 리더로서 자신의 역할을 간단히 설명한다. 그다음에 집단원의 자기소개 시간을 갖는다. 전공과 학년(예: 2학년, 3학년)을 밝히면 자신과 비슷한 상황이나 공통 학업적 관심사를 가진 다른 집단 구성원을 파악할 수 있어서, 집단 결속에 도움이 된다. 이 시간에 비밀보장도 논의한다. 비밀보장의 정확한 경계는 ACCESS를 진행하는 상황마다 다를 수 있지만, 널리 통용되는 지침은 학생들에게 중요하게 숙지시킨다. 학생이나 타인의 안전을 위협하지 않도록 집단에서 공유한 정보는 비밀을 보장하지만, 안전을 위협할 경우 예외가 될 수 있음을 알려준다. 비밀보장 지침에 대한 의무감이 집단원마다 같지 않다고 알려주고, 학생 개개인이 집단에 공개된 모든 사적 정보가 비밀로 유지되도록 최대한 노력해야 한다고 강조한다.

ACCESS의 진행 방식 안내

학생들에게 ACCESS 관련 정보가 있는 핸드아웃 1.2를 주목하도록 지시한다. 학생들에게 집단의 구조를 알려준다. ACCESS는 두 학기 동안 시행하는데, 초기 8주는 활성화 단계이고, 이후 다음 학기까지 유지 단계가 이어진다. 활성화 단계에서 매주 90분가량 집단 모임은 8회 있고, 개인 멘토링은 매주 30분씩 받게 된다. 유지단계는 한 번의 부스터 집단 회기와 4~6회의 멘토링 회기로 이루어진다. 이러한 형식으로 진행하는 이론적 근거도 설명한다. 구체적으로 집단 회기는 매주 세 가지 주요 영역인 ADHD 지식과 행동 전략, 적응적 사고 기술에 관한 새로운 자료를 제시한다. 멘토링 회기는 멘토와 일대일로 작업하며 집단 내용을 검토하고, 캠퍼스 자원 서비스 이용이 필요한지 평가하며, 새로운 지식과 전략을 실제 생활에 적용할 개인적 목표를 정한다. ACCESS 활성화 단계는 새로운 정보와 기술 제공에 중점을 두는 반면, 유지 단계는 새로운 기술을 계속 연습하면서 동시에 매회 멘토링 회기를 통해 계속 지원을 받고, 한 번의 "부스터" 집단 회기는 학기 초반에 참여한다고 분명히 알려준다.

참여와 출석에 대한 기대

매 집단 회기에 새로운 자료를 제공하기 때문에 **모든** 회기에 참석하도록 강조하며 권한다. 결석할 경우, 집단 리더와 일대일 또는 멘토와 추가 회기 형태로 보충 회기에 참석할 기회를 준다. ACCESS를 통한 이득은 학생들의 적극적인 프로그램 참여로 얻는다고 역설한다. 여타의 많은 실제 삶의 활동과 마찬가지로, 학생이 집단과 멘토링에 참여할수록 이득은 더 커진다. 학생들이 제시간에 도착하도록 격려하되, 늦으면 아예 결석하기 보다는 회기 일부라도 참여하는 게 낫다고 언급한다.

약속이나 수업에 늦는 건 ADHD가 있는 개인에게 보편적이므로, 지각에 최대한 융통성 있게 대하고, 동시에 학생들이 새로 습득한 기술을 적용해 집단 및 멘토링 회기에 늦지 않도록 격려한다.

회기 개요 검토 및 과정에 대한 기대

8차례의 활성화 치료 집단 회기 및 각 회기의 주요 주제가 표로 정리된 핸드아웃 1.3을 훑어본다. 이는 학생이 배울 지식과 기술, 기법의 방향을 제시하는데 도움을 준다. 진행 과정에 대한 기대를 논의하고, 행동을 바꿔서 새로운 습관을 시작하기 어렵다고 인정한다. 새로운 습관의 시작이 어렵다는 사실을 인정하면서 동시에 충분히 가능하고 중요한 목표라는 희망을 불어넣어준다. 이는 새로운 행동과 기술 유지에 어려움을 느끼고 좌절할 때 중요한 기준점이 된다.

행동 변화 과정에 대한 기대와 현실의 차이를 설명하기 위해 시각 보조장치를 사용할 수 있다. 핸드아웃 1.4의 과정도표를 보여준다. 대부분의 학생들은 치료의 시작부터 끝까지 도표에 그려진 직선처럼 연속적인 향상을 기대하지만, 치료 과정은 이러한 직선적인 방식으로는 거의 일어나지 않는다는 사실을 알린다. 치료 과정은 과정도표에서 볼 수 있듯이 오르락내리락할 가능성이 훨씬 높다. 몇 주간은 크게 향상될 수 있지만, 다른 몇 주간은 그렇지 않을 수 있다. 이러한 사실을 알려주면 치료 변화의 현실적인 기대 설정에 큰 도움이 된다. 좌절과 약간의 퇴보를 겪는 시기에는 ACCESS가 "더 이상 효과가 없다."까지 생각한다고 말해준다. 이러한 생각에 도전하여 현재 치료에 차질이 생긴 것 같지만, ACCESS 시작 전보다 훨씬 더 향상된 수준에서 기능함을 과정도표로 보여준다. 부적응적인 부정적 사고와 싸우기 위해서는 좌절이 실패의 증거가 아니라 미래의 좌절을 예방할 방법을 배우는 기회로 삼도록 격려한다.

치료 발전 과정은 주로 점진적이며 가변적이다. 퇴보는 학습의 기회이다.

멘토 소개(선택사항)

가능하다면 멘토를 집단 회기에 초대해 소개한다. 멘토와의 짧은 만남은 멘토링 회기를 빨리 시작할 수 있게 한다.

ADHD 지식

이 부분의 주요 목표는 ADHD 핵심 특징에 대한 정확한 정보를 제공하여 이를 토대로 ADHD가 일상생활 및 행동에 어떤 영향을 미치는지 논의하는 것이다. 핸드아웃 1.5는 ADHD 증상과 유병률, 경과에 관한 자세한 정보를 제공한다. 단순히 핸드아웃 내용을 읽지 말고 "ADHD에 대해 이미 알고 있는 것이 무엇인가요?"라고 물어보면서 시작한다. 질문에 대한 학생들의 답변을 핸드아웃에 있는 정보와 관련지어 설명한다.

ADHD 증상

ADHD는 부주의와 충동성, 과잉행동과 같은 핵심 증상이 특징인 의료 분야에서 승인된 진단이다. 해당 증상이 일상생활에서 나타나는 예시를 제시한다. 참여를 높이기 위해 학생들에게 어떤 증상이 있는지 물어본다. ADHD가 있는 사람들 중에서도 증상 프로파일이 상당히 다르다고 알려준다. 어떤 사람은 부주의 증상만 보이지만, 다른 사람은 부주의와 과잉행동-충동성이 복합적으로 나타날 수 있다.

유병률

아동 100명 중 ADHD는 대략 몇 명인지 질문하면서 시작한다. 학생의 추정을 듣고 나서 ADHD 유병률이 100명 중 5~7명이라고 알려준다. 이 수치와 학생이 말한 추정치가 얼마나 차이나는지 탐색한다. ADHD는 성별에 따른 유병률 차이가 있고, 모든 인종과 민족, 나라에서 출현하며, 경제적 수준과는 무관하다는 정보도 검토한다.

발달 경과

ADHD 증상이 언제 처음 발현되어 성인기까지 어떻게 유지되는지 논의한다. 참여를 높이기 위해 ADHD 증상을 언제 처음 알았는지 물어본다. ADHD 증상이 유아기부터 12세까지 언제든지 나타날 수 있으며, 평균 3~4세라는 사실을 강조한다.

과거에는 ADHD가 아동기에 국한된 장애라고 하였지만, 요즈음은 대부분 성인기까지 지속한다고 인식된다. 과잉행동-충동성 증상은 시간이 지남에 따라 감소한다는 증거가 있는데, 성인이 되면 과잉행동-충동성이 현저하지 않기 때문이다. 그 대신, ADHD 성인은 가만히 앉아 있는 동안 타인이 관찰할 수 없는 극심한 내적인 초조를 경험할 수 있다.

상황적 가변성

ADHD는 수행 가변성 장애이지, 무능력하지 않다.

ADHD가 있는 아동 및 성인은 또래만큼 능력이 있지만, 행동에 영향을 미치는 특정한 상황적 요인에 따라 수행이 저하된다. 구체적으로 ADHD가 있는 사람은 과제가 새롭고 흥미로울 때 더 잘 집중하고 주의를 유지할 수 있다. 지루한 과제에 집중하는 건 모두에게 어렵지만 ADHD가 있으면 거의 불가능하게 느낄 것이다. ADHD가 있는 사람은 집단 상황보다는 일대일 상황 그리고 즉각적인 피드백을 자주 받는 경우 수행을 더 잘한다. ADHD의 상황적 가변성을 보면, ADHD 개인의 행동과 수행이 왜 상황에 따라 크게 변하며 비일관적인지 쉽게 이해할 수 있다. 어떤 사람의 ADHD 증상을 누군가는 알아보지만 그렇지 않기도 한 이유도 상황적 가변성으로 설명할 수 있다. 예를 들어, 아동의 ADHD 증상에 대해 교실은 집단 상황이기 때문에 교사가 관찰할 수 있지만, 아동의 부모는 아동과 주로 일대일 상황에서 상호작용하기 때문에 증상을 보지 못할 수도 있다.

> ADHD가 있는 사람이 비디오 게임에 왜 집중하기 쉬운지 물어보면서 이 부분을 마무리할 수 있다. 이를 이해하기 위해 방금 배웠던 상황적 가변성을 적용하도록 촉진한다. 비디오 게임은 본질적으로 흥미로우며, 점수 형식으로 피드백을 자주 즉시 제공하고, 주로 혼자 혹은 소규모 집단에서 하므로 ADHD가 있는 사람의 집중과 주의를 강화하는 이상적 "상황"임을 설명한다.

ADHD의 신경심리학

ADHD는 생물학적 차이에 기반한 뇌 기능 방식 차이의 결과이다. 이러한 차이는 행동 반응을 멈추거나 지연시키는 능력으로 정의되는 행동 억제의 어려움에서 비롯된다. 실질적으로 ADHD가 있는 사람은 다양한 방식의 행동 억제가 어렵다는 의미이다. 이들은 행동하기 전에 잠시 멈추고 생각하거나 딴생각을 안 하기가 어렵다. 행동 억제는 결국 집행기능과 관련 있다(핸드아웃에 기술됨). ADHD가 있는 대다수는 집행기능 장애가 있어서, 목표 지향적인 행동 계획 및 완수를 훨씬 힘들어한다.

이제까지 다룬 ADHD 지식 주제를 질문하며 마무리하는 방법이 유용하다. ADHD에 관한 근거 기반 지식을 제공하는 첫 단계이고, ADHD를 더 잘 이해하고 효과적으로 다루기 위한 활동이라고 상기시킨다.

행동 전략

일차적 목표는 교내에서 제공하는 다양한 서비스 자원을 간단히 검토해보는 것이다. 이용 가능한 특정 교내 서비스는 학교와 대학에 따라 다양하므로 논의는 약간씩 달라질 수 있다. 도움이 되는 일반적인 교내 서비스는 장애 지원 서비스와 튜터, 학업 코칭, 글쓰기 지도, 상담, ADHD 약 처방이 가능한 학생 건강센터이다. 구체적인 장소와 연락처, 의뢰 제도 등 해당 서비스에 접근하는 방법에 대한 정보도 제공한다. 앞으로 집단 회기를 진행하면서 해당 서비스 부서에서 온 초청 강사가 관련 질문에 답변해줄 거라고 예고한다. 해당 서비스가 최대수행의 발휘를 돕기에는 충분하지 않다는 점도 강조한다. 교내 지원 서비스와 ACCESS 프로그램이 병행되면, ADHD 대학생이 자신의 능력을 발휘하는 데 최대로 도움이 될 것이다.

TIP

학생의 참여를 높이기 위해 이 부분에서 검토한 서비스에 대한 생각 및 경험을 물어본다. 학생들의 많은 긍정적인 경험과 이를 공유하면 다른 집단원도 서비스 이용을 시도할 수 있다.

친구와 가족 구성원, ACCESS 프로그램 멘토, 심지어 다른 집단원도 지원이 가능하다고 강조하면서 마무리한다. 예를 들어, 친구와 함께 수업을 신청하면, 서로 출석을 장려하고 "스터디 친구"가 된다.

회기 간 연습 부과

다음 집단 회기 전 멘토와의 만남이 중요함을 알린다. 플래너 및 과제 목록의 사용은 두 번째 주에 논의할 예정으로, 현재 사용하고 있는 플래너와 과제 목록을 가져오도록 요청한다.

적응적 사고 기술

핸드아웃 1.6을 사용해 적응적 사고 기술을 논의한다. ACCESS 프로그램에서 사용할 적응적 사고 기술의 토대를 제공하는 인지 치료의 기본 원칙을 소개한다. 중요한 메시지는 생각이 어떻게 느끼고 행동하는지에 영향을 미친다는 것이다. 핸드아웃 1.6의 "인지 삼제"(cognitive triangle)에 나와 있다. 학생들이 계속해서 참여할 수 있도록, 인지 삼제 개념이 친숙한지 물어본다. 만약 그렇다면 직접 설명해보도록 요청한다. 낯설어하면, 상황이나 자신에 대한 생각이 감정에 영향을 준 경험이 있었는지 물어본다. 예시를 통해 사고, 감정, 행동의 관계를 논의한다. 일례로, 어떤 학생들은 자신이나 자기 능력에 대해 부정적으로 생각할 수 있다(예: "나는 너무 게으르고 학교에서 형편없다"). 이런 종류의 생각은 대개 근거가 부족하다. 예컨대, 수업 프로젝트를 떠올리면서 "이건 불가능해. 나는 이 것을 결코 끝낼 수 없을 거야."라고 생각할 수 있다. 프로젝트가 힘들거나 어려울 수도 있지만, "불가능"은 분명 과장된 표현으로 동기를 저하시킨다.

자신의 사고, 감정, 행동 간 관계를 이해시키는 것이 중요하다. 생각과 동시에 일어나는 감정을 파악하도록 요청한다. 슬픔, 무망감, 좌절감 등이 전형적인 대답이다. 다음은 생각의 영향을 받을 만한 행동을 파악한다. 학업 자체를 회피하거나 비디오 게임, 음주, 소비처럼 부정적인 감정과 생각에서 "탈출"하기 위한 행동에 관여하는 실례를 들 수 있다.

더 현실적이고 긍정적인 생각을 위해 적응적 사고 기술 습득의 목표를 분명히 세운다. 행동과 마찬가지로 사고방식도 습관화될 수 있다. 적응적 사고 기술을 배워서 도움이 되지 않는 사고 습관을 파악하고, 이를 수정하거나 제거할 수 있다. 학생에게 상황에 대한 생각을 바꿨을 때 자신의 감정이나 행동이 달라진 경험이 있는지 물어본다. 구체적으로 떠올리기 어렵다면, 문자 메시지를 잘못 해석한 적이 있는지 질문한다. 대부분 학생들은 친구가 짧은 문자 메시지를 보내거나 늦게 답장을 보내면, 친구가 속상하거나 짜증 난 것 같다고 여길 때가 있다. 문자 메시지는 간략하고 면대면 대화 상황 맥락이 부족해서 잘못 해석되곤 한다. 대부분은 비슷한 경험이 있어서 잘못된 생각이 어떻게 부정적인 감정을 유발하는지 논의하기에 유용하다. 메시지를 잘못 해석했다고 깨달은 후 무슨 일이 일어났는지, 감정이 변했는지, 행동은 달라졌는지 등을 이야기시킨다. 학생들은 일반적으로 안도감이나 행복감을 느꼈다고 보고한다. 흔히 행동도 바뀌어 친구를 피하거나 속상해서 다른 일에 집중을 못 했지만, 생각이 달라진 후 행동도 변한 경험을 나누게 된다.

생각하는 방식은 어떻게 감정을 느끼고 행동하는지도 영향을 미친다.

회기 간 연습 부과

학생에게 한 주 동안 자신의 생각을 알아차리는 연습을 하도록 요청한다. 슬픔과 두려움, 좌절, 분노 등의 부정적인 감정을 경험할 때 어떤 생각을 하게 되는가? 다음 집단 회기 시작 전까지 일주일 동안의 연습이 해당 기술 발달의 핵심임이라고 부각한다.

집단 회기 종결

회기에서 다룬 요점을 정리하고 다음 회기까지 부과된 연습의 중요성을 강조하면서 마친다. 학생에게 다음 집단 회기 전에 멘토를 만나고 지금 작성한 플래너와 진행한 과제 목록을 가져오도록 요청한다.

도입 및 비밀보장

간단한 소개

멘티에게 짧게 ACCESS 프로그램 참여를 반기는 인사를 전한다. 캠퍼스에 특정적인 비밀보장 및 일반적인 비밀보장 정책과 관련 문제를 상기시킨다. 회기 시작을 계획할 때 이러한 세부사항을 반드시 고려한다.

> **멘토** : "안녕하세요! 저는 캐서린 존스이고, 케이트라고 불러주세요. 제가 ACCESS 프로그램의 멘토입니다. 오늘은 서로를 알아가며 ACCESS 멘토링 요소를 더 많이 배우겠습니다. 그럼 시작하겠습니다."
>
> **멘티** : "네."
>
> 멘토 자신을 소개하고 학생에 대한 정보를 수집한다. 원한다면 기관이나 조직/업무, 교육 배경, 인칭 대명사[4], 취미, 고향과 같은 흥미로운 사실도 공유한다. 멘티에 대한 정보를 수집할 때 멘티가 어떻게 불리고 싶은지 반드시 물어본다(예: 별명 등).

---

4   역자 주) 한국어는 인칭 대명사에서 성을 뚜렷하게 구분하지 않지만, 최근 미국에서는 생물학적 성별이 아닌 개인이 원하는 성별을 존중해야 한다는 생각이 널리 퍼져, 스스로 선호하는 성별 인칭 대명사를 미리 밝히는 경우가 많음.

멘토 : "집단 모임에서 이미 이야기를 들었겠지만, 저희가 이야기하는 것은 비밀보장이 됩니다. 비밀보장은 ACCESS에 관련된 임상가는 본인 동의 없이 개인 정보를 다른 사람과 이야기하지 않는 것입니다. ACCESS 임상 진행은 집단 리더와 멘토, 지도 감독자(supervisor) [만약 해당된다면]로 구성되어 있습니다. 본인 동의 없이 정보를 공유하는 유일한 경우는 응급 상황 또는 자신이나 다른 사람을 해칠 위험성 같은 비상사태입니다. 이해되셨나요?"

멘티 : "네, 전에도 들었어요. 이해했습니다."

멘토 : "좋습니다. 아까 말씀드렸던 대로 저를 케이트라고 불러주세요. (저는 그녀/그녀의와 같은 여성 대명사를 사용해요) 저는 당신의 멘토입니다. 이것이 무엇을 의미하는지는 잠시 후에 이야기해볼게요. 저는 심리학 석사 학위가 있고, 여기 캠퍼스 자원 서비스 센터에서 서비스 코디네이터와 멘토로 일하고 있어요. 저는 오하이오 출신이고, Cincinnati Reds의 열렬한 팬이에요. 그 외에 레크레이션 축구나 만화책 관련된 것이라면 다 좋아해요! 이제 당신에 대해서 조금 말씀해주세요. 어떻게 불리길 원하는지, 별명이나 (선호하시는 인칭 대명사) 혹은 공유하고 싶은 정보라면 뭐든지 좋아요."

> 격식을 차리지 않고 이야기 나누면 멘티와 라포를 쌓는 데 도움이 된다. *라포 형성은 첫 회기에서 가장 중요한 측면이다.* 멘티와 라포를 쌓으면 지속적으로 프로그램에 참여하고 멘토링에 올 수 있다. 다음 시간을 위해서 회기 노트에 관심 있는 몇 가지 항목을 표시한다.

사전 체크

첫 번째 집단 회기의 경험이 어땠는지 멘티와 간단히 확인한다. 향후 회기에서는 멘토링 회기를 사전 체크를 하면서 시작한다. 논의를 위한 질문은 다음과 같다.

- 첫 번째 집단은 어땠는가?
- ACCESS 자료(1주 차 핸드아웃)를 가져왔는가?

협력적 의제 선정

오늘 회기를 간략히 설명하며 멘티에게 남은 시간 동안 무엇을 할지 알린다.

- 이 회기는 약 1시간 동안 진행되지만, 이후 모든 회기는 30분 정도라고 알린다.
- 서로를 계속해서 알아가며 멘티의 배경 정보를 수집한다.
- ACCESS 프로그램과 멘토링에 대한 기대를 논의한다.
- ADHD에 관한 기초지식, 교내 서비스 활용의 중요성, 적응적 사고 개념의 도입 등 첫 번째 집단 회기에서 소개된 자료를 검토한다.
- 사전 체크에 나온 주제가 멘티와 관련되어 많은 이야기가 예상되면, 의제에 추가한다. 그렇지 않으면 멘티에게 의제 정하기에 참여하고 싶은지 직접 물어볼 수 있다. 구체적인 주제는 주로 기존 의제에 잘 들어맞는다. 기존 의제에 맞지 않는다면 해당 주제를 다루기 위해 마지막 몇 분을 남겨놓는다.

멘토	: "오늘은 제가 의제를 제시했어요. 매주 이렇게 할 텐데, 이 회기는 당신이 필요한 부분에 맞춰 조정하는 것도 중요해요. 오늘 우리 의제에 더 포함하고 싶은 게 있으신가요?"
멘티	: "제 학자금 지원이 통과하지 못했다는 것을 방금 알았어요. 그 일로 너무 스트레스를 받아요!"
멘토	: "좋아요, 오늘 논의할 적응적 사고와 그 주제가 매우 관련 있어 보이네요. 필요하다면 그 상황에 대한 문제 해결을 이야기해 봅시다."

멘티에 대한 정보 수집

핸드아웃 1.8을 사용하여 멘티의 ADHD 경험에 대한 자세한 정보를 수집한다. ADHD 임상적 양상 유형, 진단 받은 시기, 약물치료나 다른 치료 여부, 약물을 복용하거나, ADHD (아닌 다른) 심리적 상태, 과거 교육 받은 경력(학력) 등이다. 멘티에게 알맞은 멘토링을 제공하기 위해 전공과 학점을 물어본다. 학적이 다르면 충족해야 할 요건도 다르다. 이전 멘티의 학사 경고나 제적 같은 경험을 알면 학업 성취를 더 잘 도울 수 있다. 배경 정보 양식을 완성할 때 멘티의 소통 방식 관련된 정보도 수집한다. 멘티는 이메일을 선호하는가 혹은 메시지를 선호하는가? 얼마나 자주 멘토링 알림을 받고 싶어하는가? 많은 멘티는 보통 회기 당일 아침이나 전날 알림을 선호한다.

멘토링 안내

멘토의 관점에서 프로그램 개요를 제시하며 시작한다. 아래는 본 설명의 예시이다.

멘토 : "집단 모임에서 들으셨듯이, ACCESS 서비스는 두 가지 주요 구성 요소가 있어요. 첫 번째는 집단으로 진행하며 ADHD가 일상 기능에 미치는 영향을 줄이는 정보와 기술을 학습할 기회를 가집니다. 이렇게 배우면서 자기 이야기를 공유하고 비슷한 어려움을 겪은 다른 사람 이야기도 들으며 지지를 얻습니다. 저는 앞으로 8주 동안 멘토로 함께 작업할 거예요. 멘토링은 집단에서 배우고 있는 기술이 당신에게 제일 잘 맞도록 진행합니다. 일대일로 당신의 개인적인 상황과 가장 관련 있는 사례를 더 깊이 함께 논의할 거예요. 저는 책임 파트너로 매주 당신이 배운 기술을 시도하는지 기술을 추적하고 확인하는 역할도 합니다. 우리는 한 팀으로 함께 문제를 해결하고 작업해서 당신이 프로그램에서 최대한 도움을 받도록 할 거예요."

> 멘토링에 대한 설명은 치료나 상담으로 오인될 수 있다. 멘토링의 차이점과 유사점을 반드시 논의한다.

- *유사점*: 멘토링과 치료 모두 반영적 경청과 공감, 문제 해결 기술에 중점을 둔다. 치료와 마찬가지로 멘토링의 목표는 손상과 고통을 줄이고, 단기 및 장기적 개인 목표를 수립하며 변화에 대한 동기를 높인다.
- *차이점*: 치료와 달리 멘토링은 ADHD 증상이나 손상 자체보다 관련된 이슈에 중점을 둔다. 멘토링은 간략하고 해결 중심의 회기(30분)로 이루어진다. ADHD와 관련없는 심리적 위기는 캠퍼스 혹은 지역사회 내의 개인 상담가가 가장 잘 다룬다.

8번 집단 회기 개별 주제를 간략히 검토하고, ADHD 지식과 행동 전략, 적응적 사고 등 매주 다룰 세 가지 주요 주제도 논의한다.

집단 소감 나누기

집단 회기에서 배운 정보를 명확하게 확인하고, 다듬고, 강화하는 것이 멘토링의 주요 목표이다. 다음처럼 이야기하면서 논의를 시작한다.

- 집단에서 받은 핸드아웃의 각 주제를 살펴보겠습니다. 각 주제에 관한 질문이 있으면 다루고, 배운 내용을 상황에 적용하는 데 중점을 두겠습니다.

ADHD 지식

ADHD를 간략하게 소개하고 부주의와 충동성, 과잉행동의 핵심 증상을 논의한다. ADHD의 유병률과 발달 경과도 간략하게 설명한다. ADHD가 아동기에만 발생하는 장애가 아니라 삶의 전반에 걸쳐 지속하는 장애라고 전달하면 유용하다. 이에 대해서 어떠한 혼동이 있다면 명확히 해준다.

집단에서 제시한 정보 대부분을 이해한 멘티에게 개방형 질문을 해서 자연스럽게 대화를 이끌어내고, 의미 있고 개인적인 방향에서 정보를 연결시키게 한다. 가능한 질문은 다음과 같다.

- 새로 알게 된 정보가 있는가?
- 특히 흥미롭거나 놀라운 내용이 있는가?

정보를 완전히 이해하지 못한 멘티의 경우 ADHD에 대한 지식이 제한적이거나 집단에 완전히 스며들지 못했기 때문에 특정 정보를 다시 검토하고 설명한다. 아래는 논의를 촉진하기 위해 사용할 수 있는 유용한 질문이다.

- ADHD 증상의 세 유형을 이미 잘 알고 있었는가? 세 가지 유형의 차이점을 구별한다고 생각하는가? 만약 당신 혹은 당신의 ADHD를 더 알고 싶어하는 사람에게 설명할 수 있겠는가?
- ADHD 증상은 말로 드러나고, 떠오르는 생각에 따라 몸에서 발현된다. 자신의 ADHD 증상과 어떻게 다른지 스스로 의식하는가?
- 어떤 증상을 경험할 때 가장 괴로운가?

상황 가변성 개념을 논의한다. 멘티에게 ADHD는 **수행 가변성 장애이지 무능력이 아니라고 알려준다.** ADHD가 있어도 자신에게 맞는 상황과 전략을 찾으면 성공적으로 개선될 수 있다. 해당 논의를 시작하기 위한 질문은 다음과 같다.

- 당신은 어떤 상황에서 가장 잘 기능하는가?
- ADHD 증상을 줄이기 위해 과거에 쓰던 전략은 무엇이고, 앞으로 어떤 전략이 유용하겠는가?

많은 멘티는 행동 억제와 집행 기능 개념에 익숙하지 않다. 주제와 관련된 모든 질문을 간략하게 다루어준다. 멘티는 이런 식으로 ADHD를 생각해 본 적이 없으므로 개념을 서로 이야기하는 게 제일 유효하다. 해당 개념을 이해하는 핵심은, ADHD와 함께 자기 자신, 그리고 최적의 기능을 위한 적응과 대처 방식 등을 큰 그림으로 전개하여 인식하는 것이다.

행동 전략

핸드아웃 1.9를 사용하여 학생들이 캠퍼스 안팎에서 활용했던 모든 자원을 논의한다. 학생들이 알지 못할 수 있는 관련 캠퍼스 자원에 대한 정보를 제공한다. 교내 서비스에 대한 통념을 다루고 멘티에게 유익할 수 있는 서비스를 이용하도록 장려한다.

TIP

멘티에게 캠퍼스에 있는 장애지원센터에 등록되어 있는지 물어본다. 등록되지 않았다면 서비스 사용의 혜택(예: 수강 우선 등록, 시험 시간 연장 등)을 논의한다. 학내 자원 연계에 필요한 단계의 개요를 제공한다.

적응적 사고

멘티에게 적응적 사고의 개념을 소개하고 이전에 이러한 전략을 사용한 적이 있는지 물어본다. 가장 기본적인 수준에서 사고, 감정, 행동이 어떻게 상호 연결되어 있는지에 초점을 맞춘다. 즉, 개인의 생각은 자신의 감정과 행동에 영향을 미친다(그 반대의 경우도 마찬가지다). 인지 삼제를 논의하며 어떻게 작동하는지 예시를 보여준다.

멘티의 강점, 필요, 목표 평가

ACCESS 프로그램에 어떻게 참여하게 되었는지 이야기를 나눈다. 논의를 시작할 수 있는 질문은 다음과 같다.

- ACCESS 프로그램을 어떻게 알게 되었는가?
- 무엇을 얻길 바라는가?

자신이 ADHD를 다루는 방식의 강점 및 약점이 무엇인지 물어본다. 오랫동안 ADHD로 인한 어려움을 겪어온 멘티는 자신의 강점 파악이 어렵고 주로 약점에 몰두하므로 강점과 약점 모두 물어보는 것이 중요하다. 멘티는 ADHD를 다루는 자신의 능력을 부정적이고 회의적으로 평가할 수 있다. 강점 파악은 약점을 개선하는 작업을 위한 좋은 출발점이자, 멘티의 목표를 파악하는 데 도움이 된다.

멘티 : "ADHD에 관해서는 아무것도 잘하지 못하는 것 같아요. 그래서 이 프로그램을 참가하게 되었어요."

멘토 : "음, 아까 상황적 가변성 부분에서 미술 과목에 관심이 있어서 더 잘 집중한다고 이야기했어요. 교수님과 일대일 정기적인 만남도 수업에서 놓친 정보를 확실히 하는 데 도움이 되고요. 두 가지 모두 강점입니다! 이 밖에 어떤 방식으로 ADHD 증상을 잘 대처하거나 관리하고 있나요?"

멘티 : "규칙적인 약 복용은 꽤 잘하고 있어요. 하지만 약에 너무 많이 의지하는 건 아닌지 걱정돼요. 왜냐하면, 약 효과가 떨어지는 저녁 무렵에 일하거나 공부를 해야 하는 데 어떻게 해야 할지 모르겠어요."

멘토 : "좋습니다. 약물치료가 도움이 됐고, 약을 잘 복용하고 있군요. 치료에 잘 순응하는 강점이 있고 규칙적인 습관을 갖고 있네요! ACCESS에 참여하면서 약물 복용처럼 규칙적으로 해낼 수 있는 유용한 습관을 기를 수 있습니다. 약 효과가 떨어지는 늦은 오후와 저녁에 집중하고 생산적인 활동을 해야 한다는 부분이 약점이네요. 이번 학기 목표로 이걸 다뤄보는 게 좋을까요?"

멘티 : "네, 물론이죠!"

멘토 : "좋아요. 개인 목표에 넣을게요."

멘티 : "또 다른 약점은 모든 일에 늦어서, 학점과 아르바이트, 친구 관계에 영향을 받고 있어요. 시간을 잘 지키고 싶어요"

멘토 : "훌륭한 제안이군요. 개인 목표 목록에 추가할게요."

TIP

새로운 전략을 배우려고 도움을 구하는 것은 엄청난 강점임을 강조한다!
첫 번째 회기의 대화에서 나타난 멘티의 다른 강점도 반영한다.

ADHD의 슬기로운 대학생활: 대학생 ADHD를 위한 인지행동치료

멘티가 ACCESS 참여에서 작업하고 싶은 영역 최소 두 가지를 파악한다. 목표 설정 양식(핸드아웃 1.10)을 작성하고, **SMART 목표**를 알려준다. 목표는 구체적이고(Specific), 측정가능하며(Measurable), 달성가능하고(Attainable), 현실적이며(Realistic), 시기적절해야(Timely) 한다. 목표 달성의 장애물과 유용한 전략도 간단히 논의한다. 멘티는 학업과 사회적 생활, 생활의 균형, 조직화, 건강한 생활 등 다양한 주제와 상황에 관련된 목표를 만들 수 있다. 멘티가 장, 단기적 목표를 모두 파악하도록 돕는다. 멘티에게 목표 설정 양식은 멘토링 내내 사용해서 진행 상황을 추적하고, 장애물을 다루며, 필요에 따라 새로운 목표를 추가할 수 있다고 덧붙인다.

> 목표와 관련 있는 주제를 논의할 때 목표를 써놓은 핸드아웃을 보면서 진행 상황을 논의한다. 마찬가지로 멘티가 목표를 언급하면 기억하기 위해 핸드아웃에 추가하고 싶은지 물어보고, 목표 달성을 위한 전략을 세워본다.

멘토링 회기 종결

필요에 따라 목표를 점검한다. 달성하거나 수정할 부분이 있는가? 논의할 다른 주제가 있는가? 이전 시간에 논의하기에 적합하지 않았던 다른 주제는 없는지 살펴보고 다룰 수 있다.

마지막으로 다음 멘토링 회기 전까지 멘티가 할 일을 구체적으로 검토해서 명확히 해준다.

- 다음 멘토링 회기에 올 때 모든 집단 회기 핸드아웃 전부와 자신이 사용할 플래너 가져오기.
- 교내 서비스 지원을 조사하고 가장 도움이 되는 서비스 고려하기. 멘티가 원하는 특정 서비스(예: 장애지원서비스)를 정하면, 직접 연락을 취해서 해

당 서비스를 받는 단계를 밟기. 다음 회기 시작할 때 관련된 활동했는지 확인.

다음 약속 날짜와 시간을 확정한다. 멘티에게 알림을 설정하거나 작성하게 하고 멘토도 똑같이 자신의 플래너나 달력에 쓴다.

활성화 단계 2주 차

4장

2주 차에는 두 가지 핵심 전략인 플래너 및 To-Do list를 집단에서 소개한다. 집단 회기 내용은 ADHD 원인과 ADHD에 대한 정확한 정보를 제공하는 유용한 자원을 찾는 요령, 우선순위 시스템 및 전략을 논의하고, 부적응 사고 패턴을 인지하는 지침을 포함한다. 멘토는 집단 내용을 보완하는 식으로 멘티가 플래너 및 To-Do list를 실행할 수 있도록 도와준다. 멘토는 ADHD의 원인과 이용 가능한 자원, 부적응적 사고 패턴을 인지하고 관리하는 방법에 대한 정보도 검토한다.

집단 회기 도입

집단원에게 자기소개 다시 하기

자기소개는 긴장을 푸는 실용적인 방법이다. 아직 두 번째 모임이라서 몇몇 학생은 다른 학생들의 이름을 잊어버렸을 수도 있기 때문이다.

지난 1주 차 주제 이어서 다루기

우선 첫 번째 모임에서 했던 내용을 간단히 상기시킨다. 이 과정에서 관련 질문에 답을 해주고, 이전 회기에서 충분히 다루지 않아서 혼란스러울 수 있는 부분을 명확히 한다.

멘토와 만난 소감 나누기

학생들에게 멘토와 만난 소감을 이야기하도록 격려한다. 학생들은 일반적으로 첫 만남을 매우 긍정적으로 묘사한다. 긍정적인 경험을 들으면 멘토와 아직 만나지 않은 학생은 멘토를 만나는 동기가 커질 수 있다. 필요하다면 모든 집단원에게 다음 주 모임 전, 배정된 멘토와 만남에 적극 참여하도록 격려하고 지침을 제공한다. 멘토는 집단에서 배운 정보를 개인의 필요에 맞게 조정하도록 돕는 사람이라고 상기시킨다.

회기 간 연습의 중요성 다시 알리기

궁극적인 목표는 학생이 ACCESS에서 배운 정보를 일상생활에 통합하는 것이다. 회기 간 연습은 해당 목표 달성에 도움이 된다. "참여를 많이 할수록 더 많이 얻을 수 있다"라고 강조한다. 회기 사이에 ACCESS의 세 가지 주요 구성 요소인 ADHD 지식과 행동 전략, 적응적 사고 기술을 다루는 연습을 정기적으로 검토한다고 알려준다. 검토는 회기 간 연습이 어땠는지 물어보고, 다음에 어떻게 하면 더 잘할 수 있는지 피드백을 받으므로 유용하다.

ADHD 지식

시작 활동

1주 차에 다뤘던 ADHD 지식을 간략히 검토하고 질문이 있는지 물어본다. 질문에 답하고 1주 차에서 충분히 다루지 못한 부분이 있는지 명확히 한 후에, 새로운 내용인 "ADHD 원인"으로 전환한다.

집단 논의

강의보다는 학생들이 많이 이야기하고 토의할수록 회기 참여가 더욱 성공적일 수 있다. ADHD 원인에 대해 듣거나 생각해본 내용이 있는지 물어보며 논의를 시작한다.

천성 대 양육의 역할 명료화

학생들이 ADHD 원인을 묻는 첫 질문에 답하면, 핸드아웃 2.2 그림을 주목하라고 지시한다. ADHD는 하나 이상의 생물학적 요인에서 비롯하고, 환경적 요인만으로 야기되지 않는다고 설명한다. 질 낮은 양육과 혼란스러운 가정환경, 과도한 텔레비전 시청 등 여러 많은 원인이 제기되었지만, 이러한 이론을 뒷받침할 증거는 없다. 다만, ADHD가 환경에 민감한 측면은 강조하며 내용을 전달한다. 잘못된 양육과 혼란스러운 가정환경 같은 요인으로 ADHD 증상의 문제가 현저할 수 있지만, 이러한 요인만으로 ADHD가 **유발되지는 않는다**.

> 환경요인은 기존 ADHD 상태를 악화시킬 수 있지만,
> 생물학적 요인이 주로 ADHD를 유발하는 원인이다.

뇌 영역 및 기능 손상 가능성

뇌의 전두엽-변연계 영역의 다양한 신경전달물질(예: 도파민)과 신경생리학적 메커니즘(예: 혈류 감소), 신경해부학적 이상이 ADHD 발현에 어떻게 관여하는지 간략히 기술한다. 현재까지 알려진 ADHD 신경생물학은 수많은 연구에 기초하고 있지만, 아직 완전하지 않으며, 시간이 지나면서 계속 더 밝혀질 것이다.

전전두 피질에 영향을 미치는 경로

전전두-변연계 이상이 ADHD와 관련된다고 설명해도 '어떻게 그렇게 될 수 있는가'라는 의문이 계속 생기면, 전전두 영역의 장해가 다양한 경로에서 일어난다고 설명할 기회로 삼는다. 핸드아웃 2.2로 질문하면서 전두엽 영역에 장해를 일으킬 수 있는 여러 경로를 논의해본다. 대체로 유전적 요인과 특정 산전 및 선천성 합병증과 같은 타고난 생물학적 요인에서 시작된 뇌를 통한 경로

가 ADHD를 초래한다는 사실을 알려준다. 적은 비율이지만, 출생 후 두부 외상, 납 중독 및 기타 후천적인 생물학적 메커니즘으로 인해 ADHD가 발현되기도 한다.

ADHD의 유전

가족 중 ADHD 진단을 받거나 증상이 있는 사람이 있는지 물어보면, ADHD 증상을 가진 부모와 형제 및 기타 친척에 관한 이야기가 활발해진다. 일부 학생은 향후 자신의 아이가 유전적으로 ADHD 가능성이 높다는 사실을 알고 불안해하거나 괴로워할 수 있다. 이때 ADHD 가능성이 무조건 장애로 이어지지 않는다고 안심시킨다. 설사 ADHD가 유전되어도 ADHD는 치료법이 많고 관리 가능한 질환이다.

ADHD 정보에 능통한 소비자

인터넷과 여러 매체에 ADHD 관련 오보가 많으므로 비판적으로 읽고 출처를 주의 깊게 확인하는 일은 중요하다. ADHD를 위한 "치유 요법(Cure)"을 파는 목적의 웹사이트는 더욱 의심스럽다. 학기 중에는 ADHD 관련 서적을 읽을 시간이 여의치 않으므로, 앞으로 다룰 내용과 관련된 책을 읽도록 권한다.

정확하고 근거-기반 정보일수록, ADHD 관리에 더욱 도움이 될 수 있다.

ADHD의 슬기로운 대학생활: 대학생 ADHD를 위한 인지행동치료

테크놀로지 도구 활용

학생들에게 ADHD 증상 대처에 가장 유용했던 앱과 프로그램을 이야기하고 나누게 한다. 앱과 컴퓨터 프로그램의 모든 품질이 같지 않으므로, 최신 기술 장치를 선택할 때 정보에 능통한 소비자로서 접근하여 택하도록 강조한다.

행동전략

시작 활동

지난주에 다루었던 교내 서비스 이용을 상기시킨다. 관련 자원에 대해 질문이 있는지 혹은 지난 회기 이후 새롭게 교내 서비스에 연락해본 학생이 있는지 짧게 확인한다. 현재 사용하고 있는 플래너와 To-Do list를 가져왔는지도 점검한다.

플래너 및 To-Do list 소개

플래너와 To-Do list를 논의하며 핸드아웃 2.3과 2.4를 참고한다. 일부 학생들은 ACCESS 시작부터 둘 중 하나 혹은 두 가지 모두 이미 쓸 가능성이 있다. 먼저 사용하는 집단원을 칭찬하면서 집단과 공유한다. 다음에 새롭게 바꾸지 말고, 기존 쓰던 방식을 약간 개선하도록 권한다. 많은 학생들은 플래너 및 To-Do list를 쓰다가 좌절하고, 과거에 시도했다가 포기했거나, 마음이 내키지 않거나 비효율적인 방식으로 이용한다. 플래너를 사용할 때 흔히 마주하게 되는 장애물이나 어려움은 친구와 집단 리더, 멘토의 지지를 통해 관리할 수 있다고 알려준다.

각양각색 플래너

현재 사용 중이거나 시도했던 플래너의 유형을 설명하도록 요청한다. 해당 플래너의 어떤 점이 좋은지, 좋지 않은 점은 무엇인지 이야기한다. 학생이 성공 못 해 불만스러워해도 시도한 노력을 칭찬한다. "완벽한" 시스템은 없으며, 조정하면 된다고 언급한다. 만약 완벽한 시스템이 있다면 모든 사람이 이미 쓰고 있을 것이다!

사용할 플래너 유형 결정

현재 사용하는 플래너를 얘기해보면 모두 장단점이 있다. 수기로 작성하는 수첩형 플래너같이 모든 시간대를 포함하고 있는 플래너가 가장 유용하다. 매주 수업 시간을 표시하고(예: 직사각형으로 시간표에 표시) 각 수업 과제를 같이 적는 방식으로, 수업 전반을 플래너에 쉽게 옮길 수 있다. 학업 외 활동과 일, 다른 할 일을 플래너에 추가하면 과제에 전념할 수 있는 학습 시간과 "자유시간"을 찾기가 더욱 쉬워진다. 수기식 플래너는 휴대전화를 사용할 수 없는 수업 중에도 사용할 수 있다. 문자, 이메일, 소셜 미디어로 인한 방해를 받지 않는다는 장점도 있다. 단점은 항상 근처에 두기 어려운 점이다. 전자식 플래너의 장점은 전체 학기 일정을 일일이 쓰지 않고, 수업 및 기타 일정을 자동으로 반복 설정하여 한 번에 입력하는 것이다. 수업과 다른 일정을 상기시켜주는 알림도 받을 수 있다. 작은 스마트폰 화면으로 일주일 전체 일정을 한눈에 보기 쉽지 않은 것이 단점이다. 교수가 불쾌해 하거나 스크린 타임을 완전히 금지할 경우 수업 중 전자식 플래너 사용은 곤란하다. 스마트폰 혹은 컴퓨터 플래너를 확인할 때 겪는 주의 분산도 실질적으로 심각한 문제이다. 옳고 그른 방법은 없으며 최종 선택한 유형이 학생의 요구가 가장 잘 충족되는 플래너여야 한다.

플래너의 효과적인 활용 규칙

먼저 "플래너 법칙"을 제시한다.

1. 한 번에 하나의 플래너만 사용한다
2. 항상 플래너를 가지고 다닌다
3. 모든 일정을 플래너에 입력한다

그다음 집단원의 생각을 물어본다. 대부분은 플래너 여러 개를 사용하면 혼란스러우며, 플래너를 항상 가지고 다니지 않으면 다른 항목을 추가할 수 없고, 모든 일정 및 마감일을 기억에만 의존하기 어렵다고 인정한다. 일부 학생들이 자신의 기억력이 좋으니까 적어둘 필요가 없다고 하더라도 부드럽게 이의를 제기한다. 과제나 일정을 적어두지 않으면 잊는다는 몇 가지 실제 연구 결과를 소개한다.

유용한 전략의 공유

플래너 사용법과 관련된 효과적인 전략을 이야기하면서 앞서 나왔던 전략을 적용해 보게 한다. 필요하다면 놓친 기술이나 전략도 다룬다. 가장 중요한 부분은 플래너 사용을 잠시 잊거나 잘 쓰지 못 한다고 속상해하거나 최악이라고 생각하면 안 된다고 강조한다. 며칠간 플래너를 안 썼다고 "실패했다" 생각하면 플래너 사용을 일찌감치 포기할 수도 있다. 이러한 경험을 정상화하고 새로운 습관을 들이는 데 시간이 걸린다고 강조한다. 만약 며칠간 플래너를 따르지 않았다면, 그 부분부터 다시 시작할 수 있다! 1주 차에 논의했던 과정도표를 상기시킨다.

플래너 작성 알림

먼저 시각 및 청각적 알림 사용법의 몇 가지 예를 들어준다. 플래너에 있는 항목을 밝은 색 포스트잇에 적고 문에 붙여둘 수 있다. 혹은 플래너에 일정이 있으면 알림이 울리는 장치를 프로그래밍할 수도 있다. 학생들이 이미 사용하는 시각 및 청각 알림은 무엇인지 물어본다. 학생들은 공유할 만한 아주 창의적인 아이디어를 가지고 있다!

플래너 사용 연습

모든 학생들이 플래너를 시도해보면서 무엇이 효과가 있고 없는지 알 필요가 있다. 플래너 시스템을 실행할 때 난관이 생길 수 있다고 알려준다. 사전에 문제를 대비하기 위해 예상되는 장해물을 물어본다. 공통적인 답변은 플래너 사용을 잊어버리는 것이다. 가능한 해결법은 다음과 같다.

- 일상 활동(예: 식사 시간)에서 플래너 사용 습관 만들기
- 플래너 검토가 편한 시간대의 매일 아침과 저녁 알림 설정하기
- 강의 시작 전 복도에 앉아 플래너 내용 검토하고 업데이트하기

To-Do list 소개

두 번째 행동 전략은 To-Do list 이용이다. To-Do list를 소개하며 핸드아웃 2.4를 살펴본다. 먼저, 현재 사용 중이거나 사용했던 To-Do list 유형을 이야기해 본다. 보통 To-Do list를 쓰는 사람과 그렇지 않은 사람도 있으므로, 플래너를 이미 사용하는 학생들에게 To-Do list가 필요한 이유를 물어보고 논의한다. 과제에 따라 플래너가 적합한 경우가 있고, To-Do list가 더 맞을 수 있다고 강조한다. To-Do list를 두는 곳은 매우 다양하다. To-Do list는 현재 사용하는 플래너와 결합해서 쓸 수도 있다. 예를 들어, 밝은 포스트잇에 To-Do list를 적어 플래너에 보관할 수 있다. 때로는 To-Do list를 작성할 별도의 공책 사용이 더욱 효과적이다. 어떤 학생은 집에 있는 큰 화이트보드를 통해 To-Do list를 계속 업데이트한다. 다른 학생은 전자 앱으로 된 To-Do list를 이용한다. 수기식 플래너에서 주말과 주소 부분, 빈 페이지처럼 아직 쓰지 않은 부분에 To-Do list를 적는다. 지금까지 언급한 모든 전략은 성공적으로 사용할 수 있다. 잃어버리기 쉬운 낱장의 종이 사용은 지양한다. 플래너와 마찬가지로 수기식이나 전자 앱을 활용한 리스트 작성의 장단점을 염두에 두어야 한다.

To-Do list 장애물 해결

일부 학생의 경우 To-Do list를 보면 불안해지거나 아직 하지 않은 일에 죄책감이 생긴다는 이유로 To-Do list 사용을 거부할 수 있다. 적응적 사고 기법을 사용하여 이 문제에 깔려 있는 잘못된 믿음을 탐색하고 도전한다. 예를 들면 "To-Do list 작성은 일을 늘리는 대신 실제 그 일을 완수할 가능성을 높인다!"와 같은 대안적 사고방식을 제시한다. 이 외에도 불안한 생각을 다루기 위해 이완법이나 마음챙김 전략을 사용할 수 있다. 현재 진행 중인 과제를 모두 포함한 긴 목록과 함께 몇 개의 항목만을 적어둔 일일 목록을 병행하도록 장려한다. 일부 불안한 학생들은 To-Do list에서 장기적인 과제가 포함된 많은 리스트보다는 며칠 동안 할 일을 적는 용도의 리스트를 더 선호한다.

하기 싫은 과제 완수

학생들이 회피하는 과제를 물어보면서 주제를 소개한다. 과제를 수행할 가능성을 높이기 위해 먼저 과제를 분석한 후 현실적으로 가능한 작은 단계로 나눈다. 이는 To-Do list에 표시하기 좋고, 나눈 단계는 플래너로 옮겨서 실행 가능성을 높일 수 있다. 예를 들어, 학생이 "영어 수업 과제 레포트 쓰기"를 플래너에 적으면 이 과제가 압도적이고 어렵게 느껴져 회피할 수 있다. 반면에 플래너에 "레포트 주제 브레인스토밍하기"를 적고 15분 정도 일정을 비워두면 과제를 시도하고 성공할 가능성이 더욱 커진다. 가장 작은 단계의 완수는 다음 단계의 더 큰 과제를 계속 노력해서 성취할 열의를 불어넣는다. 핵심은 일단 시작하도록 자신을 설득하는 것으로, 대부분 학생들은 하기 싫은 과제라도 단 5분만 할애하면, 전혀 좋아하지 않아도 어떻게든 견딜만 하다고 인식할 수 있다.

큰 과제를 다루기 쉬운 일련의 작은 과제들로 나누면 완수할 가능성이 더욱 커진다.

To-Do list 우선순위 정하기

집단원에게 칠판이나 스마트보드에 자신의 To-Do list를 자발적으로 제시하라고 요청하면서 시작한다. 보통 학생들은 집단과 공유할 수 있는 긴 목록이 있고, 가장 쉬운 과제부터 우선순위를 높게 매기고 먼저 시도하려는 경향을 흔히들 시인한다. 학생들은 더 중요한 일을 하기 전에 덜 중요한 일을 하기도 한다. 예를 들어, 해야 할 과제가 있는데 방 청소를 하거나 장을 본다. 우선순위 정하기의 분명한 단점과 미묘한 단점을 집단에서 이야기하도록 권한다. 칠판에 예시 목록을 나열해서 집단에서 학생들이 각 항목의 우선순위를 정해보게 한다. 우선순위를 정하는 방법은 다양하다. 각 항목의 중요도에 따라 '가장 낮은-중간-가장 높은' 순위로 매기는 학생도 있고(Safren et al., 2005), Covey(1989)의 시간관리 매트릭스(time-management matrix)처럼 '긴급'과 '중요'를 '그렇다-아니다'로 구분하는 2×2표를 쓰기도 한다(그림 4.1 참고). 자신만의 창의적인 시스템을 고안하는 학생도 있다. 우선순위 체계 전략은 전적으로 개인이 선호하는 방식에 달려 있다.

	긴급함	긴급하지 않음
중요함	I 활동 • 위기 • 급박한 문제 • 기간이 정해진 프로젝트	II 활동 • 예방, 생산능력 활동 • 인간관계 구축 • 새로운 기회 발굴 • 중장기 계획, 오락
중요하지 않음	III 활동 • 작업의 흐름을 방해하는 사소한 일들 • 일부 전화 · 우편물 · 보고서 • 일부 회의 • 눈앞의 급박한 상황 • 인기 있는 활동	IV 활동 • 바쁜 일, 하찮은 일 • 일부 우편물 • 일부 전화 • 시간 낭비거리 • 즐거운 활동

출처: Covey, S.R. (2017), 성공하는 사람들의 7 가지 습관, 김영사.

회기 간 연습 부과

앞서 논의한 많은 요점을 통합하여 이번 주에 새로운 To-Do list를 만들도록 권유하며 마무리한다. 멘토가 해당 연습을 도와줄 수 있으며 목표는 완벽보다는 향상이라는 사실을 상기시킨다! 플래너 사용과 마찬가지로 잠재적인 장애물과 문제 해결 방법을 미리 브레인스토밍한다.

적응적 사고 기술

시작 활동

1주 차에 설명한 인지 치료의 일반적인 원칙을 상기시키며 시작한다. "지난 주에는 생각이 감정과 행동에 어떤 영향을 미치는지 논의했어요. 적응적 사고 기술의 목표는 균형 있고 현실적인 사고를 늘리고 부적응적 사고를 줄이는 것입니다."로 시작할 수 있다. 이 접근법에 질문이 있다면 답해준다. 지난 한 주 동안 자신의 생각을 더 잘 인지하게 되었는지 물어보면서 1주 차에 완료한 회기 간 연습을 검토한다. 만약 더 잘 인지했다면 그들의 사고가 감정과 행동에 어떤 영향을 미쳤는가?

부적응적 사고 유형

부적응적 사고 패턴을 다루기 위해 핸드아웃 2.5를 살펴본다. 다양한 유형의 부적응 사고 패턴을 논의하는 여러 방식이 있다. 특히 효과적인 접근 방법은 한 가지 사고유형을 간단히 설명하고, 일상생활의 예시를 들어서 한 번에 다룬 후, 그 다음 최소 하나 이상의 자기 경험의 실례를 집단에서 이야기하는 것이다. 부적응적 사고와 관련된 감정 및 행동을 반드시 탐색한다. 구체적으로, 흑백논리 사고를 정의하고, 일상적인 예시를 제시하여('만약 시험에 A를 받지 못한다면, 난 실패자야!') 이런 생각을 하면 어떤 감정이 느껴지고(예: 슬픔, 불안, 공포) 어떤 행동을 할지(예: 수업 수강 포기하기, 노력하지 않기) 논의한다. 다음으로 얼마나 자주 부적응적인 사고 패턴을 보이는지 생각하고 가장 큰 문제를 일으킬 수 있는 부적응적 사고의 유형을 확인한다.

전문 용어인 부적응적 사고 패턴을 사용할 수도 있지만, 일부 학생들에게는 "사고 오류"나 "인지적 왜곡"이 더 와닿는다. 일부는 심지어 "뇌의 실패" 혹은 "사고의 덫" 과 같은 특별한 의미의 이름을 지어내면서까지 적응적 사고 기법의 활용을 늘리는 학생들도 있다.

대부분 적응적 사고의 모든 측면을 잘 이해하고, 부적응 패턴도 쉽게 파악한다. 몇몇은 자신의 잘못된 신념을 통찰하고, 집단과 같이 공유한다. 문자 메시지에 의존한 의사소통은 비언어적인 단서가 없으므로 독심술 오류가 빈번히 일어

ADHD의 슬기로운 대학생활: 대학생 ADHD를 위한 인지행동치료

난다. ADHD가 있는 학생은 부정적인 생각보다는 지나치게 낙관적인 사고가 특징인 부적응적 사고 때문에 종종 할 일을 미루고, 시간 관리가 어렵다. "잘못된 명명"을 논의할 때 학생들은 다른 사람이나 자기 스스로 "게으른 사람"이라는 꼬리표를 붙인다고 언급한다. 이 꼬리표에 도전하도록 도와야 한다! 자기-동기 부여의 문제가 일부 ADHD와 관련되지만, ADHD가 있는 학생은 종종 또래 친구보다 훨씬 더 열심히, 더 긴 시간 동안 노력하고도 더 나쁜 성적을 받는다. 이건 게으르다고 볼 수 없다.

적응적 사고의 장애물

어떤 학생은 왜곡된 사고를 하는 자신이 "멍청하다"라고 믿는다. 이와 같은 잘못된 명명 오류를 부드럽게 도전하고 고려할 수 있는 대안적 사고를 제시해준다. 대안적 사고를 지지하는 근거로 개인의 진짜 사례를 공유해서 얼마나 일반적인지 분명히 해준다. 때때로 학생들은 부적응적 사고를 한 적이 전혀 없으며, 부적응적 사고가 '어리석은' 짓이라고 주장할 수 있다. 이 주장 자체가 부적응적 사고라서 이의제기가 필요하다(예: "당신의 인생에서 전혀 없었나요? 단 한 번도?"). 부적응적 사고를 인정조차 못 하면, 문제가 상당히 심각해서 반드시 다루어야 한다. 그렇지 않으면 ACCESS 프로그램의 임상적 이득을 얻지 못할 수 있다. 만약 계속 저항한다면 적응적 사고가 지금은 필요하지 않아도 미래에 자신의 부적응적 사고를 발견했을 때 유용하게 활용할 수 있다고 생각을 바꿔준다.

세 칸 기법 소개

사례를 통해 적응적 사고를 다루거나 모든 부적응적 사고 패턴을 논의한 후, 핸드아웃 2.5 후반부 사고 기록지로 주의를 돌려서 세 칸 기법을 알려준다. 먼저 일어난 상황을 적고, 다음 칸에 이 상황이 흔히 촉발하는 부정적이고 비현실적인 자동적 사고를 쓰고 나서, 세 번째 칸에 이어진 부정적 감정이나 행동을 기록한다. 실제 사례를 들어서(예: "교수님이 갑자기 나에게 이메일을 보내서 약속을 잡았다. 내가 뭔가 잘못한 것이 틀림없다. 나는 너무 두렵고 긴장된다"), 사고 기록지의 세 칸을 활용해 부적응적 사고, 부정적인 감정, 행동의 관계를 파악하도록 도와준다. 3주 차에 주에 부적응적 사고에 도전하고 적응적 사고로 바꾸는 방법을 다룬다고 예고한다.

회기 간 연습 부과

부정적인 감정이나 행동이 발생한 상황을 분석하기 위해 세 칸 기법을 이용한다. 필요하면 멘토가 도와줄 수 있다고 알려준다.

집단 회기 종결

다음 회기 전까지 연습할 활동을 상기시키며 회기를 종료한다. 구체적으로는 플래너와 To-Do list, 세 칸 기법 사용이다. 새로운 활동을 처음 시작할 때 누구나 압도될 수 있지만, 다음과 같은 이유로 낙담하지 않도록 격려한다.

- 다른 집단원과 함께 삶에 긍정적인 변화를 만들기 위한 새로운 전략을 시험하고 있으며, 이것이 ACCESS에 참여한 이유이다.
- 집단 리더와 멘토는 새로운 전략의 적용을 도울 것이다.
- 이미 예상되는 방해물을 생각하고 이를 극복하기 위한 계획도 마련한다.

사전 체크

지난 멘토링 회기 이후 어떻게 지냈는지 간단히 업데이트한다. 사전 체크에서는 라포 형성이 중요하다. 편안한 방식을 사용해 회기 진행을 시작한다. 대부분의 경우, 학교에서 있었던 일이나 다른 관심사에 대해 멘티와 짧고 가벼운 대화를 하면 충분하다.

협력적 의제 선정

1주 차에는 "표준"의제 형식을 사용하며 기본적인 형식은 2주에서 8주까지 동일하다. 매주 개요는 본질적으로 같지만, 내용은 매주 집단 회기 내용 및 개인 멘티의 필요에 따라 다르다. 사전 체크에서 나온 주제가 멘티가 필요로 하는 부분과 관련이 있다면, 의제에 추가하도록 제안한다.

> **멘토** : "이번 작성한 ACCESS 자료와 교내 서비스에 관한 당신의 생각을 살펴볼 거예요. 집단에서 배운 것도 논의할 겁니다. 이번 주는 ADHD의 원인과 플래너 및 To-Do list, 부적응적인 사고를 인지하는 방법을 다루었어요. 이 외에도 오늘 더 이야기하고 싶은 것이 있나요?"
>
> **멘티** : "네. 룸메이트와 계속 지내면서 정말 스트레스 받는 상황을 이야기해보고 싶어요."
>
> **멘토** : "그래요. 그 이야기를 해보죠. 적응적 사고를 다룰 때 그 상황을 예시로 이야기하면 좋겠네요."

회기 간 연습 검토

지난주에 논의한 "To-Do list"연습을 간략하게 설명한다. 이는 두 가지 이유로 중요하다. (1) "To-Do list 연습"은 치료 도구로, 멘티의 기능 향상에 유용하다. (2) 책임감은 멘티가 정말로 원하는 행동을 강화하는 데 도움이 된다. 확인할 항목은 다음과 같다.

- 멘티가 플래너와 To-Do list를 마련해서 모임에 가져왔는가?
- 멘티는 자신에게 유용한 교내 서비스가 무엇인지 생각해봤는가? 어떤 서비스가 유용할 것 같은가?
- 멘티가 집단에서 받은 핸드아웃을 멘토링 모임에 가져왔는가?

과제를 다 마친 경우 열정적이고 긍정적인 피드백을 준다. 연습을 못 했어도 중립적인 태도를 유지하고 지나치게 반응하지 않는다. 필요하다면 하지 못한 부분을 마치도록 권한다.

집단 소감 나누기

ADHD 지식

멘티가 더 많이 참여할수록, 학습을 더 잘 할 수 있다. 강의 대신 다음 질문 중 하나로 논의를 시작한다.

- ADHD 원인을 배운 내용에 대해 어떻게 생각하는가?
- 가족 중 ADHD를 가진 사람이 있는가?
- 자료 가운데 궁금한 점이 있는가?

멘티가 멘토에게 전문적 경계를 넘는 개인적 질문을 하는 경우가 가끔 있다.

멘티 : "가족에 대해 듣고 싶은데요, 제 가족에 ADHD가 있는지 말씀해주세요."

멘토 : "당연한 의문인데, 멘토인 제 역할은 가족 진단이 아닙니다. 가족이 ADHD가 있는
지 궁금하면, 자격을 갖춘 의료 전문가와 연결해드릴게요."

행동 전략

아래의 질문은 멘토링 회기를 시작하기에 좋다.

• 플래너를 어디에 둘 것인가?
• 매일 플래너 쓰기를 어떻게 기억할 것인가?
• 휴대폰 또는 수기식 플래너 중 어떤 것이 더 효과적이라고 생각하는가?

플래너와 관련된 세 가지 규칙을 검토하고 규칙의 중요성을 명확히 이해하고 있는지 확인한다.

1. 하나의 플래너만 사용하기
2. 항상 플래너 가지고 다니기
3. 모든 일정과 과제를 플래너에 입력하기; 플래너에 써놓지 않으면, 하지 않게 될 것이다.

플래너 작성의 중요성을 논의한다. 수업과 공부 시간, 친구와의 약속, 일, 운동, 생일과 같은 날짜 등 모든 일을 기록하면 효과적으로 시간 관리를 하고, 약속을 쉽게 기억할 수 있다.

일부 멘티는 이렇게 말한다. "나는 플래너가 필요하지 않아요. 나는 모든 것을 기억할 수 있어요. 기억만으로도 충분해요." 이런 경우, 먼저 "모든 것을 기억한다."는 생각이 잘못되었을 가능성이 크다고 지적한다. 학기마다(그리고 대학 졸업 후에도) 일정이 더 복잡해지거나 생활에서 스트레스를 받게 되면 세부적인 많은 내용들을 기억하기 어려울 수 있다고 말해준다. 스트레스가 심해질 때 플

래너를 쓰는 습관이 있으면, 중요한 업무를 조직화해서 집중하기 쉬워진다고 강조한다. 궁극적으로 시작이 중요하고, 목표는 완벽이 아니라 발전하는 과정인 점을 확실히 이야기한다.

멘티가 To-Do list를 아직 사용하지 않았다면, 핸드아웃 2.7로 시작시켜 본다. To-Do list를 만든 후 멘티가 A, B, C 순으로 과제 우선 순위를 파악하거나 긴급/중요 매트릭스 사용법(p.81 그림 4.1 참고)도 알려준다.

멘티가 교내 서비스의 장애지원센터에 등록을 하면, 수업에서 시험 일정을 잡도록 도와준다. 등록하지 않았다면 이번 주 내로 등록하게 한다.

적응적 사고

멘티가 가장 자주 하는 사고 오류 유형을 확인하면서 시작한다. 우선 누구나 부적응적인 생각을 할 수 있다고 알려준다. 통제 불능의 감정 상태가 되거나 좋지 않은 결정을 내리기 전 잘못된 사고의 인식이 가장 중요하다.

> TIP
>
> 다양한 부적응적 사고 유형의 명칭을 모두 외울 필요는 없다고 알려준다. 반드시 이해하고 기억할 점은 각 유형의 부적응적 사고가 어떻게 작용하느냐이다.

핸드아웃 2.8의 작성을 도와주고 세 칸 접근법을 연습한다. 이를 위해 다음 예시 중 하나 이상을 사용한다.

- 수업을 들으러 가고 있다. 아는 사람이 인사도 없이 지나갔다. "정말 무례한 사람이다"라고 생각했다.
- 학기 첫 시험에서 D를 받았다. "난 이 수업에 낙제하고 말 거야!"라고 생각했다.

멘티가 회기 초반에 언급한 예시를 사용한다. 이때 비판이나 판단처럼 들리지 않도록 조심한다.

멘토링 회기 종결

필요에 따라 목표를 점검한다. 달성하거나 수정할 부분이 있는가? 논의할 다른 주제가 있는가? 이전 시간에 논의하기에 적합하지 않았던 다른 주제는 없는지 살펴보고 다룰 수 있다.

다음 멘토링 회기 전까지 멘티가 할 일을 구체적으로 검토해서 명확히 하는 과정에 다음 내용을 포함한다.

- 다음 멘토링 회기에 모든 집단 회기 자료 가져오기
- 플래너와 To-Do list를 사용하고 다음 회기에 가져오기
- 세 칸 접근법을 적어도 한 번 연습하기

다음 약속 날짜와 시간을 확정한다. 멘티에게 알림을 설정하거나 작성하게 하고 멘토도 똑같이 자신의 플래너나 달력에 쓴다.

활성화 단계 3주 차

5장

3주차 활성화 단계를 위해 집단 및 멘토링 내용을 제시한다. 집단 회기 동안 학생들은 주의력결핍 과잉행동 장애(이하 ADHD)에 대한 정신장애 진단 및 통계 편람 제5판(이하 DSM-5)의 진단기준 및 종합적인 ADHD 평가 구성요소에 대해 정보를 받는다. 다음은 구조화된 기법과 시간 관리 전략 사용의 자세한 지침을 제공한다. 집단원들은 미루는 행동의 원인과 이를 통제하는 방법에 대해 서로 대화하며 상호작용한다. 부적응적 사고 패턴에 도전하는 단계별 지침 그리고 새롭고 중요한 새로운 적응적 사고 기법을 소개한다. 멘토들은 멘토링을 하면서 플래너 사용과 To-Do list를 검토한다. 또한, 멘토는 집단에서 제시된 새로운 정보를 학생들이 이해했는지 반드시 확인하고, 새로운 행동전략 및 사고 기술 실행도 논의한다. 이전에 배운 행동 전략과 적응적 사고 기법의 사용과 관련하여 개선할 부분이 있다면, 모니터링하고, 지지하며, 지도한다.

집단 회기 도입

이번 시간에 학생들이 질문하고 싶은 것이 있는지 물어본다. 시간이 되면 질문에 답변하고 지나치게 길어진다면, 추가적인 질문들은 멘토를 통해 해결하도록 한다.

ADHD 지식

시작 활동

2주 차에 다뤘던 ADHD 지식을 간단하게 검토하고, 따로 생각난 질문이 있는지 물어본다. 질문에 답을 하고, 지난 시간에 미처 다루지 못한 문제를 처리한 후, ADHD 평가 내용으로 넘어간다. 학생들과 핸드아웃 3.2 해당 주제에 대한 개요를 살펴본다.

ADHD 평가

ADHD를 진단하는 간단한 검사는 없다고 알려주면서 시작한다. ADHD 평가 및 진단은 개인의 현재와 과거 기능에 대한 정보를 수집하여 DSM-5의 ADHD 진단기준에 충족하는지 확인하여 이루어진다. 학생 대부분 ADHD 진단을 어떻게 내리는지 익숙하지 않으므로, 반드시 충족해야 하는 다섯 가지 기준을 다음과 같이 제시해준다.

- 부주의 증상 목록이나 과잉행동-충동성 증상 목록에서 5가지 이상의 증상이 발달적으로 부적절한 수준에서 드러나야 한다.
- ADHD 증상은 반드시 12세 이전에 나타나야 한다.
- ADHD 증상은 일상생활의 기능 손상과 관련 있어야 한다.
- 기능적인 손상은 최소 2가지 상황에서 뚜렷해야 한다.
- 증상과 손상은 다른 정신 건강이나 의학적 상태에 의해 더 잘 설명되지 않는다.

이상의 진단기준 중 하나 혹은 두 가지를 충족하는 사람은 많지만, 열거한 모든 기준을 충족시키는 사람은 극히 드물다. 이를 통해 실제로 ADHD가 아닌데 스스로 ADHD라고 생각하는 이유를 설명할 수 있다. 또한 동일 연령대에서 예상되는 행동에서 유의미하게 벗어나 임상적 양상을 보일 때도 ADHD 진단을 내린다고 강조한다.

ADHD를 진단받은 사람은 이러한 정보에 상당히 수긍할 것이다. 그렇지만, "진단받은 적이 없지만, 내가 ADHD가 맞다고 생각해."라고 말하는 사람을 자주 접하다보면, "모든 사람이 ADHD" 같아서 자신의 ADHD 진단이 타당한지 의심하게 된다. ADHD 진단의 정확성에 대한 정보를 제공하여 ADHD가 체계적이고 신중하게 평가되면 타당한 진단이라는 사실을 재차 강조한다.

1주 차와 마찬가지로 증상 양상이 사람에 따라 매우 다양하다고 언급한다. ADHD 주의력 결핍 우세형으로 진단되는 부주의 증상의 사람도 있고, 부주의 및 과잉행동-충동성 증상이 결합한 형태로 발현되어 ADHD 복합형 진단을 받기도 한다. 이렇듯 임상 양상이 다른 중요한 이유는 동시에 발생되는 임상적 상태, 치료유형, 예후가 여러 다른 패턴으로 연결되기 때문이라고 인식시킨다.

ADHD를 평가하는 방식에 상당한 변동성이 존재하는데, 이러한 접근법은 잘못된 진단으로 이어질 수 있음을 알려준다. ADHD 평가에서 다중 정보 제공자, 다중 방법 평가 접근은 진단의 정확성을 보장하는 "최적 표준(gold standard)"이다. 가능하면 최대한 여러 다수의 정보 제공자에게 정보를 얻는다 (아동의 부모나 선생님, 혹은 성인의 부모, 배우자나 친구). 또한 다양한 유형의 평가 측정 도구를 사용해 정보를 수집해야 한다. 이를테면, 면담 및 평가척도 이외에도 학교 생활기록부에서 얻는 정보도 유용할 수 있다. 이러한 정보는 개인의 현재와 과거 기능에 대한 그림을 좀 더 완성시켜 ADHD와 동반되어 발생하는 특징을 더욱 정확히 판단할 수 있다.

종합적인 ADHD 평가가 어떻게 구성되어 있는지 알면, 자신뿐만 아니라 ADHD 진단에 대해 질문하는 친구나 가족에게도 도움이 된다고 설명한다. 정보를 알게 되면, 집단원은 어떠한 정신 건강 전문가가 전문적인 종합적 ADHD 평가를 수행하는지 파악할 수 있다.

몇몇 집단원은 과거 자신의 ADHD 진단된 방식을 우려할 수 있다. 이런 질문이 나오면, ADHD에 대한 다양한 평가 방법은 "최적 표준(gold-standard)"이지만, 그렇지 않더라도 ADHD 진단이 타당할 가능성을 설명한다. 학생들이 원하면, 다중 정보 제공자 및 다양한 평가 방법을 종합적으로 실시하는 지역의 정신 건강 전문가를 소개해준다.

행동 전략

시작 활동

회기 간 연습을 간단하게 확인한다. 학생들은 To-Do list뿐만 아니라 플래너 사용을 시작하거나 지속하도록 요청받았다. 플래너와 To-Do list를 사용하는 동안 자신이 경험했던 어려움 혹은 장애물과 성공을 공유하도록 한다. 시간이 된다면, 몇 분간 학생들이 직면한 이슈나 문제를 어떻게 처리할 것인지 의견을 나눈다. 해당 이야기가 길어질 경우, 회기 간 연습은 멘토와 이어가도록 한다. 몇몇 학생들이 회기 간 연습을 안 했다면, 이번 주에 다시 해보도록 격려한다. 목표는 완성이 아니라 계속 나아가는 진전이라고 상기시킨다. 플래너를 전혀 사용하지 않은 사람이 일주일 중 하루라도 플래너를 사용하면 진전이다.

　다음은 오늘의 행동 전략으로, 미루는 행동 관리 및 조직화 기법을 소개한다. 시간, 자료 및 가정환경 조직화 같이 다양한 형태를 언급하면 효율적이다. 회기 간 연습에서 실행해볼 최소 한 가지 기법을 선택해서, 어떤 전략이 가장 도움이 될지 생각해보게 한다.

미루는 행동 관리

　이 부분은 핸드아웃 3.3을 이용해 진행한다. 처음에는 미루는 행동을 하는 일반적인 이유를 생각해보는 목표를 잡고, 미루는 행동에 영향을 주는 개인적인 요인은 무엇인지 파악하도록 격려하면서 논의한다. 이렇게 하면, 미루는 행동 관리를 돕는 전략을 선택하도록 이어갈 수 있다. 일반적으로 학생들은 미루는 행동으로 아주 힘들다는 사실을 쉽게 인정하고, 어떻게 하면 이런 잦은 어려움을 다룰 수 있는지 열린 마음으로 이야기한다. "모든 사람이 때때로 미룬다"라고 지적하면서 경험을 정상화해주는 것은 도움이 될 수 있다. 동시에 미루는 행동의 단점도 확인하면서 미루는 경향은 관리가 중요하다고 강조한다. 미루는 행동은 마감일이 다가올수록 스트레스가 심해지고, 오류를 검토하고 파악할 시간이 부족하며, 마감일을 놓칠 가능성이 커진다는 단점이 있다. 다음으로 사람들에게 왜 미루는 행동이 있는지 작성해보라고 요청한다. 흔한 이유로는 더 흥미로운 무언가를 하고 싶어서, 압도된 느낌이 들거나 어디서부터 시작해야 할지 잘 모를 때, 다른 업무나 과제 때문에 산만해져서, 혹은 '영감'을 받거나 '준비'된 느낌이 들 때까지 기다리느라 등이 있다. 학생 스스로 왜 미루는지 깨닫고 나서, 어떤 전략과 기법이 자신에게 필요한지 이야기해보게 한다. 예를 들어 더 재미있는 일을 하고 싶어서 미루곤 한다면, 재미있는 일을 '보상'으로 대체하여 회피하던 과제 시작에 이용할 수 있다. 이런 식으로 45분 공부하고 쉬는 동안 더 재미있는 일 하기와 같은 목표를 세울 수 있고, '재미있는 일'은 과제를 끝내기 위한 **즉각적인 강화**가 된다. 반면, '압도된 느낌'을 다루려면, 과제를 더 작은 단계로 쪼개서 압도감을 줄이는 것이 도움이 될 수 있다.

다른 접근은 잠재적인 부적응적 사고 패턴을 확인하는 것이다. 본 회기 후반부에 자세히 다루는 적응적 사고 기법을 통해 미루는 행동과 같이 역효과를 낳는 사고에 도전할 수 있다. 학생들은 종종 '압도된 느낌'을 호소한다. 미루는 행동 논의에서는 이러한 압도감이 많이 등장하므로, 이를 다룰 준비가 필요하다. 학생들의 이해와 적응적 사고 전략 사용을 도우려면, 우선 "압도된 느낌"은 정서가 아니며, 불안이나 걱정과 관련 있는 높은 수준의 스트레스를 나타낸다고 말해준다. '압도된 느낌'을 경험하면, "나는 이것을 할 수 없어", "나에게 너무 벅차", "이 일을 절대 끝내지 못할 거야", 혹은 심지어 "이건 정말 지루하고, 답답하고, 재미가 없을 거야"와 같은 생각이나 믿음으로 표현할 수 있다. 많은 학생은 보통 큰 프로젝트나 장기 과제를 맞닥뜨리면 미룬다고 보고한다. 이때 미루는 행동은 어디부터 시작할지 불확실한 스트레스나 불안한 감정을 반영한다. 해당 유형의 미루는 행동을 관리하기 위해 많은 양의 업무를 더 작고, 더 관리하기 쉬운 분량으로 나눈다. 만약 부적응적 사고가 미루는 행동(예: '영감'을 받거나 '준비'된 느낌이 될 때까지 기다리기)의 원인이 된다면, 부적응적 사고가 "도움이 되는지", "도움이 되지 않는지" 생각하도록 격려한다. 학생들에게 부적응적 사고로 인해 막바지까지 기다리다가 결국 마감일이 다가오면 스트레스가 심해져서 수행의 질이 떨어진다는 사실을 인식시킨다.

다른 과제 때문에 산만해져서 미룬다면, 주의분산 지연 기법을 활용하면 좋다. 이 기법은 이후 회기에서 자세히 논의하겠지만, 미루는 행동을 다루는 과정을 시작할 때 짧게 소개하면 좋다. 한마디로, 이 기법은 과제를 하는 동안에 계속 공책을 가까이에 두는 것이다. 학생들은 다른 걸 하고 싶은 충동을 느낄 때, 무엇 때문에 산만해졌는지 메모한 후 하던 일로 돌아가 과제를 마친다. 이렇게 하면 아무것도 마치지 않은 채 다음 과제로 넘어가지 않게 된다.

조직화 기법

조직화 기법을 이야기하기 위해 학생들과 핸드아웃 3.4를 살펴본다. 조직화 주제에 대한 관심도가 집단원 특성마다 달라짐을 명심한다. 예를 들면, 고학년에 졸업이 가까운 학생은 재정 관리에 더 관심이 있겠지만, 신입생에게는 주제가 덜 적합할 수 있다. 따라서 아래의 조직화 주제들에 각각 똑같은 시간을 배정할 필요는 없으며, 대신 각 주제에 배정된 시간을 조정하여 집단의 요구를 맞추어준다.

> TIP
> 조직화 기법은 그냥 "설명"하지 않는다. 집단의 토의를 격려해서, 학생들이 이미 사용했던 전략이나 도움이 된 기법을 서로 이야기하도록 한다.

▶ 시간 조직화

시간 인식을 개선하는 기법에 관한 정보를 제공한다. 연구에 따르면, ADHD가 있는 사람은 시간 추정에 더 많은 어려움을 겪는다. 시간 인식을 개선하는 전략을 써서 학생들이 약속, 사회적 만남, 수업을 제시간에 참석하도록 돕는다. 또한 과제를 완료하는 데 시간이 얼마나 걸리는지 관찰한다. 이렇게 하면 과제 시간을 더 정확히 배분해서 플래너를 더 효율적으로 사용할 수 있다. 제시간에 약속과 수업에 도착하는 기법 중 일찍 도착하도록 계획하기, 출발할 때 울리는 알람 설정하기, 어딘가로 이동할 때 걸리는 시간 측정하기 등이 유용하다. 이 밖에 시계를 착용하거나, 잘 보이는 장소에 시계를 두면 시간 인식이 향상될 수 있다.

▶ 수업 자료 조직화

학생들이 현재 수업 자료를 어떻게 조직화하는지 그리고 어떻게 개선할 수 있는지 논의한다. 한 가지 기법으로, 각 수업의 바인더 혹은 폴더를 만들어서 수업의 필기, 수업 계획서, 과제 지시문 등을 담아둘 수 있다. 실제 바인더 혹은 컴퓨터 폴더를 만들어 놓으면 모든 수업 자료 및 필기를 여기저기 두지 않고(예: 교과서에 끼워 넣거나, 다른 수업 노트와 섞여 있는), 한곳에 모아 둘 수 있다.

▶ 문서/이메일 조직화 및 관리

영수증과 중요한 서류 등 문서 및 이메일 관리에 대해서 이야기한다. 중요한 서류를 놓치지 않도록 조직화 체계 혹은 서류 정리 체계를 만들도록 한다. 조직화 체계가 사람마다 상당히 다르다고 말해주고 어떤 체계가 자신과 잘 맞는지 멘토와 이야기해보게 한다.

▶ 집 조직화

이 주제에서는 개인 공간을 조직화하고 깔끔하게 유지할 때의 이점을 부각한다. 각각의 물건을 보관하는 장소를 정하고, 특히 중요한 물건을 놓는 특정 장소를 지정하는 기법 등(예: 부엌 조리대의 그릇에 열쇠를 두는)을 해볼 수 있다. 집안일을 할 때 규칙적인 시간 계획하기와 같은 조직화 방법도 써볼 수 있다.

▶ 재정 조직화

ADHD가 있는 사람에게 재정 관리는 매우 어려울 수 있다. 건망증 때문에 청구서를 제시간에 처리하지 못하고, 충동성은 불필요하고 과도한 지출을 야기하며, 계획 및 조직화 문제로 인해 효과적인 재정 관리가 어렵다. 자동이체를 설정하거나 스프레드시트 혹은 앱을 사용해 월간 예산을 작성하거나 신뢰할 수 있는 가족 구성원의 도움을 받는 등 핸드아웃에 나열된 재정 관리 전략 중 일부를 검토한다. 아직 재정 관리 경험이 많지 않은 학생의 경우 재정 관리에 대해 불안해하거나 걱정할 수 있다. 이때 신용이 무엇이고, 어떤 용도로 사용되는지, 좋은 신용은 어떻게 쌓는지와 같은 주제의 이야기는 도움이 된다. 일반적으로 돈 관리 주제는 학생과 당장 관련이 없는 편이지만, 재정 문제에 대한 인식을 높이면, 미래를 대비하여 점차 스스로 금전 관리를 책임지게 될 것이다.

계속 흥미를 갖고 참여할 수 있도록, 어떤 ADHD 증상이 재정 관리를 방해하는지 브레인스토밍하도록 요청한다. 학생들이 이러한 활동을 즐겁게 하다보면 다음 단계인 재정을 다루는 기법을 이야기할 준비도 하게 된다.

회기 간 연습 부과

이 부분을 마무리하기 위해, 회기 간 연습으로 실행할 조직화 기법을 최소 하나 이상 고르도록 요청한다. 학생들이 시도하고 싶은 기법을 구두로 확인하고, 멘토가 그 경험을 함께 점검할 것이라고 한 번 더 알려준다.

적응적 사고

시작 활동

지난주에 했던 적응적 사고 논의와 부적응적 사고 패턴 주제를 간단하게 상기시킨다. 회기 간 연습 중 하나로 세 칸으로 된 사고 기록지를 완성하는 과제가 있었는데, 이 기법을 사용해본 경험이 어땠는지 질문하고, 필요하다면 격려하고 지지해준다. 다음으로 오늘의 주제는 부적응적 사고 패턴 도전 및 여섯 칸이 된 사고 기록지 사용법이라고 알려준다.

부적응적 사고 패턴의 도전

핸드아웃 3.5를 통해 부적응적 사고 패턴에 도전하는 질문 목록을 같이 살펴본다. 부적응적 사고에 도전하는 질문은 부적응적 사고에 내재한 믿음의 강도를 약화하고 사고와 연합된 부정적 정서를 줄일 수 있다. 추가된 칸은 부적응적 사고를 적응적 사고로 대체해 더 긍정적 감정 및 적응적 행동을 촉진시키는 방법을 체계적으로 배우도록 만들어졌다고 강조한다. 예시를 들어가며 작업하면 부적응적 사고에 도전하는 과정을 관찰하기 가장 좋다. 집단 리더는 가상의 사례를 들거나 이전 집단 회기에서 했던 예를 언급할 수 있다. 회기 사이에 연습한 것을 집단에서 자원해서 이야기할 사람이 있는지 물어볼 수도 있다. 특히 학생들이 말해주는 실제 사례는 영향력이 강하다. 하지만 부적응적 사고의 이야기는

ADHD의 슬기로운 대학생활: 대학생 ADHD를 위한 인지행동치료

정서적인 이야기로 흐를 수 있다는 사실에 집단 리더는 민감해질 필요가 있다. 만약 학생이 집단에서 이야기하기 매우 불편해할 것이라 우려된다면, 집단리더는 학생들의 이러한 논의의 촉진을 자제해야만 한다.

학생들이 핸드아웃에 있는 질문을 사용해 부적응적 사고 패턴의 예시에 도전하고 여섯 칸으로 된 사고 기록지를 완성하도록 안내한다. 화이트보드 또는 스마트보드를 사용하여 모든 집단원이 질문과 답을 볼 수 있게 한다. 또한 학생들이 최대한 많이 대답하도록 격려해서 참여도를 높인다. 상황에 따라 유용한 질문은 달라지기도 한다. 특히 핸드아웃 3.7의 세 번째 질문(일어날 수 있는 가장 나쁜 일은 무엇인가? 그 일을 겪고도 살아갈 수 있는가? 일어날 수 있는 가장 좋은 일은 무엇인가? 가장 현실적인 결과는 무엇인가?)의 작업은 "난 시험에 떨어질 거야"와 같은 "파국적 사고"의 도전에 적절하다.

집단에서 어떤 생각은 꼭 현실을 반영하지 않는다고 알려준다. 도움이 되지 않는 사고는 반드시 검증하고 도전해야 한다. 이러한 사고는 보통 사실이 아니거나 왜곡되어 있다.

대안적 사고의 생성

부적응적 사고보다 더 현실적이고 더 긍정적인 대안적 사고를 만들기 위해 부적응적 사고에 의문을 제기하는 과정을 활용한다. 예를 들면 부적응적 사고가 "나는 시험을 망칠거야"라면, 대안적 사고는 "내가 원하는 성적을 받지 못할 수 있지만, 공부를 꾸준히 해왔기 때문에 망칠 가능성은 거의 없다"가 될 수 있다.

믿음의 정도 평가

다음으로 대안적 사고에 대한 믿음의 정도를 평가한다. 이는 매우 중요한 단계로, 만약 새로 만들어낸 대안적 사고에 확신이 없다면, 정서나 활동에서 원하는 변화를 경험하지 못할 가능성이 크다. 대안적 사고를 믿는 정도를 추정하라고 요청하면, 대부분 100% 미만으로 답한다. 누구나 곧바로 대안적 사고를 절대 믿지 못한다. 특히 이러한 과정을 처음 겪는다면, 이것이 정상이라고 안심시킨다. 다만, 목표는 시간이 지나면서 대안적 사고에 대한 믿음을 점차 키우는 것이다. 대안적 사고를 지지하는 증거를 많이 모을수록, 믿음의 정도도 늘어나고, 더욱 긍정적 감정과 적응적 행동으로 이어진다.

새로운 감정과 행동 확인

마지막으로, 대안적 사고와 관련 있는 정서나 행동 목록을 작성하도록 요청한다. 다시금 사고, 감정, 행동 사이의 관련성을 강조하는 역할을 한다.

회기 간 연습 부과

학생들이 여섯 칸 기법을 사용하여 부정적 감정이나 행동이 일어난 상황 중 최소 한 가지 이상을 분석하도록 한다. 필요하다면 멘토가 도와줄 수 있다고 알려준다.

집단 회기 종결

회기 간 연습 과제에 대해 빠르게 요약한다. 과제는 새로운 조직화 기법을 최소 한 번 이상 사용하고 여섯 칸의 사고 기록지를 완성하는 것이다. 학생들에게 멘토가 회기 간 연습 및 발생할 문제나 장애물을 점검하고, 지원을 제공할 것이라고 기억시킨다.

3주 차 - 멘토링

사전 체크

지난 멘토링 회기 이후 멘티가 어떻게 지냈는지 알아본다. 멘티를 만나기 전, 각 멘티와 관련 있는 중요한 개인 정보를 회상할 수 있도록 멘티에 대한 정보가 담긴 개별 노트를 미리 검토한다. 이러한 유형의 개인적 연결은 멘티의 멘토링 참여 욕구를 증가시킬 뿐만 아니라, 회기 간 연습을 수행하도록 격려해주는 피드백의 연결고리가 된다.

협력적 의제 선정

회기의 내용 및 개요를 간략하게 요약한다. 여기에는 회기 간 연습, 3주 차 집단 모임에서 다루었던 내용인 ADHD 평가, 조직화 전략, 부적응적 사고 패턴 도전 전략 등이 포함된다. 사전 체크에서 나온 주제가 멘티의 요구와 관련 있는 대화를 더 많이 이끌어낸다면, 해당 주제를 의제에 추가한다.

회기 간 연습 검토

지난주에 이야기한 연습 항목을 간략하게 이어서 다룬다. 다음을 다루면 특히 도움이 될 것이다.
- 멘티가 플래너에 행사 일정과 과제를 입력했는가?

- 멘티가 세 칸 적응적 사고 기록지를 연습했는가?
- 집단에서 사용했던 핸드아웃 전부를 이번 멘토링 회기에 가져왔는가?

과제를 다 마친 경우 열정적이고 긍정적인 피드백을 준다. 연습을 못했어도 중립을 유지하고, 과하게 부정적인 반응은 하지 않는다. 다만, 다음 주에 연습해서 가져올 중요한 항목은 멘티가 고르게 한다. 마무리할 때 이러한 점을 다시 한 번 분명히 말해준다.

집단 소감 나누기

ADHD 지식

집단 회기에서 이야기한 DSM-5 진단기준과 평가 과정을 간단하게 다룬다. 논의를 촉진하기 위해 고려할 질문은 다음과 같다.
- ADHD 평가방식에서 무엇이 흥미로웠는가?
- 뜻밖에 놀랐던 내용이 있었는가?
- ADHD 진단 받은 당시 어떻게 반응하였는지 기억하는가?

멘티와 함께 향후 평가의 필요성을 이야기한다. 약물 복용 조정이 필요하거나 일상에서 어려움이 심해질 때, 우울 혹은 다른 심리적 문제들이 동시에 나타날 때, 주요한 전환기 계획(예: 대학원)이 있을 때, 장애 편의시설 서비스를 이용하기 위해 최신 서류가 필요한 상황 등 다양한 이유로 추가 평가가 필요할 수 있다.

TIP

대학교 장애 편의 서비스는 여러 종류의 서류 요건이 필요하기 때문에, 멘티가 교내 서비스를 받기 위한 개별 서류를 잘 구비했는지 함께 검토한다.

ADHD의 슬기로운 대학생활: 대학생 ADHD를 위한 인지행동치료

행동 전략

멘티와 가장 관련 있는 영역을 조직화하는 전략을 최소 두 가지 이상 검토한다. 특히 수업 자료 및 재정 조직화와 관련된 어려움이 흔하다. 시간이 되면 추가적인 조직화 전략을 논의할 수 있다. 다음의 지시문을 말하며 시작한다.

- 시간, 수업 자료, 잃어버리기 쉬운 물건 등을 관리하는 몇 가지 조직화 행동 전략이 있습니다. 어떤 아이디어가 가장 유용할 것 같습니까? 이 중에서 무엇을 연습해 보겠습니까?

▶ 시간 조직화

보통 ADHD가 있는 사람들은 시간을 효율적으로 관리하기 어렵다. 시간 관리 전략을 연습하여 멘티가 시간을 더 잘 조직화할 수 있도록 도와준다. 멘티와의 라포에 따라, 과거 지각했던 경험과 그로 인해 실제 벌어진 일을 존중하면서 듣고 이야기를 나누기도 한다. 멘티들은 보통 어디에 도착하거나 일상적인 일을 하는 시간이 얼마나 걸리는지 알면 도움이 된다는 사실을 깨닫는다. 시간이 얼마나 걸리는지 파악하면 플래너에서 일정을 더 잘 세울 수 있다!

▶ 수업 자료 조직화

수업 자료 조직화를 의논할 때 몇 가지 유용하게 쓸 수 있는 질문이 있다.
- 보통 수업 자료를 어떻게 정리하는가?
- 수업 자료를 조직화할 때 더 어려운 측면은 무엇인가?

학생들 대부분은 수업 자료를 조직화할 때 도움이 필요하다. 따라서 수업 자료 조직화는 멘티가 더 이야기하고 싶어 할 가능성이 크다. 학기 초 강의계획서에 나와 있는 중요한 모든 날짜를 플래너에 적어두도록 이야기한다. 멘티가 아직 중요한 날짜를 입력하지 않았다면, 이번 주 과제로 내줄 수 있다. 수업 자료를 잘 정리하고 조직화하면, 공부하기가 더 쉽다고 강조한다. 수업마다 별도의 바인더를 마련하거나 노트북에 디지털 파일을 정리하는 식으로 조직화하는 방법을 논의한다. 몇몇 학생은 이미 바쁜 상황에서 시간을 더 들여서 조직화하는 일에 압도감을 느낀다고 할 수 있다. 기존의 체계를 전부 변경하는 대신, 장단점을 들어가며 수정할 부분이 있는지 정해본다.

멘티 : "이미 학기의 반이 지났기 때문에 제가 만든 조직화 체계를 바꾸고 싶지 않아요. 지금은 이 일을 처리할 시간이 없어요."

멘토 : "알겠어요, 해야 할 일이 너무 많다고 느끼는군요. 지금 사용하는 방식은 시간이 덜 걸리겠지만, 장기적으로 보았을 때 시간 관리에 어떤 영향을 미칠까요?"

멘티 : "글쎄요, 저는 언제까지 무슨 일을 꼭 해야 되는지 파악하는 데 터무니없이 많은 시간을 써요. 마감일을 모르면 스트레스 받는데, 가끔은 언제까지 뭘 해야 되는지 까먹고 마감일을 완전히 놓친 적도 있어요."

멘토 : "작은 것부터 시작해본다면, 강의계획서를 꺼내 곧 마감 예정인 과제 모두를 플래너에 입력하는 것은 어때요? 수학과 생물학 수업 사이 쉬는 시간에 복도 벤치에 앉아서 할 만한 정도일 거예요."

▶ 문서 조직화

문서작업에 대한 이야기를 시작하고 안내하기 위해 다음 사항을 질문할 수 있다.

- 청구서, 우편, 의료 기록, 혹은 학교 관련 서류와 같이 필요한 문서를 어떻게 관리하는가?
- 컴퓨터, 노트북, 혹은 휴대전화에 있는 문서들은 어떻게 조직화하는가?

청구서나 학교 문서와 같이 중요한 문서를 조직화할 때 멘티가 사용하는 전략을 이야기한다. 많은 사람이 전자 청구서를 이용하므로 전자 파일과 이메일 정리에 대해서도 반드시 이야기해야 한다.

▶ 집안 조직화

집에서 물건을 제자리에 두고 찾는 방법에 대한 의논을 시작하는 몇 가지 질문은 다음과 같다.

ADHD의 슬기로운 대학생활: 대학생 ADHD를 위한 인지행동치료

- 제자리에 두지 않는 물건은 무엇인가? 휴대전화, 지갑, 신분증, 열쇠는 자주 제자리에 두지 않는 물건들이다.
- 이 물건이 어디에 있는지 찾으려 어떤 방법을 시도해보았는가?

많은 멘티가 휴대전화, 열쇠, 학생증, 지갑 등 물건의 분실을 걱정한다. 중요한 물건을 어디에 두었는지 놓치지 않고 기억해낼 수 있는 전략을 세우도록 돕는다. 가장 유용한 방법은 중요한 모든 물건의 "집"을 찾아주는 것이다. 예를 들면, 많은 멘티가 문 옆에 있는 고리에 열쇠를 걸어둔다. 집에 있을 때나 물건 사용이 끝나자마자 제자리에 두는 습관을 들이도록 한다. 이는 세탁처럼 규칙적인 일을 계획할 때 플래너를 어떻게 사용할지 의논할 좋은 기회가 된다.

TIP 대학교 기숙사에서 지내는 학생이 많을 수 있으므로, 개인 소지품 정리와 관련된 선택지가 적다는 것을 명심한다.

▶ 재정 상태 조직화

재정 논의의 일환으로 다음 질문들을 사용할 수 있다.
- 지출 내역을 계속 파악하고 있는가? 만약 그렇다면 어떻게 파악하는가?
- 청구서를 제때 처리했는가?
- 물건을 충동적으로 구매하는 경향이 있는가?
- 저축 계획이 있는가?

어떤 멘티는 재정 조직화에 도움이 필요할지도 모른다. 예산을 정해놓으면, 돈의 흐름을 추적하고 관리하는 데 유용하다. 많은 학생이 "충동구매"를 걱정한다. 멘티와 어떤 충동구매를 하는지 탐색하고 불필요한 지출을 제한하는 전략을 논의한다. 신용/직불 카드 대신 현금을 사용하면 지출을 모니터링하기에 매우 쓸모있다. 계속해서 현금으로 "소비하기"를 선택한 몇몇 멘티의 실례를 들 수도 있다. 보통 카드 지출 모니터링이 더 어렵다. 빚(예: 학자금 대출)을 모니터링하고, 신용점수를 확인하며, 제때 청구서를 처리하는 전략의 중요성을 이야기한다. 예산을 유지하고 지출을 모니터링하는 앱의 사용법을 알아볼 수 있다.

적응적 사고

이 부분은 멘티가 쓰고 있는 적응적 사고 기술을 물어보면서 시작한다. 회기 간 연습으로 내준 사고 기록지를 살펴보고 필요하다면 의견을 제시해준다. 멘티가 현실 상황, 사고, 감정을 구분해서 기록했는가? 만약 멘티가 기록지를 완성하지 못했다면, 회기 중 한번 해본다. 멘티가 회기 중 말했던 사고를 적용해 시험해본다. 조직화 전략 부분에서 멘티는 부적응적 사고의 예시를 표현했을 가능성이 크다(예: "나는 절대 서류를 잘 보관할 수 없어", "난 모든 것을 잃어버려", "플래너는 나에게 효과가 없어").

멘티의 회기 간 연습 사례나 회기에서 나온 사례를 사용하여, 핸드아웃 3.7의 여섯 칸 사고 기록지를 완성한다. 멘티가 추가된 칸을 채우도록 도와준다. 추가된 칸은 초기 부적응적 사고에 도전하고, 더 현실적이고 보통 기분이 덜 상하는 대안적 사고로 대체하는 방법을 안내한다. 그다음에 대안적 사고에 대한 믿음의 정도를 평가하고 새로운 감정/행동을 확인하는 과정을 거친다.

시간이 된다면, 다음 가상의 예시 중 하나 이상을 사용하여 전체 6칸의 접근법을 적용해 멘티가 추가적인 연습을 하게 한다.

- 내일 시험이 있고 이제 막 공부하러 가고 있다. 스스로 "난 실패할 거야"라고 생각한다.
- 방금 학자금 지원 서류 제출을 잊어버렸다는 것을 깨달았다. 스스로 "이제 이번 학기에는 학교에 갈 수 없어. 난 아무것도 못할 거야"라고 생각한다.

보통 하나의 부적응적 사고는 다른 사고로 이어진다. 위에 있는 두 번째 예시에서 멘티가 '학교에 갈 수 없다'는 성급한 결론 대신, 생각을 간단히 바꿀 수 있다고 인식시켜준다. '학교생활에 영향을 미칠 수 있다. 그렇다면 먼저 이번 학기 이것은 무엇을 의미하는지, 나에게는 어떤 선택지가 있는지' 생각해야 한다. 첫 번째 생각이 변하면, '아무것도 하지 못할 것이다'라는 다음 생각을 막을 수 있다. 처음했던 생각이 사실이라 해도 그 다음 생각의 결론은 다를 수 있다: "이번 학기를 휴학해도, 미래의 더 큰 목표를 향해 직업, 인턴십, 혹은 다른 경험을 할 수 있다. 내 진로 방향은 바뀔지 모르지만, 그래도 희망적인 미래가 있다."

왜곡을 쉽게 분별하는 멘티라도 대안적 사고 찾기는 어려울 수 있다. 적응적 사고는 반드시 긍정적이거나 인지 왜곡과 전적으로 반대되는 사고가 아닌, 단지 더 현실적인 것을 의미한다.

멘토링 회기 종결

필요에 따라 목표를 점검한다. 달성하거나 수정할 부분이 있는가? 논의할 다른 주제가 있는가? 이전 시간에 논의하기에 적합하지 않았던 다른 주제는 없는지 살펴보고 다룰 수 있다.

필요한 경우 다음 멘토링 회기 전까지 멘티가 할 일을 구체적으로 검토해서 명확히 해준다.

- 다음 멘토링 회기에 모든 집단 회기 자료 가져오기
- 멘티가 사용한 조직화 전략을 확인 받을 수 있도록 수업용 노트북이나 바인더 가져오기(4회기를 시행하기 위해 노트 필기 포함), 강의계획서에 있는 중요한 마감 날짜를 모두 플래너에 적어오라고 요청하기, 멘티가 수업에서 어려움을 겪고 있다면, 해당 수업 자료 가져오라고 요청하기
- 적어도 하나의 부적응적 사고 실례를 기록하여 여섯 칸 체계 연습하기

다음 약속 날짜와 시간을 확정한다. 멘티에게 알림을 설정하거나 작성하게 하고, 멘토도 똑같이 자신의 플래너나 달력에 쓴다.

활성화 단계 4주 차

6장

ACCESS 프로그램의 4단계는 ADHD가 대학교 학업 수행에 미치는 영향과 관련된 치료 문제에 초점을 맞춘다. 집단 회기에서 리더는 ADHD와 관련된 특징이 학업 수행에 영향을 미치는 과정을 학생들과 같이 이야기한다. 다음으로 수업 선택, 수업 일정을 짜는 전략, 수업 중 주의를 유지하는 방법, 필기하는 요령 등 학업 수행을 개선하는 행동 전략 지침을 제공한다. 마지막으로, 학업 수행과 관련된 부정적 사고를 관리하기 위해 적응적 사고 기법의 사용 지침을 제공한다. 멘토는 앞서 배운 행동 전략과 적응적 사고 기법 사용을 검토하면서 모임을 시작한다. 멘티가 실행에 어려움이 있으면 이를 잘 처리할 수 있도록 자문해준다. 멘토들은 집단에서 다룬 정보를 검토하고 명확히 하여, 학생들이 충분히 이해시키고, 새로운 행동 전략 사용을 지도한다. 멘토들은 학업 수행과 관련 있는 부적응적 사고 관리를 위해 적응적 사고 기법 활용을 늘리도록 돕는다.

ADHD의 슬기로운 대학생활: 대학생 ADHD를 위한 인지행동치료

집단 회기 도입

학생들에게 걱정되는 부분이 있었는지 물어본다. 시간이 되면 이를 다루고, 대답이 길어지게 되면 멘토를 통해 해결하도록 한다.

ADHD 지식

시작 활동

3주 차에서 다룬 ADHD 지식을 간단하게 검토하고, ADHD 평가에 대해 추가적인 궁금증이 있는지 물어본다. 질문에 답하면서 이전 회기에서 충분히 다루지 못한 부분을 확인하고, 새로운 ADHD 지식 부분을 시작한다. 새로운 ADHD 지식을 다루기 위해 ADHD가 학업이나 다른 일상 영역에 어떻게 영향을 미치는지 이야기한다. 핸드아웃 4.2에 있는 지침을 집단원과 같이 살펴본다.

위험 및 보호 요인

ADHD가 삶에 얼마나 다양하고 부정적인 영향을 미치는지 잠시 이야기하는 시간을 가진다. ADHD가 부정적인 결과를 초래할 가능성이 크지만, ADHD 있는 사람 모두가 경험하지 **않는다**고 알려준다. ADHD 이외에 다양한 요인들이 결과가 좋을지 나쁠지 결정한다는 사실을 강조한다. 임상가와 연구자들은 이를 "위험"과 "보호" 요인으로 지칭한다고 말해준다. 보호 요인의 몇 가지 예시로, 강력한 사회적 지지 체계, 대처 전략 사용, ADHD에 대한 인식 혹은 통찰, 개인 목표에 대한 강한 의지 등을 설명한다. 보호 요인 중 ADHD에 대한 인식과 대처 전략이 바로 ACCESS 프로그램의 목표라고 짚어준다.

ADHD 대학생의 발달적 도전

ADHD가 대학생활 수행에 미치는 영향을 이해시키기 위해 대학이 학생에게 요구하는 자기조절이 어느 정도인지 이야기를 시작한다. 대학생이라면 남과 다른 자신만의 일정을 만들고 따를 것이라 예상한다. 수업 시간 외에도 학업을 수행(예: 읽기, 쓰기 과제 및 다양한 프로젝트)하고, 마감일에 맞춰서 과제를 스스로 할 것이라고 기대한다. 다시 알려주는 교수도 일부 있지만, 표준 관행은 아니고 강의마다 다르다. 많은 교수가 강의계획서에 마감일을 공지하고, 나머지는 학생들에게 맡긴다. 다른 학업적 어려움은 수강 신청이다. 수강 신청 날짜를 알아야 하며, 조언해줄 사람을 만나고, 학위 요건을 충족시키는 일정에 따라 수업을 선택해야 하는 등 수많은 조직화 및 계획을 필요로 한다. 이렇게 자기조절에 대한 요구가 늘어나면 누구나 이를 맞춰나가는 데 어려움을 느낀다. ADHD 대학생은 ADHD에 내재한 자기조절 능력의 결핍으로 훨씬 더 힘들 수 있다.

자기조절에 대한 요구 증가와 더불어, 대학교에 입학하는 학생들은 다른 사람들의 도움이나 지지가 줄어드는 경험을 한다. 대부분은 집을 떠나서 살고 있으므로, 부모나 다른 가족 구성원이 미리 알려주거나 지원해주는 혜택을 더 이상 받을 수 없다. 일례로, 고등학생이 늦잠을 자면, 부모가 깨워줘서 안전망 역할을 한다. 대학생은 이 안전망이 없어, 늦잠을 자면 수업에 늦거나 결석할 가능성이 크다. 함께 살면서 시험 전에 공부를 시키고 장기 과제와 다른 프로젝트를 제때 제출하는지 확인하는 부모도 많다. 고등학교 교사도 학생이 과제를 늦게 제출해도 불이익을 주지 않고 지원하는 경우도 있다.

자기조절에 대한 요구는 증가하지만, 지원이 감소하는 이른바 "퍼펙트 스톰 (perfect storm)" 상황에서 ADHD 대학생은 능력을 최대치로 발휘할 수 없다고 강조한다. ADHD 대학생이 겪는 교육적 어려움이 퍼펙트 스톰 때문일 가능성에 주목한다.

　대학생은 예전에 부모나 다른 사람들이 도와주던 학업 이외의 여러 일상 기능 영역을 다룰 책임도 커진다. 여기에는 식료품 쇼핑, 식사 준비, 세탁, 재정 관리, 모임이나 약속 기억하기 등이 포함된다. 일상생활에서 더 많은 자기조절이 필요한 부분에 대해 집단에서 이야기하도록 격려한다. 앞서 언급한 일뿐만 아니라 운전, 사회적 관계, 직업 등을 관리하는 일이 ADHD로 인해 더 힘들어질 수 있는지 집단에서 생각해보도록 요청한다.

대학에서 첫 학기가 어땠는지 말해보라고 요청한다. 적응이 힘들었는가? 자신의 일정을 만들고, 스스로 수업에 참여하며, 모든 학업을 관리하는 일이 어려웠는가? 많은 학생은 자신만의 "퍼펙트 스톰" 사례를 들어 이야기하면서 공유할 것이다.

행동 전략

시작 활동

　회기 간 연습에 대해 간단한 사전 체크를 한다. 학생들은 3주 차에 제시한 조직화 기법을 적어도 하나 이상 실행하도록 요청받았다. 기법의 사용을 개별적으로 보고하도록 요청한다. 아무리 사소하더라도 조직화 기법의 사용을 칭찬해야 한다.

TIP

"고작 하루하고 까먹었다."와 같은 표현을 재구성하도록 도와준다. 대부분은 마치 "실패"처럼 말하는 경향이 있다. "하루에 불과해도 지난주보다는 많이 했다."라고 다시 표현시켜 자신의 경험을 성공으로 재구성하도록 격려한다.

수업 시간 활용 전략

핸드아웃 4.3 수업 시간 활용법을 자세히 살펴본다. 이 행동 전략의 목표는 수업 중 정보를 효율적으로 받아들이고 기억하는 능력을 향상하는 다양한 접근 방식이나 기법을 감안하는 것이다. 다음 전략은 강의 중 주의를 지속시키는 능력 및 강의에서 제공하는 정보를 조직화하고 기억하는 능력을 향상하도록 구성되어 있다. "출석"만으로 수강 과목 이수는 불충분하고, 높은 점수를 받기는 더욱 어렵다. 각 수업을 성공적으로 이수하기 위해, 세심한 준비와 적극적인 참여가 필수적이다.

수업 선택 및 시간표 계획

각 수업 시작 전, 수강 과목 이수에 성공할 최선의 대책을 세운다. 세심하게 수업 일정을 잡으면 학생의 최대 수행을 발휘하는 데 도움이 된다. 자신에게 가장 잘 맞는 유형의 일정을 고려해보도록 한다. 보통 ADHD가 있는 사람은 주의 유지 어려움을 겪으므로, 일주일에 한 번 3시간 동안 진행하는 수업은 적합하지 않다. 대신 한 주에 수업 횟수가 여러 번이라도 시간이 짧기를 바랄 것이다. 하루 중 정신이 가장 맑은 시간에 더 어렵고 힘든 수업 일정을 잡으라고 조언한다. 매일 일정에 휴식 시간을 넣어서, 다른 수업 시간 전에 음식을 먹거나 물을 마시고, 휴식을 취할 시간을 갖도록 한다. 누구라도 배가 고프고 목이 마르거나 피곤하면 집중하기 힘들다. 이렇게 휴식 시간을 계획하면 집중하기 어려운 상황을 예방할 수 있다.

ADHD의 슬기로운 대학생활: 대학생 ADHD를 위한 인지행동치료

수업 중 주의 집중 유지

수업 중 주의를 유지하도록 도와주는 데 많은 기법이 있다. 어떤 기법들이 도움이 될지 생각해보도록 한다. 일반적으로 사용하는 몇 가지 기법으로, 강의실 앞자리에 앉기, 물이나 커피 혹은 껌 가져오기 등이 있다. (아래에 나오는) 필기하기도 수업 중 주의 지속에 도움이 될 수 있다.

노트 필기

지금까지 논의한 많은 기법과 마찬가지로, 메모 또한 "모두에게 맞는" 접근법은 아니다. 대신 학생이 핸드아웃에 나열된 다양한 접근법의 장단점을 생각해보게 한다. 예를 들면, 손으로 필기한 노트는 필기 내용에 대한 기억을 향상시킨다. 글씨를 잘 못쓰는 학생은 타이핑된 노트가 나중에 읽기 쉽고 재구성도 용이하다. 녹음기 사용도 고려할 수 있는데, 필기한 부분을 재확인하거나 놓친 부분을 채울 수 있다. 일부 학생들은 수업 전 교수가 제공하는 개요만 의존한다고 보고한다. 교수가 준비한 교재와 자료를 최대한 활용하도록 장려한다. 만약 개요만 의존하는 학생이 있다면, 개요나 보충 자료를 제공하지 않는 수업은 어떻게 관리할지 고민해 보게 한다. 학생 대부분은 교수마다 자료를 제공하는 기준이 일치하지 않음을 안다. 일반적으로 학생들은 보충 자료가 거의 없는 수업에 대한 자신의 경험을 거리낌 없이 이야기할 것이다.

코넬식 노트 필기법[5]은 학생들이 표준 템플릿을 사용해 노트를 정리하는 매우 체계적인 방법이다. 학생들 대부분은 코넬식 필기법을 들어본 적이 있고, 많은 학생이 이 방법에 대해 강한 긍정 및 부정 의견 모두 있을 것이다. 코넬식 필기법을 받아들이도록 납득시키는 목표는 없다. 최대한 이 방법의 장점을 다루면서 조직화를 더 잘하고 노트필기를 더 쉽게 하는 방식에 중점을 둔다. 전반적인

---

5   역자 주) 코넬 대학교 교육학 교수 Walter Pauk가 고안한 노트 필기법으로서, 제목 영역, 필기 영역, 단서 영역, 요약 영역 등 네 영역으로 구분된다. 제목 영역에는 강의 주제와 일자를 적는다. 필기 영역에는 강의를 들으면서 중요하다고 판단되는 정보와 아이디어를 가능한 한 읽기 쉽게 적는다. 단서 영역에는 필기 영역에 적은 내용을 집약하는 핵심어를 적는다. 요약 영역에는 각 페이지의 필기 영역에 적은 내용을 한두 문장으로 요약해 적는다.

목표는 노트 필기의 향상이라고 강조한다. 코넬식 필기법은 노트 필기하는 많은 방법 중 한 가지에 불과하다. 집단에서 학생들이 이미 사용하고 있는 노트 조직화 방법이 무엇인지 물어보면, 학생들마다 여러 다른 노트 필기법으로 답한다. 이러한 논의 과정은 중학교 때 코넬식 필기법을 강요받아 몹시 싫어하는 학생들에게 여러 필기법을 제공해서 특히 유용하다.

교수 도움 받기

수업을 최대한 활용하기 위해 교수들이 제공하는 면담 시간을 이용하는 방식도 있다. 면담 시간 교수를 만날 때 이점을 강조한다. 교수에게 관심과 참여도를 보여주면 관계가 이어지고, 향후 추천인이 되거나 추천서를 작성해줄지도 모른다.

일부 학생들이 교수와 부정적인 상호작용이나 경험을 보고할 가능성도 있다. 예를 들면, 교수가 짜증스러워했거나 학생이 기대한 만큼 지원해주지 않았다고 할 수 있다. 이러한 학생의 상황적 경험을 인정하고 수용하면서 상황적 대처를 위한 전략 및 적응적 사고를 이용하도록 권한다. 일례로, 위와 같은 경험으로 인해 부적응적인 사고를 가질 수 있다(예: "교수들은 학생을 돕는 데 관심이 없다."). 이러한 상황을 다루기 위해 적응적 사고 전략을 사용하도록 격려한다. 학생들은 교수와 만날 준비를 더 잘 하기 위해서 계획 및 조직화 기법을 쓸 필요가 있다. 예를 들어 학생들이 더 나은 경험을 하려면, 물어보고 싶은 질문을 구체적으로 준비하거나 만날 시간을 정하기 전에 미리 이메일을 보낼 수 있다. 학생이 교수와 부정적인 상호작용을 경험했다면, 이러한 일이 일반적이기보다는 일회성 사건에 지나지 않는다고 강조하면 좋다. 모든 상호작용이 불쾌할 거라고 속단하지 않도록, 이러한 가정은 예언자적 사고와 과잉일반화 등 부적응적 사고의 대표적인 예시로 짚고 넘어간다.

회기 간 연습 부과

회기 간 연습으로 위 기법 중 한 가지를 선택하도록 요청한다. 지금까지와 같이, 그들의 경험을 멘토가 점검할 것임을 상기시킨다.

적응적 사고 기술

시작 활동

지난주 주제인 부적응적 사고 패턴 도전을 간단하게 언급하며, 이번 회기에 새로운 주제로 ADHD 관리 및 학업 개선을 위한 적응적 사고를 소개한다.

일주일 동안 부적응적 사고에 도전했던 경험을 물어보며, 적응적 사고 기법을 사용했는지 파악하면서 시작한다. 부적응적 사고를 확인할 때, 사고 내용에 개인적이거나 민감한 특성이 있는지 염두에 두는 것이 중요하다. 어떤 학생은 자신을 속상하게 만든 부정적 사고 경험을 집단과 나누어도 더할 나위 없이 편하지만, 그렇지 않은 학생도 있다. 이럴 때는 자신이 한 경험을 자세하게 이야기하지 않고, 회기 간 연습 완료(예: "지난주에 이야기한 적응적 사고 전략을 써 보았는가?")만 짧게 확인하는 것이 가장 좋다. 몇몇 학생은 더 많은 세부 내용들을 공유할 것이다. 집단 리더는 "지난주에 적응적 사고 기법을 사용한 경험을 이야기해볼 사람이 있을까요?"라고 말하면서, 경험을 공유하도록 부드럽게 유도할 수 있다. 또한 학생들은 멘토와 회기 간 연습을 상의해서 적응적 사고 전략법에 대해 일대일 피드백을 받을 수 있다.

이 시점부터 집단 회기의 적응적 사고 부분은 특정 구조를 따른다. 매주 집단 리더는 부적응적 사고가 삶의 다양한 기능 영역을 어떻게 방해하였는지로 이야기를 시작한다. 학생은 논의에 참여하면서 회기 중에 세 칸/여섯 칸 사고기록지 기법 사용을 통해 부적응적 사고에 도전하고, 대안적 사고로 대체하여 긍정적인 감정과 행동에 이르는 연습을 한다.

적응적 사고 적용: 학업 수행 향상

이 부분은 핸드아웃 4.4를 살펴보면서, 부적응적인 사고가 학업 관리에 어떻게 방해가 될 수 있는지 초점을 맞춘다. ADHD와 관련된 부적응적 사고의 흔한 예시(예: "내가 일정을 지킬 방법이 정말로 없다")를 들고, ADHD가 있는 사람에게 일어나는 다른 사고를 떠올려보도록 요청한다. 학업을 방해하는 부적응적 사고를 논의하기 위해서 똑같은 과정을 거친다.

ADHD 학생이 흔히 보고하는 사고의 예시는 다음과 같다. "나는 수학을 잘하지 못하며 항상 그럴 것이다", "나는 마지막 순간까지 기다려야 일을 더 잘한다", "나는 항상 압박감 속에서 일을 더 잘한다", "이건 너무 오래 걸려서 끔찍할 것이다", "시험공부를 해도 그게 무슨 차이가 있을까?" 학업 수행에 영향을 미치는 또 다른 부적응적 사고는 흔히 수업 출석과 관련이 있다. 많은 학생이 수업에 늦으면 "가는 것이 의미가 없다"라고 여긴다. 이 생각은 쉽게 도전을 할 수 있다. 짧은 시간이라도(15분 만이라도) 결석보다는 수업 출석이 더 도움이 된다고 역설한다. 이 접근법을 사용하여 해당되는 증거를 수집하도록 격려한다.

논의가 끝난 후, 학업과 관련된 사고 기록지를 연습한다. 이 활동에는 여러 접근법이 있다. 집단에서 작업할 만한 가상의 사례를 선택하거나 경험을 공유할 지원자를 요청한다. 회기 중에 지도와 지지를 통해 적응적 사고 기법 연습이 목표이다. 학생들은 이러한 과정을 배우면서 부적응적 사고가 무엇이든 상관없이 도전해보게 된다.

프로그램의 이 단계에서 학생은 부적응적 사고를 파악하고 적응적 사고 전략을 써 볼 때, 상당한 지원을 필요로 한다. 프로그램이 계속될수록 기술에 더 익숙하고 능숙해진다. 초반 회기는 더 많은 지원과 직접적인 지침을 제공하도록 계획한다. 프로그램 후반에는 학생이 더 책임을 지고 스스로 부적응적 사고 패턴을 확인하며, 도전하고, 대체하도록 한다.

회기 간 연습 부과

세 칸/여섯 칸 사고 기록지와 회기 간 연습에서 부적응적 사고에 도전할 때 유용한 질문을 계속 하도록 요청한다. 나중에 멘토가 기법 사용을 확인한다고 학생들에게 알려준다.

집단 회기 종결

이전 회기와 마찬가지로, 회기 간 연습을 빠르게 요약한다. 학생들은 수업 시간을 최대한 활용할 수 있는 전략 최소 한 가지 이상을 연습할 것이다. 사고 기록지와 자동적 사고에 도전하는 질문을 통해서 부적응적 사고 패턴을 다루고 적응적 사고 기법을 계속 적용하도록 알려준다. 목표는 완벽이 아니라 진척하고 발전하는 과정이라고 다시 말해주고, 회기 간 연습 활동에 참여하면서 생길 수 있는 문제 혹은 장애물에 대해 궁금증이나 걱정이 들면 다음 시간에 알려달라고 한다.

사전 체크

멘티가 지난 멘토링 회기 이후 어떻게 지냈는지 간단히 업데이트한다. 사전 체크에는 멘티가 이전에 알려준 자신의 관심사나 사건에 관한 일상적인 질문을 자유롭게 포함한다.

멘토 : "반갑습니다! 어젯밤에 당신 팀이 TV에 나왔던데 봤나요? 정말 대단한 게임이더군요!"

혹은 3주차 마지막에 언급한 주제가 대개 의제에서 자연스럽게 나오지 않기도 하므로, 이를 이어서 다룰 수도 있다.

멘토 : "어머니가 주말 동안 오신다고 하셨잖아요. 어머니가 오셔서 어땠나요?"

사전 체크는 의제와 관련된 대화로 연결될 수도 있다.

멘티 : "음, 저녁 식사는 좋았어요. 근데 어머니를 보니 제가 어머니 기대에 부응하면서 살아갈 수 없다는 생각이 들어요. 특히나 저는 미술 전공이어서요."

멘토 : "부모님 방문으로 맛있는 저녁식사는 큰 이점이 될 수 있네요! 하지만 어머니가 오시면서 슬그머니 부정적인 생각이 떠올랐나 봐요. 오늘 적응적 사고 부분을 살펴볼 때, 이 부정적인 사고로 연습하면 좋겠네요. 우리 의제에 적을게요."

협력적 의제 선정

회기 간 연습을 어떻게 진행했는지 확인하며 회기 내용과 개요를 간략하게 설명한다. 바로 지난 집단 시간에 다루었던 내용인 ADHD가 학교와 다른 일상 생활 활동에 어떻게 영향을 주는지, 수업을 최대한 활용하는 요령, 적응적 사고가 어떻게 ADHD를 관리하고 학업적 기능을 개선하는 데 도움이 되는지 자료를 보면서 검토한다. 사전 체크에서 나온 주제가 멘티의 요구에 더욱 적합하다면, 의제에 추가하도록 제안한다.

회기 간 연습 검토

멘티가 최근에 제시된 전략을 실행하는 기법을 사용하고 익숙해지기 시작했는지 확인하려면 다음 항목을 반드시 확인한다.
- 멘티가 플래너를 회기에 가져왔는가? 학업, 사회적 모임과 다른 약속을 포함한 다양한 업무에 사용하고 있는가?
- 멘티가 여섯 칸 적응적 사고 기록지를 연습했는가?
- 멘티가 집단에서 했던 핸드아웃 전부를 이번 멘토링 회기에 가져왔는가?
- 멘티가 회기 사이에 다른 연습을 하겠다고 선택하면, 다음에 반드시 확인한다.

과제를 다 마친 경우 열정적이고 긍정적인 피드백을 준다. 연습을 못 했어도 중립을 유지하고, 과하게 반응하지 않는다. 다만, 다음 주 연습해서 가져올 중요한 항목은 멘티가 고르게 한다. 마무리할 때 이러한 점을 다시 한 번 분명히 말해준다.

집단 소감 나누기

ADHD 지식

논의를 도입하기 위해, 다음 질문 중 하나 이상을 질문한다.
• ADHD가 학교생활에 미치는 영향에서 어떤 내용이 흥미로웠는가?
• 뜻밖에 알게 되어 놀라웠던 내용이 있었는가?
• ADHD가 과거나 현재 학업 수행에는 어떤 영향을 주었는가?
• ADHD가 대학 입학에 어떤 영향을 미쳤는가?

대학에 입학했을 때, ADHD 학생을 혼란스럽게 만들었던 생활 속 "퍼펙트 스톰"에 대해 논의한다. 모든 학생에게 자기조절의 요구가 늘어나는데, ADHD가 있는 사람은 자기조절이 부족해 이러한 요구에 맞추기 어려울 수 있다고 강조한다. 교사, 부모, 고등학교 상담사, 개별화된 특수 교육 등 기존에 받던 지원 정도가 대학 입학 후 얼마나 변했는지 이야기해본다. 주변에서는 더 자율적으로 행동하기를 기대한다. 여러 요소가 생활에서 퍼펙트 스톰을 야기하고, 학업적 어려움을 증가시킬 수 있다. 이렇게 설명하면 ADHD 학생은 자신의 학업적 어려움을 더 잘 이해하고, 적절한 치료와 캠퍼스 지원 서비스를 찾아볼 동기가 강해질 수 있다.

> 멘티 : "ADHD 때문에 수업 시간에 끝까지 앉아 있고 숙제를 기억하는 일이 항상 힘들었어요. 부모님은 말 그대로 매일 숙제가 끝날 때까지 부엌 식탁에 앉아 있으라고 했어요. 전 수업 시간에 지루해서 노트 필기나 공부를 해본 적이 없어요. 시험을 잘 보고, 성적도 괜찮아서 사실 할 필요가 없었어요. 하지만 대학교는 달랐어요. 노트 필기나 공부를 하지 않고 성적을 받을 수 없어요. 지금 읽어야 할 자료, 과제를 잘 따라가지 못하고 있어요."

멘토 : "방금 이야기한 게 바로 ADHD 학생이 대학에 들어가면 때 흔히 나타나는 '퍼펙트 스톰'이에요. ADHD가 지장을 주기도 했지만, 예전에는 잘 지내도록 도와준 요인이 여러 가지 있네요. 과제를 마치도록 조직화와 관리는 부모님이 해주셨군요. 그리고 지적 능력이 아주 좋아서 숙제를 하고 수업을 들으면, 고등학교 수준의 시험은 계속 잘 치렀겠네요."

멘티 : "하지만 지금은 대학에 다니고, 모두 이곳에 올 만큼 뛰어나죠! 수업 수준도 더 높고, 시험을 위해 배울 자료는 많은데 공부할 시간은 적어요."

멘토 : "맞아요, 많이 기대해서 앉혀놓고 공부시키는 부모님도 없지요."

ADHD가 영향을 주는 다른 일상생활 영역을 의논한다. 발달적 도전을 강조하고 자기조절 기술이 필요한 영역을 이야기해본다. ADHD가 있는 사람이 관계유지, 운전, 취업, 금전 관리 등을 흔히 어려워한다는 사실을 알게된 후, 멘티는 자신의 비슷한 경험도 마땅히 받아들이고 인정하게 된다. 멘티가 앞서 말한 영역 중 어느 영역에서 힘들어하는지 간략하게 평가하고 예전 경험을 이야기해도 유용하다. 예를 들면, 많은 멘티는 쉽게 산만해지 ADHD 증상과 운전의 어려움을 연결하지 못한다.

> **TIP**
>
> 두 가지 중요한 점을 강조하며 이 부분을 마무리한다. (1) ADHD가 있다고 자동적으로 학업에 문제가 생긴다는 뜻이 아니고, 학업과 관련된 문제는 다양한 위험 및 보호 요인으로 결정된다. (2) ADHD 영향은 학업을 넘어선 영역(예: 인간관계)까지 확대될 수 있고, 치료 계획에 넣을 필요가 있다.

행동 전략

시간 제약으로 멘토링 회기에서 모든 주제를 다룰 수 없으므로, 수업을 최대한 활용하기 위해 다음 중 적어도 두 가지를 반드시 검토한다.

▶ 전략적인 강의 선택 및 시간표 짜기

멘티의 학위와 학위 수여 요건을 간단하게 이야기한다. 대부분 수업 시간표를 잘 계획하는 방법을 깊이 생각해본 적이 없다. 하루 중 언제 가장 집중을 잘하는지, 수업 사이에 쉬는 시간을 선호하는지, 그 밖에 수업 시간표에 다른 고려할 사항이 있는지 멘티와 같이 살펴본다. 이러한 정보는 멘티의 필요에 맞춰 일정 조정(예: 가장 정신이 맑고 집중이 잘 될 때 가장 어려운 수업을 듣거나 과제하기)에 사용된다. 멘티가 선호하는 수업 유형도 반영한다. ADHD 학생은 대규모 강의보다 소규모 토론식 수업에서 수행을 더 잘한다. 물론 대규모 강의를 항상 피하지는 못 하므로, 그 수업시간은 어떻게 하면 집중을 더 잘할 수 있는지 논의해본다.

멘티의 구체적인 학적과 학위 수여 요건을 잘 알고 있어야 한다. 또한 수강신청 기간과 마감일을 알아둔다. 가능하다면 사전 수강 신청 시 필요한 절차를 반드시 상기시켜주는데, 예를 들면 교내 서비스 지원 부서에 연락하고 장애 관련 서류 제출하는 일이다. 멘티가 이 과정을 알지 못하면, 지원 서비스와 연결할 수 있게 도와준다. 바로 이 순간이 멘티가 플래너에 "To-Do list" 입력을 연습하기에 적절한 때이다.

▶ 수업에 더 주의 집중하기

정신이 맑은 상태를 유지하고 수업에 집중할 수 있는 전략을 이야기한다. 멘티들은 휴식 취하기, 간식(예: 껌, 물, 커피) 가져오기, 자세히 노트 필기하기, 강의실 앞자리 앉기 등 많은 일반적인 전략을 들어봤을 것이다.

강의실 앞자리에 앉는 것이 유익하다고 들어본 적 있는 멘티는 많겠지만, 그 이유를 전적으로 이해하지 못 할 수 있다. 교실 뒤에 앉을 때 흔히 어떤 것들이 집중을 방해하는지 이야기해본다. 예를 들면, 뒤에서는 학생들이 문자를 보내거나 인터넷 검색을 하고, 꼼지락거리며, 기타 다른 활동이 많이 보여서 멘티가 교수 강의에 집중을 방해받을 수 있다. 반대로, 강의실 앞자리에 앉으면 이러한 집중을 방해하는 자극이 제한되고, 행동에 대한 책임도 부가된다(예: 교수 바로 앞에서 "문자를 몰래 보내기"가 더 어렵다).

멘티 스스로 주의집중을 "사전 점검" 하도록 강의 중간에 울리는 진동 알람을 설정하는 전략도 있다. 무음 알람이 울리면 멘티는 집중해야 한다는 사실을 떠올릴 수 있다. 수업에 주의를 기울이기 위한 효과적인 개인화 방법은 멘티가 수업에서 주의를 기울일 수 있었던 때(혹은 적어도 더 잘 집중할 수 있었던 순간)를 확인하도록 돕는 것이다.

멘토 : "수업 시간에 주의를 더 잘 기울일 수 있었던 순간을 생각해볼까? 언제인 것 같나요?"

멘티 : (웃음) "글쎄요, 보통 제가 아주 쉽게 산만해지거든요. 하지만 과목이나 강사가 정말 마음에 들거나 혹은 좀 더 대화형 수업일 때 가장 잘 집중하는 경향이 있어요. 화학을 전공하는데, 수업에서 배운 내용을 좋아해요. 문제풀이도 도전이 되니 재미있어요. 이 수업은 같이 실습할 수 있어서 정말 좋아요. 화학 전공이라도, 대규모 수업은 그렇지 않아요. 보통 앞사람의 인터넷 검색에 관심이 가거나 제 옆에 앉은 여자가 여러 색으로 필기하고 정리하는 것을 구경하느라 제 노트필기를 하지 않죠."

멘토 : "좋아요, 자신에게 흥미로운 수업이 중요하군요. 스스로 잘 알고 있다니 훌륭합니다. 기억하겠지만, 이건 ADHD의 상황적 가변성 부분이에요. 때로는 흥미가 없어도 수업에서 요구하는 것들을 해야 해요. 얘기한 것 중 두 가지가 기억에 남네요. 하나는 적극적으로 참여할 때 더 잘한다는 점, 다른 하나는 대규모 강의처럼 교수를 포함해 다른 사람들과 관계로 연결되지 않으면 일부 어려움이 있군요. 대규모 강의나 지루한 주제에 어떻게 하면 더 잘 참여할 수 있을까요?"

멘티 : "글쎄요, 대규모 수업은 더 앞쪽 자리에 앉을 수도 있겠네요. 대학에 와서는 듣지 못했지만 어릴 때 선생님이 항상 앞에 앉으라고 하셨어요. 강의실에서 주의가 분산되지 않게 해줄 것 같아요."

멘토 : "좋아요, 다른 것은요?"

멘티 : "철학 수업은 평소 흥미가 있던 과목이 아닌데 주의를 꽤나 잘 유지한다는 걸 깨달 았어요. 그 수업은 규모가 작고 서로 대화를 많이 해요. 교수님은 절대 강의하지 않고, 정말 재미있는 사례를 들어, 질문하고 학생들은 집단으로 토의하고 논쟁해 요. 전 정말 그 수업에 반했어요."

멘토 : "상호작용이 가능하면 더 열심이네요. 원래 상호작용이 없는 수업에서는 어떻게 해 야 그게 가능할까요?"

멘티 : "만약 제가 앞에 앉으면, 수업에서 질문을 하거나 받을 때, 교수님께 대답할 가능 성이 크겠네요. 맨 앞에 있으면 익명의 학생이 되긴 어렵죠... 이게 바로 핵심인 것 같아요. 맞아요?"

멘토 : "그렇죠! 이제 열심히 노트 필기하기도 도전할 수 있겠어요. 가장 좋은 방법을 얘 기해 보죠."

▶ 노트 필기

휴대용 (노트북) 컴퓨터에 하는 필기, 공책에 하는 필기의 장단점을 이야기해 본다. 멘티가 현재 어떻게 노트 필기를 하는지, 그 방식이 효과가 있는지 간단히 알아본다. 코넬식 필기법의 전부 혹은 일부 활용하기, 나중에 복습용으로 강의 녹음하기, 강의 슬라이드 파워포인트에 있는 노트 부분 활용해 필기하기, 같은 수업 듣는 친구들과 노트를 비교하면서 이야기하기 등 효과적인 노트 필기 전략 을 의논한다. 이 전략은 멘티가 수업을 들을 때 중요한 정보를 얻는 방법으로 유 용하다.

TIP

멘티가 장애 서비스 센터에 등록된 경우, 멘티가 이용하기 쉬운 편의는 스마트펜[6]이 이외에도 유사한 다른 지원 서비스가 있다.

▶ 교수 도움받기

면담 시간의 목적을 명확히 하고, 멘티의 근거없는 믿음에 도전하거나 해소해 준다. 예를 들면, 많은 멘티가 교수와의 면담과 만남에 대해 교수의 시간을 낭비 한다고 생각하거나, 강의를 듣기 곤란할 때만 찾아가야 한다고 믿고 있다. 교수 면담 시간의 이점을 이야기하고, 멘티가 이를 활용할 수 있는 편안한 수준을 생각 해본다.

멘티 : "저는 항상 교수님을 귀찮게 하는 것 같은 기분이 들어요."

멘토 : "교수 대부분은 학생들과 교류하는 것을 정말 즐겨요. 교수님과 교류를 시작하는 가장 쉬운 한 가지 방법은 전 시간에 다루었듯이 강의실 앞자리에 앉는 것부터입 니다. 그러면 수업 전이나 후에 교수님과 상호작용할 기회가 더 자연스럽게 생길 거예요."

멘티 : "이제 알겠어요. 그렇게 생각해본 적이 없었어요. 수업 중에 헷갈리거나 놓친 것이 있으면, 수업 끝나자마자 바로 물어보거나 피드백도 받을 수 있어요."

멘토 : "맞아요! 교수님도 학기 초, 당신이 누구인지 안다면... 모르는 사람이 문제가 생겼 다고 갑자기 절박하게 도움을 청할 때보다 당신의 고민을 더 많이 들어줄 가능성 이 크죠."

---

6   역자 주) 디지털 펜의 일종으로 센서를 매달아 놓은 종이에 쓰거나 그림을 그리면 연결된 스마트기기 화 면(스마트폰, 태블릿)에 바로 뜨는 방식임. 어떤 종이든 모서리에 센서만 부착해서 쓰면 화면에 뜨고, 뭉툭 한 터치펜과 비교 안될 검토로 정밀한 디지털 이미지를 생성할 수 있음.

적응적 사고

회기 간 연습을 검토하면서 이 부분을 시작한다. 만약 멘티가 사고 기록 연습지를 완료했다면, 사고 기록을 살펴보고 필요한 의견을 제공한다. 실제 상황, 사고, 감정을 파악했는가? 멘티가 기록지를 완성해오지 못했다면, 회기 안에서 한번 연습해본다. 멘티가 회기에서 표현했던 생각을 써보도록 노력한다(예를 들면, "나는 대규모 수업은 절대 집중할 수 없다" 혹은 "학기 도중에 새로이 노트 필기하는 방법을 배우고 싶지 않다... 효과가 없을 것이다"). 멘티가 처음 했던 생각에 도전하고, 더 현실적이며 덜 불쾌한 대안적 사고로 대체하도록 도와준다. 이 회기 내용과 관련 있는 한두 개 사례를 추가해서 이야기해본다. 예를 들면 다음과 같다.

- 시험을 보고 있다. 1번 문제를 보고 어떻게 풀어야 할지 모른다. "시험에 낙제할 거야."라고 스스로 생각한다.
- 교수가 수업이 끝난 후 할 말이 있다고 한다. 속으로 "나 큰일 났네."라고 생각한다.

멘토링 회기 종결

필요에 따라 목표를 점검한다. 달성하거나 수정할 부분이 있는가? 논의할 다른 주제가 있는가? 이전 시간에 논의하기에 적합하지 않았던 다른 주제는 없는지 살펴보고 다룰 수 있다.

필요한 경우 다음 멘토링 회기 전에 멘티가 할 일을 구체적으로 검토해서 명확히 해준다.

- 다음 멘토링 회기에 모든 집단 회기 자료 가져오기
- 멘티가 교내 서비스에 연락하겠다고 하면, 다음 회기 전까지 진행하도록 기억시키기
- 현재 노트 필기 전략 일주일 동안 적용해보기. 코넬식 필기법 일부를 사용하거나 스마트 펜 구하기 등
- 관련성이 있으면, 다음 학기 강의를 찾아보고, 수업을 최대한 활용하는 방

법에 따라서 플래너 만들기
- 여섯 칸 사고 기록지에 부적응적 사고 패턴 실례 최소 한 가지 연습하기

다음 약속 날짜와 시간을 확정한다. 멘티에게 알림을 설정하거나 작성하게 하고, 멘토도 똑같이 자신의 플래너나 달력에 쓴다.

활성화 단계 5주 차

7장

ACCESS 활성화 단계 5주 차 집단은 우울, 불안, 정서 조절 문제, 낮은 자존감, 위험 행동 증가와 관련된 내용을 다룬다. 추가적으로 집단 회기에서 효과적인 학습 전략과 주의분산 지연 기법을 소개해 주의력을 높이도록 한다. 집단 회기는 적응적 사고 기법을 통해 어떻게 정서적 고통을 다루고, 위험한 행동을 줄이는지 의논하면서 마친다. 멘토는 회기 사이에 부여된 연습 활동뿐만 아니라 노트 필기 전략을 더 효과적으로 쓰려고 노력했는지 확인하면서 시작한다. 다음으로 멘토는 ADHD와 관련있는 정서적 문제 및 위험 행동이 동시에 발생할 가능성이 높다고 이야기 해준다. 멘토는 효과적인 학습 전략과 주의분산 지연 기법을 멘티의 필요에 맞게 쓰도록 조정하는 작업을 협력해서 진행한다. 일대일 멘토링 지도에 따라 멘티는 정서적 고통과 위험한 행동을 줄이는 적응적 사고 기술을 쉽게 사용할 수 있다.

ADHD의 슬기로운 대학생활: 대학생 ADHD를 위한 인지행동치료

집단 회기 도입

프로그램에 대해 궁금한 게 있는지 물어보면서 간단히 확인한다. 시간이 되면 질문에 답변한다. 더 길고 자세한 답변이 필요한 경우, 멘토와 해결하도록 권한다.

ADHD 지식

시작 활동

4주 차에 다룬 ADHD 지식을 간단하게 검토하여 ADHD가 학업 수행 및 기타 삶의 영역에 미치는 영향을 다룬다. 다음으로, 이번 회기 주제인 우울, 불안, 기타 정신 건강 문제, 위험 행동 증가를 소개한다. 핸드아웃 5.2를 참조하면서 논의한다.

기타 정신건강 문제

ADHD가 다른 정신 건강 문제와 관련이 크다는 ADHD 대학생 연구 결과를 집단원에게 설명한다. 실제로 ADHD 대학생은 최대 55%까지 우울, 불안, 정서 조절 문제, 낮은 자존감, 물질 사용 등 여러 정신 건강 장애의 진단기준을 충족한다. 우울이나 불안이 동시에 발생한다는 보고의 빈도가 가장 높다. ADHD가 다른 장애 발생과 어떻게 관련성이 큰지 집단원에게 질문하고 논의한다.

학생들은 일반적으로 정신건강 문제의 위험성을 높이는 원인이 ADHD 증상과 관련된 좌절감, 이를테면 자신의 능력에 대한 자기-의심 증가, 관계 갈등, 학교나 직장에서 저조한 성과와 연관된 슬픔이나 좌절이라고 말한다. 학생들이 정서 조절의 역할을 소홀히 받아들이면, 동시 발생 비율이 높은 정서 관련 문제에 기여하는 잠재 요인이 바로 정서 조절이라고 규정해준다. 정서 조절은 자신의 정서를 파악하고 관리하는 능력으로 ADHD가 있는 사람에게 유독 난관이 되는 자기 조절 영역이라고 다시 강조한다. 학생들은 대개 정서 조절 문제가 우울 및 불안과 같은 장애 위험성을 높인다는 개념을 금방 이해한다. 심지어 물질 남용의 위험성이 큰 이유가 고통스러운 감정을 다루려고 물질을 사용한다고 설명할 수 있다. 충동성도 ADHD 대학생의 물질사용 위험성을 높이는 요인이다. 학생이 충동성을 언급하지 않는다면 확실히 알려준다.

동반하는 정신건강 위험성이 높다고 ADHD가 있는 학생 모두가 겪지는 않는다고 강조한다. 보호 요인(예: 사회적 지원, 다른 사람과 긍정적인 관계, 치료받기, 병에 대한 인식)이 위험성을 낮춘다고 교육한다. 이 주제에 학생들의 관심을 모으기 위해, 정신 건강 문제 위험성을 줄이는 다른 잠재적 보호 요인 몇 가지를 이야기시켜 본다 .

우울, 불안 및 기타 동반되는 정신 건강 상태의 어려움을 학생 스스로 공개할 수 있다. 이러한 정보는 사적이고 민감하므로, 집단 구성원에게 집단 밖에서는 공개하지 않고, 서로 개인 정보를 존중하도록 고지한다. 자기 공개에 반응해주는 여러 가지 방법이 있다. 예를 들면, 학생의 어려움을 인정하기(예: "당신에게 힘든 시간이었던 것 같습니다"), 기꺼이 공유해준 집단 구성원에게 감사하기 ("이 경험을 집단원과 공유해줘서 감사합니다"), ADHD가 정신 건강 문제 위험성을 높이는 실례를 입증한 경험이라고 언급하기("학교에서 좌절감이 우울 삽화로 이어진 것 같습니다") 등이다. 이야기가 너무 길어지면, 다음과 같이 말하면서 부드럽게 마무리하고 넘어간다. "경험을 기꺼이 공유해주셔서 감사합니다. 이러한 경험은 모두 ADHD가 어떻게 정서에 영향을 미치고, 다른 정신 건강 문제 위험을 증가시키는지 보여줍니다. 시간 관계상 다음 주제로 넘어가겠습니다." ADHD 대학생은 특히 자기 조절의 어려움으로 자신의 경험과 이야기를 공유하다가 곁길로 새고 방향을 잃을 수 있다. 이를 염두에 두었다가 부드러우면서도 단호한 방식으로 방향을 재설정해줄 필요도 있다. 학생이 공개한 내용이 심각한 정서적 어려움이어서 집단보다 개별적으로 이야기해야 할 곤란한 상황도 일어난다. 이런 일이 발생하면 심각성을 인정하고 집단 작업 후에 개인적으로 만나서 충분히 의논하고 정신건강 전문가에게 의뢰가 필요한지 정한다.

행동 전략

시작 활동

이전 회기에 했던 '최대한 수업 활용하기' 전략을 떠올리게 하고 지난주에 전략을 써 보았는지 이야기시켜 본다. 필요하다면 전략 사용 시 장애물을 극복하는 방법을 제시해서 집단원을 도와준다. 다음으로, 이번 회기의 새로운 주제인 효과적인 학습으로 넘어가 핸드아웃 5.3을 보면서 논의를 시작한다.

효과적인 학습

어떤 전공인지에 따라서, 시험을 자주 치르거나 그렇지 않을 수도 있다. 전공과 상관없이 대부분의 학생은 시험에 대비한 공부를 해야하므로 이 주제를 다룬다고 설명한다.

학습 시간 나누기

기법을 소개하기 위해, 일반적인 학습 패턴을 물어본다. 시험 준비를 일주일 전부터 시작하는가, 아니면 전날 밤에 하는가? 많은 학생이 마지막 순간까지, 일반적으로 시험 전날 밤이나 아침까지 미룬다고 보고할 것이다. 학생이 마지막 순간까지 미루기 혹은 "벼락치기"의 장점과 단점을 알고 있는지 확인한다. 일반적인 몇 가지 단점은 스트레스가 심하고, 시험 전날 밤 잠을 적게 자며, 모든 내용을 다 다룰 수 없다는 것이다. 벼락치기의 장점이 없다면서도 때때로 한두 명의 학생은 벼락치기한 내용을 "생생하게" 기억한다는 믿음을 보고한다. 이 믿음을 부적응적 사고의 예로 볼 수 있는지 생각해보고, 적응적 사고 기법으로 도전할 수 있는지 물어본다.

논의는 마지막 순간까지 미루는 행동이 미치는 영향을 더 진지하게 생각하도록 돕는 것을 목표로 한다. ADHD 대학생에게 미루기는 매우 일반적인 행동 패턴이다. 많은 ADHD 학생은 공부를 "절대" 일찍 시작하지 않거나 "항상" 마지막 순간까지 미룬다고 보고한다. 미루는 행동을 오랫동안 고수하면서 단점의 체계적 검토 역시 장시간 이루어지지 않았을 가능성이 높다. 의심의 여지 없이, 예전부터 교사, 부모, 상담자 등이 일찍 과제를 시작하고 공부하라고 가르치기 때문에, 이 같은 조언을 습관적으로 등한시할지도 모른다.

집단 리더가 미리 공부를 시작하기의 중요성을 훈계하는 또 한 명의 권위자가 되지 않는 게 꼭 필요하다. 학생이 공부를 미루지 않고 좀 더 빨리 시작하는 게 왜 중요한지 스스로 분명히 말하고 문제의 주인의식을 갖는 게 절실하다. 자신만의 이유를 파악하고 재고하면, 학습 플래너를 만들고 사용하는 전략을 제시해준다. 플래너에 학습 시간을 계획하고, 행동 강화를 사용해 스스로 보상을 할 수 있다. 예를 들면, 영화를 보거나 친구와 저녁식사 같은 강화 바로 전에 학습 시간을 플래너에 넣을 수 있다. 즐거운 활동은 학습 완료에 대한 보상이다.

학습 공간

공부할 때 선호하는 장소와 이유를 물어본다. 어떤 학생은 기숙사 방이나 집을 선호하는 반면, 다른 학생은 도서관이나 카페를 선호한다. 장소가 어디든 주의가 분산되지 않도록 사전조치를 취하게 한다. 전화나 벨소리를 끄고, 이메일이나 웹사이트 접근을 제한하거나, 친구나 중요한 다른 사람에게 자신의 학습 시간 계획을 알리는 방법을 써볼 수 있다. 도서관 같은 조용한 장소를 선택하거나 소음제거(noise-conceling) 헤드폰 혹은 백색 소음 기계나 앱을 사용할 수도 있다.

ADHD의 슬기로운 대학생활: 대학생 ADHD를 위한 인지행동치료

조용한 환경이 가장 효과적이라고 보고하는 학생도 있지만, 완벽한 조용함 자체가 주의분산된다는 사람도 있다. 집단원에게 각자가 선호하는 배경 소음 수준을 반드시 고려하도록 인식시킨다. 몇몇은 카페처럼 배경 소음이 잔잔한 환경에서 학습이 잘 된다고 한다. 어떤 학생은 학습하는 동안 음악 듣는 것을 즐긴다. 목표는 학생 스스로 학습에 가장 도움이 되는 환경을 알아내고 조성하는 것이다. 이는 학생마다 동일하지 않을 수 있다.

주의분산 지연 활용

대부분의 학생에게 주의분산 지연(distractibility delay)은 낯선 개념이다. 이 기법은 일의 효율성을 높이는 방법으로써, 두 가지 방식이 있으며 둘 중 하나만 쓸 수도 있다고 소개한다.

첫 번째는 자신의 평균 주의지속 시간을 평가해 이 시간에 맞춰서 학습 시간을 분배한다. 평균 주의 집중 시간을 측정하기 위해, 학생은 학습하거나 일하는 동안 집중하는 시간을 관찰한다. 여러 번 반복해서 관찰하여, 주의가 분산되기 전까지 집중할 수 있는 평균 시간을 계산한다. 이것이 바로 자신의 주의 폭(attention span) 추정치이다. 길고 단조로운 과제를 가장 효율적으로 하려면, 자신의 주의 폭에 맞게 과제를 여러 작은 시간 단위(chunk)로 나눈다. 주의 폭은 집중 시간(focus time) 혹은 집중 기간(focus period)이라는 말로 쓰이기도 한다. 예를 들면, 학습 시 집중하는 시간을 4회 측정한 결과, 25분, 20분, 10분, 25분일 경우, 평균 주의 폭은 20분이다. 이 학생의 경우 타이머를 사용해서 한 번에 20분씩 학습하는 계획을 세워야 한다. 20분 동안 학습한 후 짧은 휴식시간을 보내고, 다음 20분 학습 타이머를 재설정한다.

주의분산 지연 기법의 두 번째는 집중 시간을 최대로 유지하면서 동시에 ADHD 대학생이 흔히 호소하는 옆길로 새서 다른 과제나 활동을 하는 주의 분산을 막는 것이다. 먼저 집중하는 시간 동안 공책이나 종이를 가까이 두라고 알려준다. 다른 일이나 활동에 이끌려 주의가 분산되면, 잊어버리지 않도록 목록을 써둔 후에 당면한 학습 과제에 주의를 기울인다. 예정된 학습을 마치면 목록을 검토하고 긴급한 문제인지 여부를 결정해 휴식 시간에 조치를 취할 수 있다.

이 기법은 학생들이 그 순간에 중요해 보이는 과제나 문제로 인해 발생하는 주의 분산 경향을 다룬다. 이는 "지금 하지 않으면 잊어버리고 하지 않을 거다"라는 두려움에서 비롯된다. 이 생각이 완전히 비현실적인 것은 아니지만, 학습하는 동안 반복적으로 곁길로 빠진다면 도움이 되지 않는다. ADHD 대학생은 이러한 유형의 패턴이 자주 발생해, 학습을 자주 중단하게 된다. 주의를 분산시키는 생각과 과제 목록(예: "휴대폰 요금을 지불해야 한다", "나는 일주일 동안 가장 친한 친구에게 문자를 보내지 않았다", "다음 학기 등록은 언제 시작되나?")을 보면서, 이 과제를 잊지 않을 거라는 확신을 가질 수 있다. 이와 동시에 당면한 과제에 주의를 기울이면 학업 및 활동 수행 시 효율성이 개선된다. 이 기법 사용은 주의가 분산되면서 무력하게 끌려가지 않고, 주의 집중을 스스로 통제하는 자신감을 길러준다.

TIP 학생은 주의분산 지연에 도움이 되는 여러 앱과 브라우저를 사용할 수 있다. 본래 간단한 타이머만 있으면 되지만, 많은 학생이 전용 앱 사용을 좋아한다. 이러한 목표를 달성하기 위한 다른 의견이 있는지 집단원에게 물어본다.

기타 학습 요령

이 부분에서 효과적인 공부에 도움이 되는 다른 기법을 설명한다. 예를 들면, 시험에 나올 만한 중요한 정보를 아는 것이다. 일부 교수는 강의 자료와 교재에서 나올 시험 문제 비율을 명확하게 알려주어서, 공부의 우선순위를 정하는 데 도움을 준다. 다른 기법은 수업 자료를 구성한 플래시카드 또는 학습 가이드 만들기이다. 학생들은 때때로 플래시카드나 학습 가이드를 만드는 데 "시간이 너무 오래 걸린다"라고 보고한다. 수업 자료를 다시 쓰는 것은 기억력을 높이는 좋은 방법이기 때문에 플래시카드나 학습 가이드를 만드는 데 쓴 시간은 학습으로 생각해야 한다고 반드시 짚어준다.

집단으로 함께 학습하고 주기적으로 질문을 하면서 서로 점검하는 것도 도움이 되는 전략이다. 어떤 학생은 강의나 수업에서 제공하는 정보나 개념을 시각적 도표로 구성하는 것이 도움이 된다. 학생들은 빼곡한 양의 수업자료를 다 읽지 않고도 최대한 많이 얻어내는 기법을 고려해야 한다. 주기적으로 읽은 내용을 소리내서 말하며 정리하거나 요약해서 쓰는 방법도 유용한 전략이다. 읽으면서 노트필기를 하고 중요한 부분은 다른 색으로 강조 표시를 하면 기억을 더 잘할 수 있다.

이 부분을 마무리하면서, 제시된 학습 기법의 공통점이 자료에 대한 몰입을 높인다고 언급한다. 플래시카드나 학습 가이드, 도표 중 어느 것을 선택하든, 학습 자료에 능동적인 방식으로 관여해 기억을 잘 시킨다. 이는 학습 자료에 요구되는 노력을 들이지 않고, 그저 읽고 또 읽는 수동적 학습과는 다르다. 대체로 학생들은 수업 자료에 적극적으로 관여할수록 지적 이해가 향상되어 결과적으로 시험 성적도 좋아진다는 점을 빨리 납득하고 수긍한다.

효과적인 학습의 핵심은 자료에 대한 적극적인 몰입이다.
구체적인 몰입 방법은 다를 수 있다.

회기 사이에 연습으로 해볼 한두 개 기법을 고르게 하고 멘토가 이러한 기법 사용을 점검할 거라고 예고한다.

적응적 사고 기술

시작 활동

지난 주 주제를 간략히 요약하고(적응적 사고 이용해서 학업 및 ADHD와 관련해 도움이 안 되는 생각 다루기) 본 회기의 새로운 주제인 적응적 사고를 통해 부정적인 정서와 강한 충동적 욕구에 대처하기를 소개한다. 평소와 같이 적응적 사고 기술의 사용을 확인하고 격려와 지지를 해준다. 이 시점에서 부적응적 사고 패턴의 인식이 향상되는 학생들도 있다. 그렇지만, 이러한 기술 습득에는 상당한 양의 시간과 연습이 필요하므로, 부적응적 사고 도전이 여전히 힘들 수 있다. 부적응적 사고에 도전하기 어렵다고 보고하면, 그러한 경험을 정상화시키고, 적응적 기술을 계속 써보도록 격려한다.

부정적 정서 및 부적응적 행동 대처

본 회기 논의 목표는 부적응적 사고 패턴이 부정적, 불쾌한 정서에 기여하는 방식 그리고 결과적인 정신상태의 위험성 증가(우울, 불안, 정서 조절의 어려움)이다. 학생과 이야기하기 위해 핸드아웃 5.4를 참조한다. 감정이 상할 수 있는 상황과 생각의 사례를 들어준다. 중요한 사람과의 관계를 끝낸 학생이 "내 관계는 언제나 지속되지 않아. 누구도 나를 오래 참아줄 수 없나 봐. 나는 절대로 지속적인 관계를 맺을 수 없을 거야"라고 생각한다. 이러한 생각은 슬픔, 두려움, 실망, 불안, 좌절, 분개 등과 같은 정서와 관련될 수 있다. 부정적인 정서를 유발하는 다른 일반적인 상황을 이야기하고 이런 상황에서 떠오르는 생각이 무엇일지 고려해 보게 한다. 수업 낙제, 가족, 친구, 룸메이트와의 다툼, 재정적 어려움 등이 유용한 예시이다.

다음으로, 사고가 위험 행동에 어떻게 영향을 미칠 수 있는지 이야기한다. 민감한 주제이므로 집단원에게 경험 공유를 요청하기보다는, 가상의 상황을 들어주고 집단 토론을 장려하면서 논의를 시작한다. 이를테면, 술을 너무 많이 마신 후 운전을 해서 집에 갈 때 떠오를 수 있는 부적응적 사고를 말해보라고 한다. 위험 행동(집에 운전해서 가기)의 가능성을 높이는 생각과 줄이는 생각을 구별하도록 지시하면, 생각하고 이야기하는 틀을 잡는 데 도움이 된다. 예를 들면, "몇 잔 안 마셨는데, 기분이 좋다", "고작 10분 거리에 산다"와 같은 생각은 집으로 운전할 가능성을 높이는 반면, "만취 상태에서 운전하면 나한테 많은 문제가 일어날 거야", "본의 아니게 사고를 내서 자신이나 남에게 해를 입힐 수도 있어"와 같은 생각은 운전할 가능성을 낮춘다.

다음으로, 위에서 확인한 사고 유형에 대처하기 위해서 적응적 사고 기술을 어떻게 적용할지 고려해보도록 한다. 집단 리더는 부정적인 정서나 위험 행동에서 하나를 정해 관련된 사고에 도전해보게 시킨다. 시간이 허락한다면 두 가지 모두 이야기해도 도움이 된다.

학생에게 사고 도전을 지도할 때 생각이 맞는지보다 자신에게 도움이 되는지에 더 초점을 맞춘다. 일례로 술을 마신 후 차를 몰고 집에 갈 생각을 하는 학생에게 "나는 10분 거리에 산다"라는 생각은 맞지만 도움은 안 된다. 마찬가지로, 이별, 낙제 또는 재정적 곤란과 같은 힘든 상황에 대처하는 학생의 경우 "너무 어려워요" 또는 "끔찍하게 느껴져요"와 같은 생각은 어느 정도 맞지만 도움이 되지 않는다. 이러한 사고가 자신의 고통을 가중시키는지 생각해보게 한다. 생각이 이미 힘든 상황을 더 악화시키는가? 그렇다면 이 생각에 도전해야 한다. 적응적 사고의 목표는 현실 무시가 아니라 부적응적 사고를 더 균형 있고 현실적이며 도움이 되는 생각으로 대체하는 것이라고 알려준다.

회기 간 연습 부과

회기 간 연습을 통해 부적응적이고 도움이 되지 않는 생각을 극복하는 데 유용한 사고 기록지 칸 분석과 질문을 계속 사용하라고 격려한다. 이전 회기와 마찬가지로 멘토가 이러한 기술을 잘 사용하는지 확인한다고 예고한다.

집단 회기 종결

회기를 종료하기 위해 회기 간 연습 과제를 간략하게 요약한다. 앞으로 한 주 동안 학생들은 적어도 학습 기법 하나는 시도하려고 노력하고, 적응적 사고 기법을 계속 써볼 것이다. 목표는 완벽이 아니라 그 과정이 중요함을 다시 한 번 상기시킨다.

5주 차 - 멘토링

사전 체크

지난 멘토링 회기 이후 멘티가 어떻게 지냈는지 간단히 물어보며 업데이트한다. 가능하면 이전 회기 후반에 나왔던 주제 가운데, 멘티에게 중요하지만 정규 의제에 자연스럽게 언급되지 못한 내용을 이어서 다룬다. 개인 맞춤형 사전체크가 될수록 의제와 관련된 대화가 이루어진다.

> **멘토** : "안녕 조던, 만나서 반가워요! 심리학 시험은 어땠어요? 지난 시간 만났을 때 공황 발작을 걱정해서 함께 대응책을 얘기했죠."
>
> **멘티** : "지나가서 다행이에요. 정말로 괜찮았다고 생각해요! 학습 계획이 도움이 되었어요. 아직 시험지를 돌려받지 못해서 성적은 몰라요. 예전에는 그런 큰 시험 있으면 시험 전이나 시험 중에 공황 발작이 기본이었어요. 머릿속이 텅 비고 공부해도 다 잊어버렸어요.
>
> **멘토** : "다른 방식으로 준비해서 시험 불안을 덜었다고 생각합니까?"
>
> **멘티** : "당연하죠! 더 자신감이 생기고, 하룻밤에 벼락치기하는 대신 적은 양의 자료를 더 오랜 시간 공부했기 때문이죠, 긴장해도 잊지 않을 것 같았어요."
>
> **멘토** : "그 말을 들으니 좋네요! 시험 전 약간의 불안은 학습 동기 부여에 도움이 되지만 너무 불안하면 심신이 악화되기도 합니다. 이번 주 집단에서 나온 대로 시험 불안을 포함한 불안증상, 문제가 되는 생각과 감정은 ADHD가 있는 사람에게 흔해요. 몇 분 있다가 이 예시를 기억해서 더 많이 이야기해 봅시다."

협력적 의제 선정

회기 간 연습을 확인하고, 집단 회기 자료 검토 및 멘티의 요구와 관련된 사전 전검 주제를 포함하여 이 회기의 내용을 간략하게 설명한다.

회기 간 연습 검토

지난 주에 의논한 모든 연습 목표를 간단히 알아본다. 확인할 항목은 다음과 같다.

- 멘티가 교내 지원 서비스에 연락을 했는가?
- 멘티가 노트 필기 전략에 적응했는가?
- 멘티가 다음 학기에 개설되는 과목을 찾거나, 수업을 최대한 활용하는 데 도움이 되는 일정 계획을 만들었는가?
- 멘티는 여섯 칸 적응적 사고를 연습했는가?
- 멘티가 멘토링 회기에 집단에서 했던 핸드아웃을 가져왔는가?
- 멘티가 회기 간 연습으로 선택한 다른 것도 확인해본다.

과제를 다 마친 경우 열정적이고 긍정적인 피드백을 제공한다. 연습을 못했어도 중립을 지키며, 과잉반응하지 않는다. 중요한 항목은 다음 주까지 해오도록 요청한다. 마무리할 때 이를 멘티에게 상기시킨다.

집단 소감 나누기

ADHD 지식

ADHD가 어떻게 우울, 불안 및 물질 사용과 같은 다른 정신 건강 문제로 이어질 수 있는지 이야기한다. 특히, 시간이 지남에 따라 ADHD 증상으로 인해 좌절감과 자기 의심이 생길 수 있어 우울, 불안 위험성이 증가한다는 사실을 강조한다. 충동적 경향 때문에 물질 사용 위험성이 높아진다는 점에 멘티가 주목하도록 한다. 멘티의 모든 질문을 검토한다. 다음을 질문하면서 논의에 참여시킨다.

- ADHD와 더불어 낮은 자존감, 기분, 걱정, 좌절, 분노 문제가 있는가?
- ADHD와 다른 정신 건강 문제 중 어느 쪽이 먼저였는가? 서로 어떻게 관련된다고 생각하는가?
- ADHD가 있는 사람이 겪는 부가적인 어려움에서 보호요인은 무엇이라고 생각하는가? 무엇이 당신을 보호했는가?

ADHD가 있다고 해서 자동으로 임상적 우울, 불안, 분노 등으로 이어지는 것이 아님을 멘티에게 상기시켜준다. 이러한 가능성을 인식할 필요성과 함께 정서적 문제를 경험할 위험성을 줄이는 적응적 사고 기술 사용의 중요성을 이야기한다.

> 멘티 : "ADHD가 있는 사람은 ADHD에다가 또 다른 증상을 겪는다니 듣는 것만으로도 우울해요... 내가 전에 우울하지 않았다면, 난 지금...하!"
>
> 멘토 : "무슨 말인지 알겠어요. 다른 정신건강 문제가 좋게 들릴 리 없지만, 이런 걸 알기 만 해도 도움이 돼요. 첫째, 이 중에서 하나 이상의 문제를 경험했다면 혼자만 겪 는 일이 아니라는 걸 알 수 있어요. 둘째, 아직 이런 상태를 겪지 않더라도 미리 알 고 있으며 나중에 일어날 일에 대비할 수 있어요. 알고 있으면 반응이 달라지고, 증상의 심각성이나 기간을 줄이는 데도 도움이 됩니다."
>
> 멘티 : "네, 알겠습니다. 기분이 좋아야할 것 같네요."
>
> 멘토 : "감정은 다양한 방식으로 경험할 수 있습니다! 미리 알고 있다면 매우 도움이 됩니 다. 자, 그러면 이제 정서적인 문제가 무엇이었는지, 그런 어려움을 피할 때 도움 이 된 것은 무엇이었나요?"

정서적 괴로움 외에도 ADHD와 관련된 위험 행동에 대해서도 이야기한다. 행동 억제와 충동성이 어떻게 위험 행동으로 연결되는지 부각한다. 다음 질문을 통해 논의를 촉진할 수 있다.

- ADHD가 있어서 최종 결과를 생각하지 않고 행동한다고 깨달은 적이 있는 가? 혹은 ADHD로 위험한 일을 한 적이 있는가?
- ADHD가 있는 학생의 경우, 물질 사용이나 위험한 성행위가 더 많다는 연 구 결과가 있다. 이러한 문제를 겪은 적이 있는가?
- 그렇지 않다면, 무엇이 위험한 활동 자제에 도움이 되었는가?

행동 전략

효과적인 학습을 위해 최소한 다음 두 가지 전략을 검토한다. 학습 일정 정하 고 지키기, 좋은 학습 공간 만들기, 주의분산 지연으로 주의집중 시간 늘리기, 기타 일반적인 학습 요령 등을 탐색한다. 논의하고 싶은 가장 중요한 영역을 멘티가 표시하게 한다.

▶ 학습 플래너 작성 및 실천

멘티가 언제 얼마나 자주 학습하는지 현재 학습 방법을 상의한다. 다음 질문을 하면서 이야기를 시작한다.

- 학습 일정을 계획할 때 시간표를 어떻게 사용하는가?
- 보통 얼마나 일찍 공부를 시작하는가? 효과가 있었는가?

대부분의 멘티에게 학습 플래너 만들기, 특히 자기 시간표에 적어두는 일은 이전에 해본 적이 없는 완전히 새로운 개념이다. 매주 강의 내용 검토를 위해 시간을 고정해서 배분하면, 큰 시험 전 벼락치기를 하지 않아도 되고, 규칙적인 학습으로 배운 내용을 더 잘 기억하는 이점이 있다고 강조한다. 멘티가 학습 플래너를 지키지 못하면 장애물이 무엇인지 다루어주고, 수행에 성공할 경우 스스로 보상하는 것이 중요하다고 상기시킨다. 멘티가 행동 강화에 쓸만한 의미있는 보상을 찾도록 도와준다. 외적 강화가 이루어지면, 자신이 하는 일(예: 학습)에 주의 집중을 못할 때 자연스럽게 도움이 된다.

멘토 : "학습을 잘했을 때, 스스로에게 어떤 보상을 줄 수 있을까요?"

멘티 : "카페에서 친구들을 만나거나 제가 정말 좋아하는 프로그램의 한 에피소드를 보는 거요."

멘토 : "알겠어요, 좋아요! 아직 해야 할 과제가 좀 남아 있을 때, 둘 중 어느 쪽이든 선택한다면 학습 흐름을 방해할까요?"

멘티 : "확실히 그래요. 결국엔 친구들과 밤새 놀면서 "시간 낭비" 했고, 에피소드를 6개나 봤어요."

멘토 : "짧은 보상과 긴 보상 목록을 생각해보죠. 바쁠 땐 빠른 보상을 몇 가지 받아서, 시간 낭비 없이 계속 일을 하는 동기를 유지할 수 있어요. 예를 들면 기타를 치러 가거나, 개와 함께 놀거나, 친구에게 문자를 보낼 수 있어요. 특히 당신이 잘되기를 바라며 '잘 하고 있어. 잘 할 거야!'라고 격려해줄 친구에게요."

멘티 : "예, 소셜 미디어, YouTube 및 비디오 게임을 모두 목록에 포함시킬 수 있겠네요. 하지만 제한 시간을 설정해야겠어요"

멘토 : "좋은 생각입니다. 시험 준비나 보고서 작성처럼 목표를 이루면 TV를 더 오래 시청하는 식으로 보상을 크게 키울 수 있어요."

▶ 좋은 학습 공간

멘티가 효율적으로 공부할 공간을 어떻게 만들지 의논한다. 사람마다 배경 소음 수준이나, 도서관이나 카페에서 공부하기 등 개인적 선호가 있다고 설명한다. 멘티에게 가장 중요한 요소가 무엇인지 확인한다. 방해가 되는 요소는 무엇인지도 논의한다. 공부할 때 주로 무엇 때문에 주의가 분산되는가? 일반적으로 물건들로 어수선한 방이나 책상, 휴대폰, 주변 사람들의 말소리 때문에 집중이 흐트러진다. 사회적 주의 분산과 감각적 주의 분산 모두 제한하면 멘티에게 도움이 된다. 공부하는 데 필요한 인터넷 창 하나만 두고 나머지 창은 모두 종료하고, 전화는 무음으로 설정하거나 *끄고* (혹은 옆방에 두기), 공부할 조용한 장소 (예: 도서관)를 선택할 수 있다. 창문 밖을 내다보거나 공부하기 전 방 청소, 스터디그룹 친구들과 대화처럼 미처 깨닫지 못하고 주의를 분산시키는 작은 방해 요소도 집어준다. 마지막으로, 멘티에게 공부 시작 전 관련된 모든 학습 자료 준비가 중요하다고 알려준다. 자료를 찾으러 자리를 벗어나면 더 쉽게 주의가 분산된다. 지난 회기 했던 수업자료 정리하기와 잘 연결시킨다. 다음은 논의를 유도하는 몇 가지 질문이다.

- 주로 어디에서 공부하는가? 공부가 잘 되는가?
- 학습 공간에서 무엇이 주의를 분산시키는가?
- 학습에 필요한 모든 준비가 되었는가?

멘티 : "이건 쉬워요. 제 휴대폰이 가장 큰 방해 요소입니다!"

멘토 : "알았어요. 무엇을 할 수 있나요?"

멘티 : "무음으로 하고 가방에 넣어둘 수 있어요."

멘토 : "알겠어요. 현실적인가요?"

멘티 : "음, 힘들겠어요. 뭔가 놓치고 있는 느낌이 들 것 같아요."

멘토 : "그렇게 느낀다면 스스로에게 어떤 말을 할 수 있을까요?"

멘티 : "이 감정은 지나갈 거야. 별로 중요한 일은 없을 테니 나중에 확인하자"라고 말해요.

멘토 : "맞아요, 그런 만족지연은 힘들죠! 하지만 성공의 비결이 되는 특성입니다. 이게 상당한 강화가 되면 예전에 말한 보상 중 하나의 훌륭한 선택이 될 거예요"

멘티 : "좋아요."

▶ 주의분산 지연을 통한 주의력 향상

대다수 멘티는 이 개념을 완전히 낯설어하면서 매우 재미있어 한다! 주의분산 지연은 각자 주의집중 시간을 측정해 주의집중 시간과 일치하는 시간 단위로 공부를 계획하는 방법으로 계속 하다보면 주의력 향상에 유용하다. 다음 사항을 논의한다: (a) 어떻게 주의력을 측정할지, (b) 측정한 주의지속 시간에 맞춰서 학습이나 기타 작업을 어떻게 계획할지, (c) 머릿속에 떠오르는 집중의 방해 요소를 막기 위해 공책을 어떻게 사용할지, (d) 시간 경과에 따른 주의력 변화를 살펴보는 일이 주의지속 시간 늘리기에 어떻게 도움이 되는지 이야기를 시작하는 질문은 다음과 같다.

- 주의가 분산되기 전까지 얼마나 오래 집중하는가? 집중시간이 활동에 따라 달라지는가(예: 강의듣기, 학습하기, 과제하기, 읽기 등)?
- 주의 분산 지연 기술을 쓰면 집중을 더 잘할 수 있다는 사실에 대해 어떻게 생각하는가?

▶ 일반적인 학습 요령

멘티가 이야기하고 싶은 효과적인 학습법의 전반적인 측면을 다룬다. 예를 들면, 시험에 나올 정보를 아는 것의 중요성을 이야기하고, 멘티에게 가장 어려운 학습 유형(예: 교과서 읽기)을 다뤄주고, 멘티와 특히 연관되는 전략을 상의한다. 교과서 내용을 읽고 기억하기 어려워하는 멘티가 많다. 전반적인 목표는 수업자료에 더 몰입하는 방법을 고려하는 것이다. 수업자료에 색깔로 강조표시하기, 플래시카드 만들기, 읽으면서 필기하기 등 쓸만한 다양한 기법이 있다. 멘티가 이전에 시도한 기법과 앞으로 시험할 기법에 대해서 이야기해본다. 이런 기법 사용을 방해하는 장애물을 해결하도록 돕는다.

> 멘티 : "읽으면서 강조 표시를 하려고 노력하지만, 여전히 페이지 맨 아래로 내려와버린 느낌이 들고 방금 읽은 내용이 무엇인지 기억이 안 나요."
>
> 멘토 : "그런 건 정말 흔한 일입니다. 양이 많을수록 읽은 정보를 기억하기가 어려워요. 플래시카드나 읽으면서 필기하기처럼 몰입을 돕는 기법을 쓰면 실제로 뇌의 정보 저장에 도움이 됩니다."
>
> 멘티 : "시간이 너무 많이 걸릴 것 같아요."
>
> 멘토 : "알겠습니다. 이런 식으로 생각해보세요. 여러 번 읽을 때보다 몰두해서 한 번 읽으면 더 적은 시간이 걸리지 않을까요?"

멘티	: (웃음) "네! 보통은 계속 기억이 안 되어 시간을 더 많이 씁니다. 내가 몰두할 수 있을지 잘 모르겠어요."
멘토	: "이번 주에 한 가지 기법이라도 실험해볼 마음이 있나요? 교과서의 한 챕터를 읽은 후 주요 내용 일부를 요약해서 적어볼래요? 효과가 있다고 생각하면, 다음 주는 더 자세히 필기하는 실험을 해봅시다."

적응적 사고

멘티가 사고 기록지를 완성해왔으면 살펴보고 필요한 경우 조언해준다. 실제 상황, 사고 및 정서를 구별하는가? 멘티가 기록을 완성하지 못했다면 회기 중 한 번 연습한다. 멘티가 회기에서 표현한 생각을 적용해본다. 예를 들면, ADHD와 관련지어 정서를 다루거나 학습전략을 이야기할 때, 다음 부적응적 진술을 활용해 본다.

- 큰일이네요... 내가 ADHD면 원래부터 나는 망한 운명이군요.
- 공부하면서 핸드폰이 없으면 죽을 것 같아요.

멘티가 초기 사고에 도전하고, 더 현실적이고 적응적인 사고로 대체할 수 있도록 돕는다. 이 회기 내용과 관련 있는 새로운 두 가지 사례를 들어본다. 하나는 적응적 사고가 우울, 불안 또는 분노와 같은 어려운 감정을 관리하는 데 어떻게 도움이 되는지와 연관된다. 두 번째 사례는 위험한 성행위, 과음, 음주 운전과 같은 위험 행동을 적응적 사고가 어떻게 잠재적으로 억제시키는지 중점적으로 다룬다. 논의에 도움이 되는 질문은 다음과 같다.

- 부적응적 사고는 어떻게 위험한 행동으로 이어지게 되는가?
- 위험한 행동 억제에 도움되는 적응적 사고는 무엇인가?

학생들은 개인적인 사례를 들기 어렵고, 더 나아가 위험한 행동의 이야기가 불편할 수 있다. 멘티가 추가 연습을 하도록 다음 가상의 예시 중 하나로 작업해도 도움이 된다. 이를 통해 자신의 사적인 정보를 공개하지 않고도 적응적 사고 기술을 연습할 수 있다.

- 시험 전날 밤 술을 많이 마시고 파티에서 논다. "인생 한 번 사는 거지!"라고 생각한다.
- 파티에서 나가면서 속으로 생각한다. "택시 탈 시간이나 돈이 없어. 집에 운전해서 가야 해."

멘토링 회기 종결

필요에 따라 목표를 점검한다. 달성하거나 수정할 부분이 있는가? 이야기할 다른 주제가 있는가? 이전 시간 논의에 적합하지 않았던 다른 주제는 없는지 살펴보고 다룰 수 있다. 마지막으로, 멘티가 지금부터 다음 멘토링 회기 사이에 무엇을 하고 싶은지 자세히 검토하고 명확히 한다. 여기에는 다음을 포함한다.

- 다음 멘토링 회기에 집단 회기 자료 모두 가져오기
- 플래너에 일주일 동안 학습 시간을 계획하고, 새로운 일정 지키기
- 필요한 경우 현재 학습 공간과 학습 전략 수정하기
- 여섯 칸 사고 기록지 연습하기

다음 약속 날짜와 시간을 정한다. 멘티에게 알림을 설정하거나 작성하게 하고, 멘토도 똑같이 자신의 플래너나 달력에 쓴다.

활성화 단계 6주 차

8장

6주차 집단 회기 지식 부분은 ADHD 약물 설명에 중점을 두어 학생들이 약물치료에 대해 더 많은 정보를 얻도록 해준다. 또한 시험 보기 전략, 장기 프로젝트 및 보고서 관리기법을 제시하고, 적응적 사고 기술을 적용하여 ADHD 치료 순응도를 높이도록 안내한다. 멘토는 학생이 학습 플래너 만들기, 학습 공간 정돈, 정서적 고통과 위험한 행동에 적응적 사고 기술을 적용하여 연습했는지 검토하고 수정한다. 집단에서 제시한 새로운 정보에 대한 모든 질문을 명확하게 답해주고, 멘티가 시험을 보거나 장기적인 프로젝트 전략을 개인의 필요에 맞게 조정할 수 있도록 지원한다. 적응적 사고 기술을 통해 치료 순응도를 높이도록 돕는다.

ADHD의 슬기로운 대학생활: 대학생 ADHD를 위한 인지행동치료

집단 회기 도입

다시 한번 ACCESS 프로그램과 관련지어 전반적인 궁금증이 있는지 확인하고, 긴 설명이 필요할 경우 멘토에게 요청한다.

ADHD 지식

ADHD 약물치료

본 회기 주제인 ADHD 약물치료는 학생들에게 매우 인기가 있어 이야기 범위가 확대되기 쉽다. 다른 의제도 다룰 수 있도록 시간을 정해서 제한할 필요가 있다.

비의료진이 집단 리더로 진행하는 경우, "전 의사가 아니라 진찰을 할 수 없습니다. 소개할 정보는 출판된 연구 결과에 기초하고 의학적 조언을 뜻하지는 않습니다"와 같이 언급하면서 전문적 경계의 한계를 공개해야만 한다.

논의를 시작하면서 집단 구성원에게 ADHD 약물 치료 경험을 서로 나누어보게 한다. 일반적으로 학생들은 약물에 대한 다양한 경험을 이야기하기 좋아하고, 때로 강한 의견 표명이나 많은 질문을 한다. 즉, 이 회기를 수행하려면 ADHD 약물에 대해 가능한 풍부한 지식이 긴요하다.

ADHD를 위한 국립 자원 센터(National Resource Center for ADHD)[7]에

---

7   국립자원센터(NRC)는 아동과 성인 ADHD(Children and Adults with Attention-Deficit/ Hyperactivity Disorder; CHADD)에 대한 과학적인 근거 기반 정보를 제공한다. ADHD가 있는 아동,

서 온라인으로 제공되는 최신 ADHD 약물 목록을 인쇄해서 배부하면(부록 1. NRC 약물표), 이 주제에 대한 논의는 수월해진다. 여기에는 ADHD 치료에 사용되는 다양한 약물의 상품명, 지속 기간, 복용량 및 일반적인 부작용에 대한 정보가 망라되어 있다(https://chadd.org/for-par-ents/medications-used-in-the-treatment-of-adhd/).

이론적 설명

교육 목표는 ADHD 치료 약물의 정확하고 상세한 근거 기반 정보에 입각해 학생들이 약을 처방하는 전문의료진과 협력하고, 스스로 치료적 의사결정의 권한을 느끼는 데 있다. 학생들의 약물치료 경험 여부와 상관없이, 약물치료의 유용성, 각 약물의 장단점, 약리 작용 원리, 약물에 대한 현실적인 기대, 최대 활용 방법 등을 알면 유익하다. 치료 약물의 정보와 자기 자신에 대한 이해와 필요를 결부시키면, 지식을 바탕으로 스스로 치료적 의사결정을 할 수 있다.

약물치료의 기초 정보

ADHD 약물 치료, 특히 중추신경 자극제에 관한 광범위한 연구 근거를 강조하면서 시작한다. 중추신경 자극제 복용하는 사람 중 최소 80~90%에서 효과가 있었다는 결과를 알려준다. 이러한 이유로 중추신경 자극제는 전문 의료진이 자주 권장하는 첫 번째 약물 유형이다.

다음으로, ADHD에 가장 많이 처방하는 약물인 중추신경 자극제가 어떻게 효과가 나타나는 약리 작용에 대해 가장 기본적인 설명을 한다. 중추신경 자극제는 행동 억제 과정에 관여하는 뇌 영역의 신경 전달 물질인 도파민의 가용성을 증가시킨다. 도파민의 가용성이 커질수록 뇌의 행동 억제 영역이 더 잘 기능

청소년, 부모, 보호자를 비롯해 의료 및 교육 전문가와 일반인 대상으로 교육 자료, 상담 서비스, 연구 지원 등 ADHD 인식과 관리 역량을 키우는 프로그램을 개발하고 운영하는 기관이다(출처: https://chadd.org/about/about-nrc/)

ADHD의 슬기로운 대학생활: 대학생 ADHD를 위한 인지행동치료

해서, 행동하기 전에 잠시 멈추고, 주의 집중할 수 있는 능력이 향상된다.

경구 섭취 시 중추신경 자극제는 빠르게 작용하여, 30분 이내 효력이 나타나기 시작한다. 치료 효과도 비교적 빨리 사라져 지속 시간이 짧게는 4시간(속효성 제제), 최대 10~12시간(서방형 제제) 정도이다. 다른 약물과 달리 중추신경 자극제는 혈류에 축적될 필요없이 효력이 생긴다고 알려준다. 신속하게 작용하기 때문에, 필요한 경우 단 기간(예: 1일, 주말) 중단했다가 다시 복용할 수 있다.

중추신경 자극제는 속효성과 서방형 이외에도 여러 종류가 많다고 말해준다. 논의를 순조롭게 진행하기 위해, 국립자원센터(National Resource Center)의 약물표(부록 1)를 함께 살펴본다. 일반적으로 중추신경 자극제는 메틸페니데이트 제재(예: Ritalin)와 암페타민 제재(예: Adderall) 두 종류가 대표된다는 사실을 알려준다. 중추신경 자극제는 약물 투여 방식(알약 vs 패치)과 방출 방식(바이모달 vs 연속)에 따라서도 구분된다. 중요한 점은 선택 가능한 자극제가 많기 때문에 반드시 전문의료진과 의논하여 가장 적합한 처방을 결정하도록 이해시키는 것이다.

논의 일부에서 자극제 복용 시, 전문가가 권장하는 시기와 횟수를 따를 때 가장 효과적이라고 강조한다. 다양한 이유로 대학생은 약물 요법 유지가 어렵다. 다수의 학생들은 취침 시간과 기상 시간이 일주일 내내 변하기 때문에 매일 같은 시간에 약을 복용하지 못한다. 또한, 수업 시간표가 불규칙하면 자신의 일정을 약물 요법에 맞추기 힘들 수 있다. 가령, 화요일과 목요일 오후 4시부터 5시 30분까지 수업이 있는 경우, 더 집중을 잘 하려고 투약을 평소보다 늦게 할지도 모른다. 안타깝게도 그날 밤은 잠을 더 못 자는 결과로 나타난다.

이상적으로 학생들은 의사와 어떤 처방약이 있는지 상의하고,

더불어 그 약이 자신의 의학적, 행동적, 생활방식에 가장 잘 맞는지 확인해야 한다.

약물 조절 및 부작용 대처

ADHD가 있는 사람은 흔히 약물 선택과 복요량을 조정하면서 최적의 약물 요법을 찾는다. 이러한 경험이 일반적이라고 알려주면, 학생들은 여러 약물을 시도하다가 조기에 중단할 때의 좌절에 미리 대비할 수 있다.

수면 문제 및 식욕 억제를 포함해 중추신경 자극제의 부작용을 함께 검토해 본다. 아침에 투약하여 잠들기 전 약 효과가 사라지도록 부작용을 관리할 수 있다. 약물 복용보다 먼저 건강하고 배부른 아침 식사를 해서, 식욕억제로 식사를 거르지 않고 하루를 시작하는 전략도 가능하다. 스마트폰에 간식이나 점심 먹기 혹은 건강한 간식 챙겨오기 알림 설정으로 제대로 식사를 하지 않더라도 건강에 좋은 음식의 섭취를 권한다.

부작용에 대한 개인적 경험을 자발적으로 공개하는 학생도 있다. 이런 일이 발생하면, 자기 관찰의 중요성을 알려주면서 동시에 잠재적인 부작용은 전문 의료진과 공유하라고 권한다.

변화를 위한 현실적인 목표

마지막으로 치료적 변화에 대한 현실적인 기대치를 의논한다. 다시 말하면, 약물이 주의 지속 시간을 늘린다는 기대는 합리적이다. 그러나 수학을 싫어하는 학생에게 수학 과제를 좋아하게 만들 수는 없다. 약 자체는 동기 부여에 영향을 미치지 않는다. 과제를 할 동기가 전혀 없는 학생이 약을 복용한다고 과제를 완료할 가능성이 더 높아지지 않는다. 다만 약으로 더 오래 집중하면, 성취감과 자신감이 생겨 동기가 증가할 수 있다. 약물 요법의 효과를 보기 시작한 후 동기가 커지는 경우가 많다.

약물치료라는 주제는 약이 "속임수"이거나 일을 "쉽게" 만든다는 부적응적 신념에 대한 논의로 이어진다. ADHD 대학생은 이 생각을 어느 정도 믿는다고 보고한다. 약물의 작용 기전을 배우면 이렇게 잘못된 신념을 바로 잡는 데 유용하다. 약물치료는 뇌기능을 교정해서, ADHD가 있는 사람의 뇌가 ADHD가 없는 사람의 뇌처럼 기능하도록 도와준다고 강조한다. 약물은 집중력을 향상시키고 증상을 치료할 수 있지만, 학업, 집안일, 기타 중요한 활동의 집중과 결정은 학생 스스로 해야 한다고 분명히 전달한다.

행동 전략

시작 활동

지난 한 주 동안 효과적인 학습 전략을 사용했는지 확인한다. 장애물을 극복할 문제 해결 방법을 도와주고, 필요한 경우 지지하고 격려해준다. 다음으로 현재 회기의 행동 전략 주제로, 시험 보기 요령과 보고서 및 장기 프로젝트 관리를 소개한다.

시험 보기: 시험 잘 보는 요령

핸드아웃 6.2 시험 보기 요령을 읽고, 이미 쓰면서 도움이 된 것을 이야기하도록 참여를 유도한다. 또는 이전에 들어봤거나 시도해본 적이 없는 전략도 파악하라고 요청한다. 이렇게 하면 집단리더가 전략을 하나씩 나열하면서 강의하지 않아도 된다. 시험 지시문 주의 깊게 읽기, 더 쉬운 문제에 먼저 답하고 나중에 더 어려운 문제로 돌아가기, 시험 답안을 제출하기 전에 답을 검토하기와 같은 몇 가지 중요한 시험 볼 때 요령을 강조한다.

진위형 문제 전략

이 주제를 검토하면서 다시 한 번 핸드아웃을 보게 한다. "명제가 참이 되기 위해서는 그 진술의 모든 부분이 참이어야 한다"와 "명제의 일부가 거짓이면 전체 진술이 거짓이다"를 강조한다. 또한 한정어(예: 자주, 아마도, 드물게, 때로)는 진술을 참으로 만드는 반면, 절대어(예: 항상, 절대, 모든, 모두)는 진술을 거짓으로 만드는 경향이 있음을 알려준다.

객관식 문제 전략

집단원이 객관식 문제에 어떻게 접근하는지 물어보면서 시작한다. 어떤 접근 방식을 이야기하든 다음 지침을 반드시 강조한다. 문제의 지시를 주의 깊게 읽고 "~을 제외하고"와 같은 교묘한 단어와 구문에 동그라미로 표시하기, 객관식 선택지를 읽기 전 질문에 답하기, 답을 선택하기 전에 모든 객관식 선택지 내용을 읽기, 오답이라고 생각하는 선택지를 지우기, 정답을 알고 있는 질문의 정보를 다른 문제에 답할 때 사용하기.

주관식 문제 전략

주관식 문제에 답하는 전략을 논의한다. 예문 또는 지시문을 주의 깊게 읽기, 글쓰기 시작 전에 생각을 조직화하기, 원래의 구문 또는 질문을 바꾸어 표현하여 서론 작성하기, 다루어야 할 주제 요약하기, 글쓰기 시작 전에 각 주관식 문제에 답할 시간을 마련하기.

보고서 및 장기 프로젝트 관리

3주 차에 했던 '미루는 행동'을 떠올리게 하면서 시작한다. 왜냐하면 학생들은 장기 프로젝트와 보고서를 끝마쳐야 할 때 가장 큰 장애물이 미루는 행동이라고 생각하기 때문이다. 참고로 학생 스스로 미루는 이유를 찾아보라고 해서 미루는 행동을 관리하는 전략을 선택하도록 돕는다. 다음은 장기 프로젝트 및 보고서 작성을 관리하는 전략이 소개된 핸드아웃 6.3을 참고해 논의한다.

목표 나누기

학생들은 프로젝트 작업을 미루는 이유를 압도감을 느끼거나 "어디서부터 시작할지 모르겠다"라고 한다. 이러한 장애물을 다루기 위해, 큰 프로젝트를 더 작은 단계로 나누고, 각 단계를 과제 목록에 쓰거나 마감일에 맞춰서 플래너에 작성할 수 있다. 단계가 작아지면 압도감도 덜 느낀다. 프로젝트 완료까지 진행 상황을 시각적으로 확인할 수 있어서, 작업을 계속할 동기도 부여한다.

더 큰 프로젝트 작업을 하기 위해 "시간으로 목표 설정하기" 전략이 있다. 예를 들면, 보고서 "두 페이지를 쓰기"를 목표로 정하는 대신, 30분 혹은 앞에서 설명한 개인의 집중 시간 안에 보고서 쓰기를 목표로 하는 것이다. 명확한 시간으로 목표를 설정하면 큰 프로젝트 작업을 회피할 가능성이 줄어든다.

기타 요령

프로젝트의 작은 단계를 완료하면 스스로 보상을 주라고 권한다. 일례로 목표 달성 후 재미있는 활동을 계획하거나 간식을 사는 것이다. 보고서 작성의 구체적인 요령에는 큰 소리로 읽으면서 오타, 문법 오류, 어색한 표현 찾기, 글쓰기 센터나 교수에게 도움받기, 음성인식 소프트웨어 사용하기가 있다. 음성을 글로 변환해주는 소프트웨어는 글쓰기로 바로 표현이 어려운 학생에게 특히 도움이 된다. 글을 쓰다가 잘 안 써지고 막힌다고 하면, 편집을 하거나 문장을 끝내려고 염려하지 말고, 일단 떠오르는 아이디어와 생각을 자유롭게 쓰면서 시작하라고 알려준다. 쓰기 과정을 바로 시작하는 유용한 방법으로, 나중에 되돌아가서 쓴 내용을 편집하면 된다.

마지막으로 적응적 사고 전략을 통해 큰 프로젝트를 미루게 하는 생각의 의미를 중요하게 다룬다. 학생들이 흔히 하는 생각은 다음과 같다. "이건 나에게 너무 많다", "나는 이걸 할 수 없다", "이건 절대 끝나지 않을 것이다", "나는 절대로 보고서를 미리 시작하지 않는다" 또는 "나는 마지막 순간에 더 잘한다", "나중에 그냥 한다"처럼 중립적이거나 지나치게 긍정적인 사고를 보고할 수도 있다. 이런 생각이 도움이 되는지 아니면 해를 끼치는지 평가해 본다. 적응적 사고 전략은 이러한 유형의 생각을 관리하는 데 적용할 수 있다.

회기 간 연습 부과

다음 주까지 시도해볼 기술이나 요령을 물어보면서 행동 전략 회기를 마무리한다. 멘토가 진행 상황을 확인하겠다고 알려준다.

적응적 사고

시작 활동

부정적 정서와 잘못된 유혹에 대처하기 위한 적응적 사고 이용법을 간략하게 검토한 후, 집단 활동을 위한 새로운 주제인 적응적 사고를 적용한 ADHD 치료 유지를 소개한다. 학생들이 회기 밖에서 적응적 사고를 적용하는지 간단하게 확인한다. 생각에 도전하는 어려움을 분석·해결하고, 더 능숙해지기 위해 회기 밖에서도 적응적 사고를 계속 활용하라고 격려한다.

적응적 사고 적용: 치료 유지

핸드아웃 6.4를 보면서, ADHD 증상 및 관련 행동이 치료(예: 투약, 상담, 대학의 지원 서비스)를 어떻게 방해하는지 집단 논의를 시작한다. 약 복용이나 재처방을 위한 진료를 까먹거나 예약일 지각이나 잊어버리고, 충동성으로 약 복용이나 치료를 중단하는 등 몇 가지 실례를 제시한다.

ADHD 학생은 충동적으로 새로운 치료 전략으로 바꾸고 싶은 유혹을 종종 받는다. 예를 들면, 몇 주 종이 플래너를 쓰다가 갑자기 새로 온라인 일정 시스템으로 바꾸고 싶다고 보고할 수 있다. 그러한 변경이 현명한 결정인지 아니면 새롭고 색다른 것에 대한 충동적 욕구가 반영된 것인지, 예전 전략의 유지보다 변경에 더 신나는지 여부를 학생이 평가하도록 한다. 결정은 결국 학생 자신에게 달려 있지만, 근본적인 동기와 결정에 대한 잠재적 장단점을 스스로 인식하게 도와준다.

다음으로, 치료 유지에 방해가 되는 부적응적 생각을 확인하도록 격려한다. 가능한 예로 "나는 이것을 할 시간이 없다", "나는 이 치료 전략을 시도했지만 효과가 없었다", "나는 결코 바꿀 수 없을 것이다"가 있다. 칸으로 나뉜 사고 기록지를 분석해서, 이러한 종류의 부적응적 사고에 도전하는 과정을 작업하도록 돕는다. 자신의 생각에 반영된 부적응적 사고 패턴을 파악하고, 더 현실적인 대안적 사고에 이르는 질문을 안내해준다.

때로 미래의 자신이 치료 진행 상황을 어떻게 평가할지 상상해봐도 유용하다. 가령 치료를 마치거나 개인적인 목표를 달성했을 때 어떤 기분일지 상상해보도록 한다. 학생들은 일반적으로 자신감, 성취감, 자부심을 느낄 것으로 예측한다. 이렇듯 미래 감정을 활용하여 치료 참여를 높일 수 있다. 이는 장기적인 목표 달성에 어려움을 겪는 ADHD 학생에게 특히 중요하다. 과거에 목표를 달성하지 못해서 결국 부정적인 결과를 경험했던 일을 떠올리는 것도 관련된 전략이다. 이러한 경험을 반영하면 중요한 동기 부여의 원천이 될 수 있다.

회기 간 연습 부과

회기 사이 연습으로 부적응적 사고에 도전하고 대체하는 데 도움이 되도록, 적응적 사고 분석 및 질문을 계속 사용하도록 권한다. 이전 회기와 마찬가지로 멘토가 기법을 썼는지 확인할 거라고 상기시켜준다.

집단 회기 종결

시험 치르기, 보고서와 장기 프로젝트 관리하기 행동 전략 중 최소한 하나 이상을 시도해보는 회기 간 연습과제를 요약하면서 종료한다. 학생들은 적응적 사고 기술도 계속 연습해야 한다.

사전 체크

지난 멘토링 회기 이후 멘티가 어떻게 지냈는지 업데이트한다. 지난 회기 후 반에 나왔던 주제 가운데, 멘티에게 중요하지만 정규 의제에 자연스럽게 언급되지 못한 내용은 주제를 이어서 다룬다.

협력적 의제 선정

회기 간 연습 과제를 확인하고, 집단 회기에서 한 자료를 검토하면서 회기 내용을 간략하게 설명한다. 집단 회기에서 ADHD 치료 약물, 시험 보기 전략, 보고서 및 장기 프로젝트 관리, 치료 유지를 돕는 적응적 사고 적용 등을 배웠다. 사전 체크에 나온 주제가 멘티의 요구와 관련 있는 대화를 더 이끌어내는 것처럼 보이면 의제에 추가할 것을 제안한다.

회기 간 연습 검토

지난 주 이야기한 To-Do list 또는 연습 항목을 간단히 이어서 다룬다. 이 회기에서 다음 항목을 확인한다.
- 멘티가 플래너를 사용하여 학습 일정을 작성했는가?
- 멘티가 학습 공간을 확인하고 정돈했는가?

- 멘티는 여섯 칸으로 된 적응적 사고 기록지를 연습했는가?
- 멘티가 멘토링 회기에 핸드아웃을 가져왔는가?
- 회기 사이에 멘티가 연습하기로 한 모든 사항의 결과를 확인해본다.

과제를 다 마친 학생들에게 열정적이고 긍정적인 피드백을 제공한다. 연습을 못했어도 중립을 지키며, 과잉반응하지 않는다. 중요한 항목은 다음 주까지 해오도록 요청한다. 마무리할 때 이를 멘티에게 상기시킨다.

집단 소감 나누기

ADHD 지식

ADHD 약물에 대한 의논을 시작하는 좋은 방법은 멘티가 이런 유형의 치료를 받은 경험이 있는지 물어보는 것이다. 안내하는 질문은 다음과 같다.
- ADHD로 약물을 복용한 적이 있는가?
- 왜 ADHD 약물을 복용해야 하는지 생각해본 적이 있는가?
- 현재 복용하고 있는 ADHD 약물에 만족하는가?

이 주제는 왜곡된 생각(예: "나는 약을 먹을 필요까지는 없다") 또는 잘못된 생각(예: "ADHD 약은 나쁘다")을 유발할 수 있다. 증거 기반 정보를 제공하고 ADHD 약물에 대한 통념을 불식시킬 준비를 한다.

> **멘티** : "예전에 ADHD 약을 먹었는데, 약을 먹으면 '나'라는 느낌이 들지 않았어요. 부모님에겐 도움이 되지만, 나한테는 아닌 것 같았어요."
>
> **멘토** : "어린 시절 진단을 받은 ADHD 청소년들 사이에서 흔한 경험이에요. ADHD 진단과 관련된 증상도 아마 당신이 아니라 어른들이 먼저 알았을 거예요."
>
> **멘티** : "예, 십대가 되었을 때 '극복했다'라고 생각했고 더 이상 ADHD는 신경쓰고 싶지 않았어요. 이제 내 증상이 나에게 어떤 영향을 미치는지 알고 있어요. 매일 약을 먹고 싶은지는 잘 모르겠어요."

대학에 다니면서 ADHD 치료를 위해 약 복용이 어떤지 이야기해본다. 대학생은 다양한 일정이 있고, 매일 같은 시간에 ADHD 약이 필요하지 않을 수 있다. 멘티가 필요한 부분을 말하고, 전문 의료진과 만날 때 자신의 의견을 어떻게 표현할지 상의한다. 많은 멘티는 약 처방을 받을 때 이야기할 내용과 질문을 적어두면 기억하기도 좋다는 점을 깨닫는다. 여기에는 ADHD 약물 사용 이력(예: 약의 종류, 복용량, 선호/불호), ADHD 약물 치료의 필요성, 부작용에 대한 질문이 포함된다.

> **멘토** : "성인이라서 좋은 점이 있네요. 이제 당신은 인생의 운전석에 앉았고, 스스로를 알고 정보를 활용해서, 의사와 협력하여 최선의 방법을 찾을 수 있어요. 당신에게 무엇이 필요한지 의사에게 알려줄 수 있어요."
>
> **멘티** : "맞아요. 나는 기억나는 게 별로 없어요. 엄마가 주로 이야기를 했고, 결국 엄마와 의사가 얘기해서 결정하는 걸 나는 듣기만 했어요. 내 기억에 아침부터 오후까지 계속했어요."

멘토 : "좋은 관찰력이에요. 대학의 일정은 예전과 다를 거예요. 어떤 대학생은 더 집중적인 작업과 활동에는 속효성 약물을 선호하고, 나머지 시간에는 행동 전략을 적용합니다. 다양한 요구에 맞춰서 속효성과 서방정을 조합하여 복용하는 학생도 있구요."

멘티 : "좋네요. 이해됩니다. 다시 시도할 준비가 된 것 같아요. 제가 어떤 약을 먹어야 할 것 같으세요?"

멘토 : "전문 의료진에게 물어볼 좋은 질문이네요. 약물치료와 관련하여 당신의 우선 순위를 이야기해봅시다. 다양한 유형을 비교하는 이 목록표에서 쓸 만한 아이디어를 얻을 수 있습니다. 의사와 상담할 때 당신의 우선 순위와 선호하는 약물에 대해 공유할 수 있겠죠."

TIP

캠퍼스와 지역사회에서 ADHD 처방을 받으려면 어떤 방법이 있는지 알아본다. 교내에서 ADHD 약물을 받으려면 어떤 서류가 필요한가? 멘티가 새로 평가를 받아야 하는가? 멘티에게 필요한 단계를 안내할 준비를 한다.

행동 전략

▶ 시험 보기

멘티의 시험 경험을 이야기하고 일반적인 시험 잘 보는 요령을 제공한다. 멘티가 시험 치를 때 가장 어려운 점을 파악하고, 멘티와 관련이 있는 개별 전략을 의논한다. 진위형, 객관식, 단답형 또는 주관식 문제를 포함하여 다양한 유형의 시험 문제에 대한 다양한 전략을 이야기해 본다. 미루고 마지막 순간에 공부하는 것(즉, 벼락치기)의 장단점을 포함해 일반적인 시험 치르기 요령을 다룬다. 수월한 논의를 위해 다음 질문을 고려해본다.

- 수업에서 일반적으로 어떤 유형의 시험을 치르는가?
- 어떤 유형의 시험이나 질문을 가장 잘 수행하는가? 가장 어려운 것은 무엇인가?
- 시험 전날에는 어떤 일을 하는가? 당일 아침에는 어떠한가?
- 시험을 보려고 자리에 앉았을 때 할 수 있는 일은 무엇인가?

> 시험시간 연장 및 개인 시험장처럼 캠퍼스에서 이용 가능한 지원 서비스를 알아둔다. 대다수 멘티가 싫어할 만한 서비스의 이점을 의논하고, 부적응적 사고나 오해를 다루면 유용하다.

▶ 보고서 및 장기 프로젝트 관리

일반적으로 학기 말에 마감하는 큰 프로젝트를 관리하기 위해 멘티가 현재 어떤 전략을 사용하는지 의논한다. 미루기와 관련된 문제를 다루고, 큰 프로젝트를 작고 관리 가능한 단계로 나누는 의미를 부각한다. 예를 들면, 멘티가 To-Do list에 "기말 보고서"를 넣으면 압도되고 해당 작업을 어디서부터 시작해야 할지 모를 수 있다. 대신 멘티가 보고서 작성을 더 작은 단계로 나누면(보고서 주제 조사, 개요 작성, 서론 작성, 본문 작성, 결론 작성, 검토 및 편집, 글쓰기 센터에 가져가기), 과제 시작이 더 쉬워진다. 멘티가 각 과제를 완료하는 데 걸리는 시간을 추정해 플래너에 시간을 배분해 본다. 멘티에게 마감일 이전에 과제를 완료할 충분한 시간을 두라고 알려준다. 이야기를 이끌어내는 질문은 다음과 같다.

- 보고서를 작성할 때 어떤 어려움이 있었는가?
- 보고서를 작성할 때 효과가 있어 보이는 전략은 어떤 것이 있는가?
- 때때로 작업이나 과제 시작을 미루는가? 그래서 더 후회되는 수업이나 과제가 있는가?

멘티 : "말 그대로, 내가 쓰는 모든 보고서는 한 페이지든 15페이지든 상관없이 마감 기한 전날이나 당일에 끝내요. 그리고 가끔은 그때까지도 하지 못해요. 날짜를 연장해 달라고 해서 항상 늦게 제출해요."

멘토 : "이런 일이 일어나면 스스로에게 무슨 말을 하나요?"

멘티 : "모르겠어요! 그 땐 그냥 정신이 나가죠. 더 빨리 시작해야 한다는 것을 알지만, 마 감일이 임박해서야 시작할 동기가 생겨요."

멘토 : "스트레스나 불안은 문제 해결이 행동 선택을 알려주는 우리 몸의 자연스러운 신 호 시스템입니다. 이 정도 스트레스를 받을 때 보고서를 얼마나 잘 작성하나요?

멘티 : "내 최고의 보고서는 마지막 순간에 완성돼요!"

멘토 : "정말 최고인가요?"

멘티 : "아마 아닐 거예요. 내용상 괜찮은 것 같아요. 내가 더 잘할 수 있다는 걸 알아요. 특히 편집하거나 교정할 시간이 없었기 때문에 문법과 철자에서 부주의한 실수를 많이 하거나 글이 뒤죽박죽이 돼요."

멘토 : "기분은 어때요?"

멘티 : "초조하고 스트레스를 많이 받아요. 그러다 나중엔 지쳐서. 그렇게 하는 내 자신이 싫어요."

멘토 : "보고서 작성을 완료하기 위해 더 일찍 마감일을 정하는 방법이 있지 않을까요. 플 래너에 써넣고 더 작은 마감일을 지킬 때 보상을 할 수 있어요. 작은 목표는 주의 집중 시간을 많이 필요로 하지 않아서 그리 압도되지 않을 거예요"

멘티 : "네, 그렇게 할수도 있겠죠. 실제 마감일이 아니라고 알기 때문에 계속 넘겨버릴 거 예요."

멘토 : "책임감이 도움이 될까요? 친구나 부모 중 한 명, 또는 각 마감일에 업데이트를 기대하는 책임 파트너인 저를 포함해서요. 교수님과 약속을 잡고 보고서의 개요나 초안 일부를 검토할 계획을 세우는 방법도 유용해요."

멘티 : "그게 나에게 도움이 될 것 같아요! 아무것도 없이 교수님을 만나면 어색해도 그렇게 하면 더 일찍 하나씩 마치는 데 도움이 되겠네요. 실제 피드백을 받고 진행할 수도 있고요."

TIP

학생들은 회피하던 일을 시작하는 데 도움이 되는 '단 5분' 활동을 즐긴다.

예를 들면, 멘티는 스스로 5분 동안만 일하면 된다고 말한 다음 멈출 수 있다.

타이머를 5분으로 설정하고 일을 시작한다. 흔히 멘티는 일단 일을 시작하면 5분 이상 계속해서 많은 일을 끝낼 수 있다는 것을 알게 된다.

To-Do list를 완성하여 멘티가 학기 중 남아 있는 모든 큰 과제를 확인하도록 돕는다. 이 목록을 작성하면 멘티가 잊지 않고 여러 가지 과제와 책임을 계속 기억하는 데 도움이 된다. 목록을 보면 주눅들고 압도적으로 느낄 수 있으므로, 멘티에게 학기 초에 같은 목록을 만들었다면 훨씬 더 길었을 거라고 말해준다. 이번 학기에 이미 얼마나 많은 성과를 냈는지, 남은 과제를 해결하기 위해 전략을 어떻게 쓸 수 있는지 상기시켜 멘티를 격려한다. To-Do list에서 우선순위를 정하고 플래너를 사용하여 과제할 시간을 계획해두면 도움이 될 수 있다. 나중에 참고할 수 있도록 완성된 To-Do list를 복사해둔다.

적응적 사고

멘티가 사고 기록지를 완성했다면 살펴보고, 필요한 경우 어떠한 제안이든 해준다. 멘티가 기록지를 완성해오지 못했다면 회기 중 연습해본다. 예를 들면, 시험 보기에 관해서 멘티는 다음과 같이 표현할 수 있다.

멘토 : "시험 보기 부분에서 시험지를 받자마자 상당히 불안해진다고 했지요. 그 상황을 말씀해주세요."

멘티 : "예, 공부를 열심히 해서 잘 알고 있는 것처럼 느끼다가도 첫 번째 문제를 읽는 순간 모든 정보가 머릿속에서 사라지고 이 시험에서 떨어질 것만 같아요."

> 멘티가 초기 사고에 도전하고 더 적응적인 행동을 유도하는 현실적인 대안적 사고로 대체하도록 돕는다.

멘토 : "좋습니다. 기록지 칸을 보고 상황과 초기 생각을 확인했어요. 나머지 단계를 살펴볼게요. 그 순간 기분이 어떤가요?"

멘티 : "불안해요. 가끔은 공황 발작이 올 것 같아요."

멘토 : "좋아요. 당신은 지금 그 순간에 있고, 그 감정을 정신적 도구 상자에서 적응적 사고 도구를 꺼내라는 신호로 사용할 거예요. 다음은 무엇입니까?

멘티 : "이제 그만하고, 좀 더 현실적인 결과를 반영하는 대안을 생각할 거예요. 그게 하나의 질문에 근거한 너무 극단적인 결과라는 것을 알고 있어요."

멘토 : "좋아요, 파국적 사고 같네요. 그래서, 재구성한 생각은 무엇인가요?"

멘티 : "나는 스스로에게 이렇게 말할 거예요. '나는 공부를 했고, 1번 문제는 모를 수도 있지만, 다른 문제가 많이 있어. 나는 아마 실패하지 않을거야.' 그런 다음 심호흡을 하고 전체 시험지를 살펴보고 내가 아는 것부터 답할 거예요."

멘토	:	"좋아요! 이제 적응적 사고를 적용한 다음 단계는 무엇인가요?"
멘티	:	"지금 느끼는 감정과 생각을 스스로 얼마나 믿는지인데, 80% 정도 같아요. 여전히 긴장하고 있지만 그렇게 불안하지는 않아요. 시험에 맞설 준비가 되었어요."
멘토	:	"대단합니다. 그게 바로 시험 보는 데 필요한 힘이죠! 공부한 내용을 두뇌가 인출을 못하게 하는 그런 게 아니에요!"

이 회기의 내용과 관련된 새로운 예시를 찾는다. 다음은 멘티가 적절한 예를 찾도록 안내하는 데 도움이 될 수 있다.

- ACCESS, 약물 요법 또는 기타 치료 서비스를 유지하는 데 방해가 되는 생각을 알아차린 적이 있는가?
- 적응적 사고 기술은 그런 상황을 관리하는 데 어떻게 도움이 되는가?

멘티가 연습에 적용할 예를 찾기 어려워하면, 다음과 같은 가상의 예를 제시한다.

- 다가오는 시험 중추신경 자극제를 다시 처방 받는 것을 잊었다. "그냥 시험이 끝날 때까지 기다리는 거지. 이미 끝났어"라고 속으로 생각한다.
- 매주 집단에 가고 멘토와 만나는 게 너무 시간 낭비 같다고 느낀다. "그거 할 시간 없어, 그냥 그만둘래"라고 속으로 생각한다.

멘토링 회기 종결

필요에 따라 목표를 점검한다. 달성하거나 수정할 부분이 있는가? 논의할 다른 주제가 있는가? 이전 시간에 논의하기에 적합하지 않았던 다른 주제는 없는지 살펴보고 다룰 수 있다. 마지막으로 필요하다면 다음 멘토링 회기 전까지 멘티가 할 일을 자세히 검토하고 명확히 한다.

- 다음 멘토링 회기에 집단 회기 자료 모두 가져오기
- 멘티가 시험을 앞두고 있다면, 추천받은 시험 전략 써 보기
- 보고서 혹은 프로젝트에 대해 강의 계획서나 과제 세부 사항을 보고 행동 전략을 통해 To-Do list에서 관리 가능한 단계로 나누기
- 시험 보기, 장기 프로젝트, 보고서 완료, 치료 유지 등을 방해하는 부적응적 사고 최소 한 가지를 여섯 칸 체계에 기록하고 연습하기

다음 약속 날짜와 시간을 정한다. 멘티에게 알림을 설정하거나 작성하게 하고, 멘토도 똑같이 자신의 플래너나 달력에 쓴다.

활성화 단계 7주 차

9장

7주 차는 집단원에게 ADHD의 근거-기반 심리사회적 치료 정보를 제공한다. 건강한 생활양식 및 타인과의 건강한 관계 형성을 지지하는 행동 전략을 논의하고, 긍정적인 관계 유지를 위한 적응적 사고 전략도 다룬다. 멘토링 회기는 ADHD의 심리사회적 치료에 대한 궁금증을 해결할 기회를 마련하여 건강한 생활양식 및 관계 전략의 실행과 적응을 돕고, 적응적 사고 기법을 적절히 활용하여 관계 문제를 개선하도록 해준다.

ADHD의 슬기로운 대학생활: 대학생 ADHD를 위한 인지행동치료

집단 회기 도입

지난 집단 회기에 다루었던 시험 보기 전략, 장기 프로젝트나 보고서를 위한 제안, 치료 준수 등 이월된 관심사나 질문을 의논하면서 집단을 시작한다.

ADHD 지식

ADHD의 심리사회적 치료에 대한 정확한 근거-기반 정보를 제공한다. 논의를 촉진하기 위해 핸드아웃 7.2에 집중하도록 지시한다. 이 주제를 소개할 때 수많은 ADHD 치료법이 있어도 대다수는 아직 효과가 입증되지 않았다고 강조한다. 학생들이 철저한 연구 결과가 뒷받침되는 치료를 학습하면 향후 정보에 능통한 소비자로서 심리사회적 치료를 찾고 선택할 것이다.

집단에서 근거-기반 치료 서비스의 중요성을 알려준다. 근거-기반 치료에서 비(非)근거-기반보다 사람들의 일상생활 기능이 "더욱 좋아지고" 향상된다는 실질적인 결과가 있다. 모든 사람에게 효과적이지 않더라도, 근거-기반 심리사회적 치료의 연구 결과가 충분하므로 그렇지 못한 치료보다는 도움이 될 가능성이 더 크다.

이러한 배경에서 기존 성인 및 대학생 ADHD 근거-기반 치료의 개요를 제공한다. 특히 인지 행동 치료(CBT), 변증법적 행동 치료(DBT), 성인 대상의 마음챙김 등에 대한 치료 효과를 지지하는 근거를 언급한다. ADHD 코칭도 유용하다. CBT, DBT, 코칭의 주요 차이점을 간단하게 소개한다. 논의 일부에 CBT와 DBT를 실시하는 실무자는 전반적으로 정신 건강 서비스 제공을 위한 수련을 받지만, ADHD 코치는 정신 건강 수련을 받기도 하고 그렇지 않는 경우도 있다고 알려준다. 수련 경험이 부족한 ADHD 코치는 우울 혹은 불안, 기타 정신 건강 문제가 동시에 발생할 때 이를 충분히 다루고 대비하는데 미흡할 수 있다.

ADHD 지식 부분의 집단 회기는 ADHD를 위한 심리사회적 치료 분야의 현재 위상을 요약하면서 마무리한다. 대학생 ADHD를 대상으로 한 심리사회적 치료 연구는 제한적이지만, 현재 나온 연구 결과는 CBT가 이 모집단을 위한 유용한 치료라고 일관되게 제시한다. ACCESS는 CBT 프로그램으로써 본 연구팀이 최근 대규모로 진행한 여러 지역의 무작위 통제 시험에서 강한 효과성이 입증되었다고 학생들에게 전한다.

행동 전략

시작 활동

회기 간 연습에 관해서 학생들과 간단한 사전 체크를 수행한다. 이번 주에 학생들이 시험 보는 요령이나 장기 프로젝트 관리 기법을 한 번 시도해보라고 하였다. 학생들과 이러한 기법 사용을 논의하고 필요에 따라 격려와 문제 해결 요령을 제공한다.

건강한 생활양식

핸드아웃 7.3 '건강한 생활양식'을 소개하면서 논의를 위한 합리적 근거를 제공한다. 사람들은 대개 더 나은 일상생활을 위해 충분한 수면, 영양가 있는 식사, 규칙적인 운동 등 건강한 생활양식 습관을 유지한다고 알린다.

일부 학생들은 ADHD 증상이 식이요법과 운동으로 치료 가능한지 물어볼 수 있다. ADHD 증상이 식이요법과 운동을 통해 효과적으로 관리된다는 증거가 확실하지 않지만, ADHD가 있더라도 습관이 건강하면 더 좋은 기분을 느끼고

ADHD도 잘 대처할 가능성이 크다. 건강한 생활양식의 유지는 ADHD가 있는 사람들에게 삶의 질과 수행 향상에 상당한 역할을 할 수 있다.

건강 유지

학생들이 건강 유지를 위해 무엇을 하는지 이야기시킨다. 이를테면 영양가 있는 음식 선택, 규칙적인 운동, 적당하면서도 일정한 수면이 포함될 수 있다. 학생들에게 규칙적이고 영양가 있는 식사를 하고 물을 많이 마시도록 권한다. 건강한 수면 습관의 중요성을 논의할 때 기상과 취침 시간을 규칙적으로 유지하고 수면 및 아침 일과를 일정하게 고정하는 내용도 담는다. 학생들에게 매일 같은 시간에 일어나고 같은 시간에 잠들면 수면 패턴이 조절되어 더 쉽게 잠들고 일어날 수 있다고 알려준다. 잠자는 시간과 아침 일어나는 시간을 연결해서 정해진 규칙적인 일과도 도움이 될 수 있다. 정해진 일과는 깨어나거나 잠들 시간이라고 신호를 알리는 단서 역할을 할 수 있다.

학생들은 종종 아침에 일어나기가 상당히 어렵다고 보고한다. 쉽게 잠에서 깨기 위해 유용한 방법을 상의해보게 한다. 침대에서 일어나기 위해 침대 건너편에 알람 시계를 두는 것도 하나의 방법이 될 수 있다. 알람 소리를 못 듣고 계속 자는 학생에게는 다양한 알람 앱이 유용하다. 수학 문제나 퀴즈를 풀어야만 알람이 꺼지는 앱도 있다. 이처럼 문제를 해결하는 다른 아이디어나 제안이 있는지 학생들에게 묻는다.

이완

스트레스를 해소하고 줄이는 기법을 논의한다. 스트레스 징후를 초기에 파악하여 효과적으로 대처하는 전략도 포함된다. 학생들에게 자신만의 초기 스트레스 징후를 열거하게 한다. 스트레스가 빨리 해결될수록 더 효과적이라고 강조한다. 스트레스 대처에 도움이 되는 전략을 학생들이 파악하도록 돕는다. 일례로 심호흡 운동, 요가, 점진적 근육 이완, 마음챙김 활동, 긍정적 심상 활동 등이 해당한다.

TIP 학생들에게 심호흡이나 근육 이완 활동을 시켜보면, 재미있어하면서 본 회기의 참여도가 높아진다. 학생들은 마음챙김과 심호흡 앱에 관한 이야기를 나누는 것도 좋아한다.

약물치료의 효과적인 이용

ADHD 약물치료 이용의 효과성을 어떻게 극대화할 수 있는지 이야기하면서 시작한다. 학생들에게 ADHD 약물치료는 처방받은 대로 복용할 때 가장 효과가 좋다고 상기시키고 약물 처방 계획(regimen)을 일관되게 유지하는 전략을 생각해 보게 한다. 예를 들어, 학생들이 약 복용을 기억하기 어려운 경우 시각적 알림이나 알약 정리 도구를 사용하면 도움이 된다.

많은 학생은 처방한 약이 다 떨어지기 전에 다시 처방받는 것을 잊는다고 보고한다. 대학생 집단에서 자주 발생하는 복잡한 문제 중 하나는 캠퍼스에서 멀리 떨어진 고향에 약을 처방해주는 의료진이 있고, 아직 캠퍼스 근처의 지역 의료진으로 바꾸지 않은 경우이다. 의료진 변경을 촉진하기 위해 집단에서 캠퍼스(예: 학생 건강 서비스)와 지역사회 의료진 목록을 제공하여 스스로 약물치료 관리를 해결하도록 돕는다.

대인관계 다루기

집단에서 학업 vs 관계와 기타 사회적 활동에 들어가는 시간의 균형 유지가 중요하다는 점을 논의하면서 시작한다. 학업에 지나치게 집중하여 관계를 무시하거나 혹은 그 반대의 경우 단점을 고려해보게 한다. 이러한 주제는 학업과 관계가 건강한 균형을 이루는지 깊이 고민하는 데 유용하다. 관계 형성과 유지의 전략을 논의하는 중요한 방법은 핸드아웃 7.4에 더 자세히 나와 있다.

친구를 사귀는 게 어려운지 아니면 친구와 관계 유지가 더 어려운지 생각해

보게 한다. 친구 관계의 시작을 더 힘들어하는 학생도 있지만, 친구 관계의 유지가 더 어려운 학생도 있다. 이러한 문제를 생각해보면서 관계 전략을 논의한다.

새로운 친구를 사귀는 전략을 제시하면서 계획과 시간 관리의 필요성을 강조한다. 학생들은 대학의 친목 행사에 참석하고 동아리나 모임에 가입하여 사람들을 만나고 새로운 친구를 사귈 수 있다. 학생들에게 플래너에 이러한 행사를 기록하고 계획해야 참여 가능성도 커진다고 강조한다. 다음은 타인과 상호작용하는 전략을 소개한다. 예를 들어, 사회적 상황에서 수줍거나 불편한 학생에게는, 사교 행사 참석 전에 대화 주제나 대화 시작점을 미리 알고 가는 게 유익할 수 있다. 행사에서 더욱 편안하고 준비된 느낌을 받을 것이다.

다음은 관계를 어떻게 유지하는지 논의하면서 시작한다. ADHD 증상이 관계에 어떤 부정적인 영향을 미치는지 학생들이 떠올리면 도움이 될 수 있다. 가령 행사나 중요한 날짜를 깜빡 잊으면 관계 갈등을 초래하고, 충동적인 말과 끼어들기는 말싸움으로 이어지거나 감정을 상하게 할 때가 있다. 계획과 조직화, 시간 관리 기술이 이러한 문제를 어떻게 줄일 수 있는지 다시 한번 강조한다. 예컨대 친구 생일이나 기타 중요한 행사를 플래너에 기록하는 것이다. 플래너 작성은 사교 행사의 참석을 기억하는 데도 쓸모가 있다. 친구들과 정기적으로 사전 점검을 하도록 미리 알림을 설정해도 된다. 이외에도 친구와 매주 게임의 밤이나 영화의 밤처럼 정기적인 활동을 계획하는 전략도 있다.

계획 및 조직화 전략은 학업 과제에만 국한되지 않는다.
건강한 관계 유지에도 도움이 될 수 있다!

집단 과제 작업

대학 수업의 과제는 대부분 학생이 짝이나 집단으로 진행한다고 언급하면서 시작한다. ADHD 증상과 관련 있는 대인 관계 문제 몇 가지를 제시하면 다른 사람과 효과적으로 작업하는 방법을 고려해 볼 수 있다. 집단 프로젝트를 관리하는 전략의 파악도 도움이 된다. 프로젝트에 수반된 여러 단계와 의무, 각 단계에 할당된 사람, 기한 및 마감일 목록 등을 계속 기록으로 남기는 것을 유용한 전략의 예시로 든다. 이러한 모든 정보를 플래너에 남겨두게 한다. 덧붙여 과제 완료에 필요한 시간 계산이 어려울 수 있으니 스스로 과제에 무리하게 얽매이지 않도록 일러준다. 학생들은 의도치 않게 터무니없는 양의 과제를 맡을지도 모른다. 과제를 수행하는 시간이 어느 정도인지 시간을 내서 신중히 평가하도록 권한다.

프로답게 행동하기

특정 상황에서 전문적 태도의 중요성을 논의하고, 동료, 감독자, 교수진과 교류할 때 전문적으로 소통하는 다양한 방식들도 학생들과 이야기한다. 감독자나 교수진과 이야기할 때 좀 더 격식에 맞게 말하고, 글쓰기 양식도 교수진이나 감독자와 의사소통에 어울리도록 형식을 좀 더 갖추도록 권한다(예: 올바른 철자와 구두점 사용하기, 비공식적 약어 피하기). 그리고 동료 및 교수진과 적절한 경계를 유지하라고 가르쳐준다. 사람마다 "적절한" 경계를 다르게 정의하고 판단하기 때문에, 논의가 어려울 수 있다. 적절한 경계를 다루기 위해서 너무 많은 정보를 공유할 때의 잠재적인 결과를 생각해보게 한다. 가령 교수진에게 "술이 덜 깨서 수업에 빠졌어요."와 같은 정보를 공유하면 어떤 장단점이 있는지 학생들에게 묻는다.

회기 간 연습 부과

한두 가지 건강한 생활양식 전략 및 최소 한 가지 관계 향상 전략을 선택하여 다음 주까지 연습하게 한다. 멘토가 전략 사용을 함께 점검할 거라고 알린다.

적응적 사고 기술

시작 활동

지난 집단 회기에 다룬 주제(예: 적응적 사고 적용: 치료 유지)를 간략히 검토한 후 새로운 주제인 '적응적 사고 적용: 관계 개선'을 소개한다. 적응적 사고 기술을 쓰는 자신감의 정도를 논의하게 한다. ACCESS의 이 시점에서 학생 대부분은 부적응적 사고를 파악하고 도전하며 적응적 사고로 대체하는 능력에 스스로 자신감을 느낀다.

적응적 사고 적용: 관계 개선

논의의 목표는 ADHD가 대인 관계에 어떤 영향을 주었는지 파악하고 이러한 경험이 관계에 대한 생각에 어떻게 영향을 미쳤는지 생각해보도록 돕는 것이다.

주제를 소개하기 위해 ADHD 관련된 증상과 어려움이 관계에 어떤 영향을 주는지 논의하도록 권한다. 예시에는 대화 도중 사람들에게 끼어들기, 집중력으로 인해 대화의 흐름 놓치기, 행사 깜빡 잊어버리기, 계획성 결여로 친구와 (약속) 시간 지나치기 등이 포함된다. 핸드아웃 7.5에 주목하면서 이 부분을 진행한다.

관계를 방해할 수 있는 부적응적 사고를 확인하게 한다(예: "친구 관계의 유지가 너무 어려워서 나는 친구를 사귈 수 없다.", "나는 누굴 만나 사귈 시간이 없다"). 관계에 대한 부적응적 사고는 사고 기록지를 이용해 집단에서 작업하면 도움이 된다. 예를 들어 어떤 학생이 "친구 관계를 유지하기가 너무 힘들다"라고 보고한다면, 집단 리더는 학생들에게 "이 생각을 믿으면 어떤 영향이 있는가?"라고 물어서 이러한 생각에 도전하게 해본다. 학생들은 절망감이나 좌절감을 느껴서 가망 있는 친구 관계도 쉽게 포기한다고 답할 것이다. 이러한 생각을 바꾸면 친구 관계가 더 많아지고, 기존 교우 관계가 질적으로 개선되며, 자신감이 더욱 커지는 등 이득을 고려하게 한다. 이렇듯 잠재된 이득을 확인하면 부적응적 사고를 적응적 사고로 대체하고 싶은 동기가 커질 수 있다(예: "친구 관계 유지는 시간이 걸릴 뿐이지 불가능하지는 않다"). 또한, 지난 시간에 논의한 행동 전략이 이러한 유형의 상황을 다루는 적응적 사고 기술과 결합하여 활용될 수 있다고 강조한다. 예컨대 계속 연락하여 친구 관계를 유지하는 전략의 일환으로 친구에게 문자 보내기 알림을 설정할 수 있다.

회기 간 연습 부과

부적응적 사고에 도전하고 적응적 사고 기법 적용을 계속 연습하도록 한다. 이러한 기법을 활용하는 과정을 반드시 칭찬하면서 적응적 사고의 적용은 시간이 갈수록 쉬워지고 더 효과적이라고 알려준다.

집단 회기 종결

집단에 권했던 회기 간 연습 부과를 상기시킨다. 특히, 집단에 대해 건강한 생활양식 전략 및 관계 개선 전략 각각 최소 한 가지는 연습하고 적응적 사고 기술을 관계 상황에 적용해보도록 한다. 부가적으로, 다음 집단 회기는 8주 차이자 이번 학기 마지막 집단 모임이므로, 미래 계획을 비롯하여 현재까지 발전 과정을 어떻게 유지할 수 있는지 중점적으로 논의한다고 예고한다.

사전 체크

지난 멘토링 회기 이후 멘티가 어떻게 해왔는지 빠르게 업데이트한다. 계획한 의제 내용이 아니더라도 지난 회기 후반에 멘티에게 중요했던 주제라면 이어서 다룬다.

협력적 의제 선정

이 회기의 목표를 간략하게 설명한다. 회기 간 연습을 열심히 했는지 점검하고, 최근 집단 모임에서 새로 제공한 ADHD의 근거-기반 심리사회 치료의 정보를 비롯하여 건강한 생활양식 및 건강한 관계를 다룬 내용을 검토한다.

회기 간 연습 검토

"To-Do list"를 확인하거나 지난주 논의했던 항목을 연습한다. 이 회기에서 꼭 다루어야 하는 항목은 다음과 같다.
- 멘티가 새로운 시험 전략의 적용을 시도해보았는가?
- 멘티가 학기 말 "가장 중요한 To-Do list"를 가져왔는가?
- 멘티가 행동 전략을 통해 큰 과제를 다룰 수 있는 작은 단계로 나누고 거기에 맞게 To-Do list를 추가하였는가?

- 멘티가 여섯 칸 적응적 사고 기록을 연습하였는가?
- 멘티가 집단에서 사용했던 핸드아웃 전부를 이번 멘토링 회기에 가져왔는가?
- 멘티가 다른 연습을 하겠다고 선택하면 다음에 반드시 확인한다.

과제를 다 마친 학생들에게 열정적이고 긍정적인 피드백을 준다. 연습을 못했어도 중립을 유지하고, 과한 반응을 하지 않는다. 중요한 항목은 다음주까지 해오도록 멘티에게 요청한다. 마무리할 때 이를 반드시 상기시킨다.

TIP

멘티가 To-Do list를 이용해서 학기 중 남은 과제를 계속 요약하도록 권한다. 이는 과제의 완결을 촉진하는 동시에 완료한 항목을 지우는 과정에서 발전해 나가는 증거가 되기도 한다.

집단 소감 나누기

ADHD 지식

다양한 ADHD 근거-기반 심리사회적 치료과 관련된 정보를 논의한다. 식이요법처럼 연구 근거가 빈약한 치료와 관련된 모든 통념을 깬다. 멘티가 과거에 받았던 ADHD 치료 전략과 효과가 어떠했는지 논의한다.

멘토 : "마이크, 약물치료를 한다고 들었는데, ADHD를 관리하려고 또 어떤 걸 해봤어요?"

멘티 : "음, 어릴 때 치료사를 만났는데 그냥 이야기하고 게임을 했어요. 별 도움이 안 된 것 같아요."

멘토 : "좋아요. 그건 연구 결과 내용과 일치하네요. 전통적인 대화 치료는 ADHD의 증상 이나 영향력을 줄이는데 그다지 효과적이지 않다고 해요."

멘티 : "네. 지난번 집단에서는 만약 어떤 사람이 ADHD가 아니고 우울처럼 다른 상태라 면 어떻게 도울지 이야기해봤어요."

멘토 : "그래요. 지금 마이크는 바로 비-약물치료 형식의 ACCESS 프로그램을 받고 있죠. 통상적인 치료와 어떻게 다른가요?"

멘티 : "확실히 어릴 때 한 것보다 더 많이 도움이 되요."

멘토 : "네, 맞아요! 인지와 행동 전략을 배우고 있으니까요. ADHD에 대한 정보를 알려 주는 일명 심리교육도 받고 있죠."

멘티 : "확실히 어릴 때 한 것보다 더 많이 도움이 되요."

행동 전략

이 부분에서는 친구 관계의 형성 및 유지를 비롯하여 최소 두 가지 다른 주제를 다룬다.

▶ 건강 유지

멘티와 건강 유지에 관해서 논의해본다. 잘 먹고 잘 자기, 규칙적인 운동처럼 대학 캠퍼스에서 유지하기 어려운 광범위한 범주의 건강 문제를 다룬다. 많은 멘티는 대학에 다니면서 건강한 생활양식을 유지하기 어렵다고 이야기하면서 이해와 수용을 받는다고 느낀다. 건강한 생활양식의 유지는 보통 학생들도 흔히 겪는 도전적인 문제라고 정상화한다. 일례로, 수업 일정과 기숙사 생활은 가변적이라서 학생이 일정한 수면 시간을 유지하지 못하게 된다. 술과 약물 사용처럼 건강에 좋지 않고 저항이 어려운 대학 생활 습관의 전반을 이야기하는 것도 유익하다. 논의에 도움이 되는 질문은 다음과 같다.

• 생활에서 이미 건강한 습관을 실천한 영역은 무엇인가?

• 생활에서 더 건강한 습관이 배어 있는 영역은 무엇인가? 건강한 생활과 관련지어 추가하고 싶은 목표가 있는가?

멘티가 공개하는 건강하지 못한 습관이 무엇이든지 비-판단적으로 머무른다. 건강한 습관이 "당연히 해야 하는 것(shoulds)"이라는 논의는 적응적 사고의 모델링에 충분하지 못한 언어이다. 그보다는 대화를 효과적으로 유지하면서 멘티가 이미 잘하는 것과 원하는 성장 영역은 무엇인지 파악하도록 돕는다.

▶ 이완

심호흡, 점진적 근육 이완(PMR), 바디-스캔 명상, 시각화 명상, 요가, 태극권 등 이완 기법을 논의한다. 멘티가 과거에 어떤 전략을 쓰고 미래에는 어떤 전략을 시도하고 싶은지 정한다. 이완 전략이 일상생활에서 어떻게 영향을 주는지 특히 기말고사 주간처럼 스트레스가 많은 기간에 어떻게 활용될 수 있는지 이야기한다. 논의를 시작하기 전에 다음 질문을 다루도록 고려한다.

• 전반적으로 스트레스를 어떻게 다루는가?

• 긴장을 풀기 위해 찾은 방법이 무엇인가?

• 집단에서 배웠던 이완 전략을 시도해본 적이 있는가?

이완에 대한 논의의 일환에서 멘티가 스트레스를 받을 때 활용할 만한 건강한 습관 목록과 대처 전략을 작성해보게 한다. 핸드아웃 7.7을 이용하여 스트레스가 많은 기간 동안 이완을 돕는다고 생각하는 5~10가지 전략을 추가하도록 권한다. 예컨대 명상, PMR, 수면 스케줄 고정, 운동, 캠퍼스 자원의 활용, 친구나 가족에게 전화 걸기, 산책하기 등이 될 수 있다. 현실에서 시도해볼 전략인지 반드시 판단해 보게 한다. 멘티가 스트레스 감소 전략 목록을 작성하고 가까운 곳에 두어서 나중에 압도당하는 느낌이 있으면 바로 적용해보라고 알려준다.

▶ 약물치료의 효과적인 이용

약물치료의 효과적인 이용과 관련된 문제를 다룬다. 매일 청각 혹은 시각 알림 설정처럼 약물치료를 잘 준수할 수 있는 전략을 멘티와 논의한다. 덧붙여 멘티에게 플래너와 핸드폰이 다음 처방이 언제인지 기억하기에 유용한 전략이라고 가르쳐준다. 이러한 전략은 멘티가 겪는 어려움을 해결하도록 반드시 개인에게 맞춰져야 한다. 시작할 때 다음 질문을 고려한다.

- 복용량을 잊거나 제시간에 복용하기 어려운 적이 있는가?
- 다음 처방 날짜를 기억하기 힘든 적이 있는가?

약물 투약의 습관을 들이는 유용한 전략은 이미 있던 습관과 짝을 짓는 것이다. 예를 들어, 만약 멘티가 일어나자마자 약을 먹어야 한다면 아침에 눈을 떠서 맨 먼저 어떤 행동을 하는 경향이 있는지 살펴본다. 하루를 시작하며 핸드폰을 보는 경우 잠자기 전에 약과 물 한 잔을 핸드폰 옆에 두라고 제안한다.

▶ 친구 관계 형성 및 유지

멘티들은 종종 대학 입학 이후 친구를 사귀고 관계를 유지하기가 어렵다고 표현한다. 친구 관계에 대해 멘티와 논의하고 힘든 부분이 있는지 알아본다. 대학에 진학하는 대부분 학생은 ADHD 요인이 아니어도 이러한 어려움을 겪는다고 정상화해준다. 플래너와 To-Do list를 통해 친목 행사 시간을 차단하고 사회적 상황에서 주의분산을 줄이는 전략을 의논하면서 제안을 해준다(예: 붐비는 카페 대신 도서관의 개별 공간에서 친구와 공부하기). 멘티는 ADHD 증상이 친구들과의 상호작용에 어떤 영향을 미치는지 이야기하면서 깨닫기도 한다. 다음은 멘티와 논의에서 포함할 만한 몇 가지 질문이다.

- 친구 관계를 맺거나 유지하기 어려운 적이 있는가?
- ADHD 증상이 친구 관계에 영향을 준 적이 있는가?
- 사회 생활과 학업 생활의 균형을 맞추기 어려운 적이 있는가?

플래너는 건강한 관계 향상에 유용한 도구이다. 일례로 친구한테 다가올 중요한 행사(예: 큰 시험, 면접, 생일 등)를 듣고 나서 멘티가 플래너에 추가하면 나중에 물어봐도 기억하는데 쓸모가 있다. 이렇듯 작고 사소한 것이 친구 관계를 길게 이어가게 해준다. 플래너는 비슷한 방식으로 캠퍼스에 없는 친구와 가족에게 멘티가 계속 연락하도록 기억하는 데 쓸 수 있다. 예를 들어 멘티가 플래너를 사용하면 고향에 있는 친구나 다른 학교에 다니는 친구와 화상 채팅할 날짜를 정하는 데 도움이 된다.

▶ 집단 과제 작업

많은 멘티는 학교 프로젝트의 집단 작업을 몹시 두려워한다. 집단 구성원과 소통이나 체계를 유지하기 위한 플래너 및 해야 할 일 목록 사용과 같은 전략을 논의한다. 예컨대, 마감일이 정해진 프로젝트를 시작할 때, 첫 집단 모임에서 누가 어떤 과제를 할지 명확하게 윤곽이 잡힌 공유 문서를 만들면 상당히 유용하다. 멘티가 참여한 집단 프로젝트에서 경험한 내용을 이야기하고, 필요한 경우 문제 해결도 논의한다. 때때로 다른 집단 구성원보다 멘티 몇 명만 더 많이 작업하는 것처럼 느끼기도 한다. 어떤 멘티들은 ADHD로 인해 집단 작업 자체에서 어려움을 경험할지도 모른다. 이러한 가능성을 탐색하여 어떤 영역의 문제가 드러나더라도 해결해보자고 제안한다.

▶ 프로답게 행동하기

멘티와 전문성에 관해 이야기한다. 이러한 논의는 멘티의 현재와 이전 작업 경험에 따라 달라질 것이다. 멘티가 교사, 교수, 관리자, 동료, 또래와 상호작용에서 편안한 정도를 파악한다. 멘티가 관련된 환경에서 전문성을 유지하기 위한 전략과 권고를 제공한다. 예를 들어 교수와 이메일로 어떻게 상호작용하는지 이야기 해보는 것은 많은 멘티에게 유익하므로, 교수에게 연락하는 방식을 비롯하여 이메일 발송 전 교정하며 읽기, 전문적 경계 유지하기 등을 추천한다. 멘티에게 교수가 선호하는 소통 방식과 직함을 쓰고, 약속을 미리 잡으며, 잊어버리지 않게 플래너에 기록하도록 권한다. 다음은 논의를 촉진하는 몇 가지 추가 질문이다.

- ADHD 증상이 학업에 영향을 미친 적이 있는가?
- ADHD 증상이 교사, 교수, 관리자와의 상호작용에 영향을 준 적이 있는가?

적응적 사고

멘티가 사고 기록지를 완성하면 사고 기록을 살펴보고 필요한 제안이 무엇이든 제공한다. 완성하지 않은 경우, 멘티가 회기 중 표현했던 부적응적 사고를 이용해서 한번 연습하는 회기를 갖는다.

멘토 : "건강한 습관에 대해 계속 '더 많이 운동해야만 한다. 고등학교 때에 비해 몸 상태가 너무 안 좋다'라고 말하는 걸 알았어요. 그렇게 말할 때 느낌이 어때요?"

멘티 : "죄책감... 그리고 한심해요. 학업이 너무 뒤처져 있으니까 이미 게으름뱅이 같다고 느껴요. 몸까지 안 좋다고 생각하면 기분이 더 나빠져요."

멘토 : "자신을 고등학교 때와 비교하네요. 그때와 무엇이 달라졌을까요?"

멘티 : "글쎄요, 그때는 운동했어요. 부모님 덕에 과제를 해냈고 밥도 챙겨주셨죠(웃음). 그래서 모든 걸 하기가 더 쉬웠던 것 같아요."

멘토 : "좋아요. 그러면 처음 생각이 맞는 건가요? 그게 아니라면 그 생각을 어떻게 바꾸거나 대체할 수 있을까요?"

멘티 : "아니오. 맞는 생각은 아니죠. 대신에 '운동을 더 하고 싶다. 규칙적인 운동은 고등학교 때가 더 쉬웠다' 다시 몸 상태는 좋아지겠지만 새로운 방식이 필요할 것 같아요."

멘토 : "맞아요. 방금 사고 기록의 마지막 두 단계를 빼고 나머지 모든 단계를 거쳤어요. 이 새로운 생각은 어떤 느낌이 들어요? 어느 정도 믿나요?"

멘티 : "기분이 훨씬 좋아지고 동기가 생겨요. 나는 나 자신에게 너무 가혹해요. 상황이 변해도 극복할 수 있죠. 전적으로 믿어요. 100퍼센트요!"

> 현재 주제 내용과 관련된 새 예시를 만든다. 친구 관계 유지는 부적응적 사고 및 ADHD가 관계에 미치는 영향을 다루기에 유용하다.

멘토 : "적응적 사고가 친구와 가족의 관계 향상에 어떤 도움이 되는지 탐색해봅시다. 주위 사람들과 있을 때 주로 어떤 생각을 하나요?"

멘티 : "내가 말을 너무 많이 하고 끼어들거나 잘 듣지 못해서 사람들을 성가시게 하는지 끊임없이 걱정해요. 가끔은 내가 사람들을 어떻게든 결국 미치게 만들까 봐 상호작용을 시도조차 하지 않아요."

멘토 : "그러니까 자신이 사람들을 귀찮게 만들 때가 있다는 거군요. 그게 항상 맞아요?"

멘티 : "아니오. 친한 친구들은 제 주위에 있기를 좋아하고, 재미있다고, 친구를 위해 무엇이든 할 수 있는 사람으로 알고 있어요. 절 이해하죠. 가장 친한 친구들은 제가 꼭 집중해서 들어야 할 내용을 말할 때는 제 팔을 잡기도 해요."

멘토 : "잘 아는 사람들에게는 좋은 친구라는 말처럼 들리네요."

멘티 : "맞아요! 저는 누구에게는 정말로 성가신 사람일 수 있어요. 모든 사람과 좋은 친구가 될 수 없지만, 소수라도 좋은 친구 몇 명은 필요한 것 같아요."

멘토 : "좋아요. 처음에 친구 관계는 어떻게 시작되었어요?"

멘티 : "가장 친한 친구들과는 공통점이 많아요. 친구들이 흥미를 갖는 분야에 저도 관심이 많은지라 친구들 이야기에 주의를 기울이기 더 쉬워요. 친구들을 더 알아갈수록 제가 ADHD라는 사실과 어떻게 해야 친구들 말을 더 집중해서 경청하는지 알려주기 편했어요."

멘토 : "공통점 찾기는 훌륭한 방법인 듯해요. 누군가를 더 잘 알고 동시에 당신을 더 잘 듣는 사람이 되게 하네요. 이것을 사고 기록지에 정리해서 이 상황이 어떻게 펼쳐지는지 봅시다."

ADHD의 슬기로운 대학생활: 대학생 ADHD를 위한 인지행동치료

멘티에게 국한된 상황 검토 이외에 다음과 같은 사회적 상황에 대한 사고 기록지 작성을 통해 추가 연습을 할 수 있다.

- 친구가 답신 전화를 하지 않는다. "친구들이 나에게 관심이 없어"라고 혼자서 생각한다.
- 캠퍼스에서 아는 사람 옆을 지나는데 그 사람이 나를 알아보지 못한다. 혼자 속으로 "그 사람은 나한테 몹시 화가 난 게 분명해"라고 생각한다.

멘토링 회기 종결

필요에 따라 목표를 점검한다. 달성하거나 수정할 부분이 있는가? 논의할 다른 주제가 있는가? 이전 논의에 적합하지 않았던 주제는 없는지 살펴보고 다룰 수 있다. 멘티에게 다음 회기가 이번 학기 마지막 멘토링 회기로 잡혀 있다고 상기시킨다. 집단 형식은 아니지만, 개인의 필요에 따라 맞춤형 멘토링 회기 횟수가 한두 번 다를 수 있다. 멘티에게 다음 예정된 정기적인 주간 모임 전까지 추가 멘토링 회기 이용 여부를 결정하도록 요청한다. 마지막으로 필요한 경우 지금부터 다음 멘토링 회기 사이에 무엇을 할지 자세히 명확하게 검토한다.

- 다음 멘토링 회기에 모든 집단 회기 자료 가져오기.
- 학기 진행 중에도 To-Do list의 항목을 지워나가면서 계속 사용하기.
- 두 가지 새로운 건강한 습관이나 대처 전략 시도하기.
- 사고 기록지 이용해서 부적응적 사고 패턴의 최소 한 가지 예시 분석하기.

다음 약속 날짜와 시간을 확정한다. 멘티에게 알림을 설정하거나 작성하게 하고, 멘토도 똑같이 자신의 플래너나 달력에 쓴다.

활성화 단계 8주 차

10장

활성화 단계의 마지막 집단과 멘토링 회기를 실행하는 지침을 제시한다. 본 회기의 주요 목표는 이번 학기 활성화 단계를 기점으로 다음 학기가 시작하면 유지 단계로 이행하도록 학생들을 준비하는 데 있다. 지난 시간 제공한 ADHD 지식을 간략히 검토하면서 집단 회기를 시작한 다음에 이러한 지식을 어떻게 일상생활 기능 개선에 적용할지 논의가 이루어진다. 집단 회기는 새로 습득한 행동 전략을 앞으로 계속 쓸 수 있게 검토하고 수정하는 데 중점을 둔다. 마찬가지로, 습득한 적응적 사고 기술도 검토하고 수정하여 향후 이어나가게 권고한다. 멘토링 회기에서는 마지막 집단에 대한 정보와 다음 단계의 계획을 검토한다. 이 시간 동안 활성화 단계의 멘토링 회기를 두 번 추가할지 논의한다. 멘토링 회기는 ADHD에 대한 궁금증도 부가적으로 다룬다. 추가된 시간은 멘티가 학습한 행동 전략 및 적응적 사고 기술이 실행되는지 검토하고 수정하면서 소비한다. 다가올 유지 단계의 멘토링은 어떻게 진행되는지도 설명해준다.

ADHD의 슬기로운 대학생활: 대학생 ADHD를 위한 인지행동치료

집단 회기 도입

전반적인 질문에 답한 이후 활성화 단계 회기의 마지막 집단 모임에서 다룰 주제인 'ADHD가 삶에 미치는 영향 이해하기', '장기적인 목표 정하기', '적응적 사고 기법의 요약' 등을 소개한다. ACCESS 프로그램에서 배운 기술이 대학 졸업 이후 성인기에 나타나는 진로, 금전 관리, 대인관계, 양육 등 삶의 다양한 측면에 분명 도움이 될 거라고 집단에서 알려준다.

본 회기를 진행할 때 집단 구성에서 반드시 나이를 고려해야 한다. 대학교 1학년 집단과 작업하는 경우 ADHD가 앞으로 대학 생활에 어떤 영향을 미치는지 논의하는 데 시간 대부분을 쓴다. 대학교 3, 4학년으로 구성된 집단과 작업한다면 논의의 초점을 바꾸어 ADHD가 향후 취업과 대인관계 등에 어떻게 영향을 미칠지 이야기한다.

ADHD 지식

본 회기는 ADHD에 대해 무엇을 배웠는지 그리고 ADHD가 미래에 어떻게 영향을 줄지 생각해보라고 권하면서 시작한다. 이와 같은 논의는 예전부터 ADHD가 자신에게 어떤 영향을 주었고, 계속해서 일상 행동, 관계, 취업, 기타 삶의 영역에도 여파가 있는지 통찰력을 더욱 크게 키워준다. 학생들은 핸드아웃 8.2를 참고하면서 이야기한다.

취업

ADHD가 진로 계획에 어떤 영향을 미치는지 집단 논의를 촉진하기 위해 먼저 학생들에게 적합하거나 적합하지 않은 직업에 관한 경험을 이야기시킨다. 자신이 선호하는 직업의 특성을 파악하면, 학생들은 이러한 선호를 어떻게 설명할지 고민하고, 이와 함께 ADHD 증상과 부수적인 어려움을 참작하여 어떤 방식으로 취업할지 생각하기 시작한다. 현시점은 초기에 논의한 ADHD 증상의 상황적 가변성을 떠올려 연결하기에 적합하다.

ADHD 증상을 고려할 때 어떤 직업 특성이 도전적인지 생각해보게 한다. 일례로 가만히 앉아 있으면 심한 조바심을 경험하는 학생은 몇 시간 동안 내내 계속 앉아서 일하는 전통적인 사무직은 피하고 좀 더 활동적인 일을 찾을 것이다. 주의산만으로 고생하는 사람들은 상당한 움직임과 산만함이 지속되는 공간(예: 공동 사무실)보다는 개인 사무실처럼 좀 더 조용한 직업 환경을 선택하고 덜 산만한 곳에서 일할 기회를 얻고자 할 수 있다. 팀의 일원으로 작업하면서 성장하는 학생이라면 혼자서 거의 모든 시간 일하는 직업을 피하고 싶어한다.

학생들이 자신의 성격과 ADHD가 미치는 영향에 잘 맞추어서
직업 상황과 진로를 찾는 것이 가장 중요하다.

금전 관리

어떻게 하면 ADHD가 금전 관리에 미치는 부정적 영향을 최소로 줄일 수 있는지 생각해보도록 한다. 흔한 ADHD 증상, 예컨대 계획의 어려움, 건망증, 충동적 결정으로 예산을 짜거나 지키기 어려울 수 있다고 알려준다. 이러한 가능성을 인식하면 문제를 예상하여 대처할 계획을 세우는 데 도움이 된다. 이를테면 학생들이 매달 시간을 할애하여 예산을 짤 수 있다. 학생들은 스마트폰의 금전 관리 앱을 쓰거나 은행에서 재무 조언자를 만나고 싶을지도 모른다. 믿고 있

는 가족이나 친구와 협력하여 재무 결정이나 계획을 검토하게 한다.

대인 관계

ADHD 증상은 관계의 어려움을 초래할 수 있으므로 학생들이 이러한 문제를 예상하고 의식하여 관리할 방법을 고려해보게 한다. 여기에 해당하는 전략은 다양하다. 가까운 사람들에게 ADHD 진단 공개하기, 조직화 기법을 적용하여 사회적 의무와 행사 준수하기, 문제가 잠재된 사회적 상황에 적응적 사고 기법 적용하기 등이 있다.

양육

양육은 대부분 대학생이 겪는 활동은 아니어도 미래에는 다수가 직면할 일이다. 이러한 충고를 염두에 두도록 문제의 관심을 불러일으키고 학생들에게 대학 졸업 후 성인이 되는 전환기에 기억할 중요한 점을 짧게 부각한다. 양육은 조직화와 계획이 아주 많이 필요하여 성인 ADHD에게는 상당한 도전이 될 수 있다고 강조한다. 플래너와 To-Do list처럼 ACCESS 프로그램에서 논의한 다수의 전략이 양육의 요구 사항을 관리하기에 유용할 것이다.

행동 전략

시작 활동

집단과 함께 간단히 회기 간 연습에 대한 사전 체크를 수행한다. 지난주 학생들에게 건강한 생활양식 기법이나 관계를 다루고 유지하는 기법을 시도해보라고 하였다. 이러한 기법을 적용하였는지 묻고 필요에 따라 격려와 문제해결 팁을 제공한다.

목표 설정 및 달성

이 부분의 후반부에 학생들에게 목표를 파악했는지 물어볼 것이라는 알림을 제공한다. 다음에는 목표를 정하여 성취하는 기법을 검토한다. ACCESS의 초반 회기에 나온 많은 전략이 목표 설정 및 달성과 관련 있고 심지어 장기적인 목표나 비-학업적 목표에도 적용된다고 가르쳐준다. 핸드아웃 8.3에 주목하여 논의하도록 안내한다.

목표 설정의 기법에는 단기 및 장기 목표 기록하기, 목표를 관리가능한 단계로 나누기, 목표를 향한 과정 모니터링하기, 책임감 유지를 위해 가족과 친구에게 목표 공유하기, 욕실 거울이나 냉장고와 같이 가장 잘 보이는 곳에 목표를 적어서 붙여두기 등이 포함된다. 학생들은 자신 있는 작은 목표로 시작하여 더 큰 목표까지 발전시킬 수도 있다. 예를 들어 마라톤 달리기를 목표로 점차 발전을 원한다면, 짧은 거리라도 일주일에 세 번 정도 달린다는 목표를 정해 시작하고 싶을 것이다. 이렇듯 학생들이 더 작은 목표를 정해서 성취할 때 더욱 자신감이 생겨서 더 큰 목표를 이룰 준비를 하게 된다.

학생들에게 목표 달성에 잠재된 장애물을 떠올리고 이를 어떻게 극복할지 브레인스토밍하도록 권한다. 장애물을 어떻게 다룰지 생각하는 시간을 통해 문제해결 기술로 드러나지 않는 중요한 함정을 더 잘 관리하고 대비할 수 있다.

마지막으로, 목표에 어떻게 유연성을 부여할지 고려해본다. 예컨대 특정 회사에서 일한다는 목표 대신에 해당 분야의 어떤 직책을 얻겠다는 목표를 정하는 것이다.

새로운 기술 유지

프로그램이 진행되는 동안 배운 행동 전략을 숙고하여 가장 도움이 된 것을 찾아 공유하라고 말한다. 이러한 기술은 사람마다 다르다고 상기시킨다. 연습이 핵심으로, 시간이 지나고 기술을 반복할수록 더욱 발전하게 되면, 이 기술을 자동으로 쓸 수 있다고 알려준다. 덧붙여, 시간을 할애하여 도전과 좌절을 어떻게 다룰지 논의한다. 도전과 좌절은 으레 경험하는 것이라고 정상화해주는 과정이 중요하다. 왜냐하면, 학생들이 처음 좌절에 부딪혔을 때 포기하지 않고 효과적인 관리를 대비할 수 있기 때문이다. 이상의 취지에 대한 논의를 촉진하기 위해 프로그램 초반에 나왔던 "많이 하면 할수록, 더 많이 얻을 수 있다(the more you put into it, the more you will get out of it)"라는 내용을 떠올리게 한다. 진행 과정 도표를 다시 확인하면 다가올 유지 단계의 변화에 대한 기대를 현실적으로 정하는 데 상당한 도움이 될 것이다.

적응적 사고 기술

시작 활동

이 부분의 목적은 적응적 사고 기술을 검토하고 요약하는 것이다. 적응적 사고의 목표를 대략 훑어보고 이러한 기술을 계속 이용하고 실행하는 데 유용한 팁을 제공하는 취지도 있다. 핸드아웃 8.4를 참고하여 논의를 촉진한다.

프로그램의 적응적 사고 기술 부분에 대한 의견을 물으면서 이야기를 북돋을 수 있다. 논의를 촉진하기 위해 다음과 같이 질문한다. "생각을 이야기하는 데 우리가 왜 그렇게 많은 시간을 보낸 것 같은가요?" 학생들은 대개 부적응적 사고 패턴이 좌절과 부정적인 감정을 초래하고, 일상생활을 무수한 방식으로 방해한다고 바로 답한다. 또한, 스스로 부정적인 생각에 관여하는지 포착하는 게 중요하고, 이러한 생각을 좀 더 적응적이고 현실적인 사고로 대체할 필요성에 관해 의견을 낼 것이다.

적응적 사고 요약

비현실적으로 낙관하거나 힘든 진실을 잊는 것이 적응적 사고의 목표가 아니라고 학생들에게 상기시키면서 시작한다. 더욱 현실적이고 균형 잡힌 생각을 형성하는 데 취지를 설명한다. 게다가 적응적 사고는 학습이 가능한 습관으로, 연습을 거듭할수록 효과가 더욱 커질 것이다.

학생들이 자신만의 부적응적 사고 패턴 경향을 인식하도록 격려한다. 스스로 자신이 가장 반복하기 쉬운 결함 있는 사고 패턴을 파악해보게 한다. 예컨대, 학생 몇 명은 "예언자적 사고"에 관여하는 경향이 있지만, 나머지는 자신의 "잘못된 명명"을 깨달을 가능성도 매우 크다. 자신이 생각하는 경향을 알면 도움이 안 되는 생각도 빨리 파악하여 도전할 수 있다. 비슷한 방식으로 부적응적 사고에 도전할 때 사고 기록지의 어떤 질문이 가장 도움이 되는지 묻는다. 대표하는 질문을 고르면, 해당 질문을 적어두거나 이를 잘 기억할 방법을 찾도록 권한다.

필요에 따라 학생들이 과거의 좌절이나 실패 경험에 관한 사고의 틀을 재조정하도록 돕는다. ADHD를 파악하거나 효과적으로 관리하지 못하면 일상생활에 큰 지장이 생긴다고 강조한다. 학생들이 과거에 애를 썼기 때문에 미래에도 반드시 계속 고생한다는 뜻은 아니다. ACCESS 프로그램에 적극적으로 참여했으므로 미래의 성공 가능성도 상당히 커졌다고 역설한다.

이 마지막 진술을 토대로 미래의 적응적 사고 기술 실행 지침을 제시하는 주제로 전환한다. 부정적인 감정이나 비생산적인 행동을 경계하고 이러한 경험을 단서로 삼아 감정 및 행동과 연합된 자동적 사고를 검증하도록 지시한다. 사고 기록지에 생각을 적어 완성할 때의 유용성을 부각한다. 학생들은 이러한 과정을 거치면서 자기 생각을 조직화된 방식으로 직면하게 될 것이다.

집단 회기 종결

몇 분 동안 다음 학기 예정된 유지 단계 전환에 대해 논의한다. 학생들에게 학기 초 집단 부스터 회기가 한 번 예정되어 있고, 개인 멘토링 회기도 6번 있는데, 학기 전체 중 학생 본인이 가장 편한 일정을 언제든지 잡을 수 있다고 알려준다. 유지 단계 집단 모임의 목적은 학생들이 치료 활성화 단계에서 배운 기술과 전략을 계속 실행하고 숙달하도록 지원하는 것이다. 지원을 받으면 다음 학기 말 ACCESS 참여를 마칠 때쯤 학생들은 자신만의 방식으로 더 쉽게 기술과 전략을 계속 적용할 것이다.

사전 체크

계획된 멘토링 회기 여덟 번 중 맨 마지막에 해당한다. 프로그램 막바지는 중요한 이정표로써 여기까지 도달한 멘티의 열의를 반기면 도움이 된다. 멘티가 이번 학기에 추가 멘토링 회기가 필요하지 않다고 이미 결정을 한 경우, 좋아하는 음료수나 과자, 재미난 "난 해냈어!" 상장 등으로 멘티를 맞이하고 축하하는 방법도 바람직하다. 물론 축하는 추가 멘토링 회기를 선택하고 요청해도 해줄 수 있다.

평소처럼 지난 멘토링 회기 이후 멘티가 어떻게 지냈는지 간략하게 업데이트한다. 7주 차 후반에 나왔던 주제 가운데 멘티에게는 중요한데 정규 의제로 구성하지 않은 내용과 관련되면 계속 이어서 다룬다. 프로그램의 이 시점은 학기 말이 점점 다가와서 멘티가 특정 프로젝트나 과제, 중요 행사로 마음이 무거울 때임을 명심해야 한다. 이를 확인하여 세심한 방식으로 피드백을 제공한다.

> **멘토** : "이번 학기 마지막 공식 멘토링 회기에 온 것을 환영합니다. 믿어지세요?"
>
> **멘티** : "아니오, 정말 빨리 지났네요! 아직 두 번 만날 계획이 남아있지요?"
>
> **멘토** : "네, 물론입니다! 그렇지만 오늘은 중요한 이정표가 되는 날이에요. 프로그램 핵심 부분의 완료를 기념하는 날이죠! 상당한 성취라고 생각해요. 특히 바쁜 대학 생활의 학기 중에 이룬 것이잖아요."
>
> **멘티** : "하! 맞아요. 아직 끝내지 못한 게 많지만... 저도 축하할 일이 맞는 것 같아요!"
>
> **멘토** : "여기 공식 Yay Me(얏싸! 나야 나!)예요. 이 행사를 기념하는 상장입니다."

멘티 : "와~ 8회기라서 8개 강아지 사진이네요. 절 너무 잘 아시네요."

멘토 : "어른이라도 성취를 축하하는 게 좋아요. 경제학 과제 완성 기념으로 당신이 룸메이트와 축하 댄스 브레이크를 간 것처럼요. 경제학 얘기가 나와서 말인데, 그 마지막 프로젝트는 어떻게 진행되고 있어요?"

멘티 : "잘 되고 있어요. 맨 마지막 To-Do list 세 단계를 마쳤고, 지금까지 제가 한 내용을 교수님이 살펴보시고 피드백 주시는 약속이 정해져 있어요."

멘토 : "대단하네요! 오늘은 그 목록의 다른 의제를 추가로 볼 거예요. 지금부터 검토해봅시다."

협력적 의제 선정

본 회기 내용의 개요를 간략히 제시한다. 회기 간 연습 검토를 비롯하여 마지막 집단 회기 자료에서 다루는 치료 종결, 미래 전망, 장기 목표, 새로운 기법 유지 등이 해당한다. 멘티가 사전 체크에 나온 주제를 더 많이 이야기하고 싶다고 하면, 이를 의제에 추가하도록 제안한다.

회기 간 연습 검토

지난주에 논의한 To-Do list 혹은 연습 목록을 간단하게 점검한다. 반드시 다룰 항목은 다음과 같다.

- 멘티가 이완이나 점진적 근육 이완, 명상, 수면, 운동, 친구와 전화통화, 산책 등 기타 대처 전략을 시도하였는가?
- 멘티는 큰 과제를 관리 가능한 단계로 나누고, To-Do list에 추가하는 전략을 계속 적용하는가? 학기 말에 To-Do list에 추가되거나 삭제된 항목이 있는가?

- 멘티는 여섯 칸 적응적 사고 기록지 연습을 하였는가?
- 멘티가 집단에서 했던 핸드아웃 전부를 이번 멘토링 회기에 가져왔는가?
- 멘티가 회기 사이에 연습하기로 선택한 여타 모든 것을 더 점검한다.

과제를 다 마친 경우 열정적이고 긍정적인 피드백을 준다. 연습을 못했어도 중립을 유지하고, 과한 반응을 하지 않는다.

집단 소감 나누기

오늘 회기는 주제를 세 가지로 구별하지 않고 통합된 논의로 자연스럽게 이어간다. 프로그램 세 가지 영역을 통합하면 더욱 발전된 생각을 하고, 이것이 프로그램 참가자가 열망하는 목표이다. 논의가 진행되는 동안에 어떤 영역을 이야기할지 그리고 나중에 다루려고 남겨둘 부분은 어디인지 염두에 둔다.

ADHD 지식

멘티와 미래에 관한 이야기를 한다. 교육과 취업, 금전 관리, 친밀한 관계, 양육 등을 논의한다. 삶의 영역에 ADHD가 미치는 영향에 대한 정보를 제공하고, 이제는 멘티에게 새로운 상황에서 수정해서 쓸 만한 전략이 많은 연장통(tool kit)을 갖췄다고 강조한다. 멘티의 성장과 개선이 관찰된 영역을 꼭 짚어준다. 자기 인식을 더욱 증진하기 위해 고려하고 제기할 질문은 다음과 같다.
- 학업 향상 이외에 일상생활 영역이 어떻게 개선되었는가?
- 지금까지 배운 기법 중 성인기 생활의 다른 영역으로 넘어갈 때 어느 것이 도움이 되리라 생각하는가?
- 지금부터 5년 후 자기 스스로에 대해 세운 목표는 무엇인가?

대다수 멘티는 성장 영역을 파악하는 데 애를 먹고, 강점을 성찰하는데 도움이 필요할 수 있다. 멘티의 향상된 점을 구체적으로 반영하도록 준비한다.

행동 전략

멘티가 맨 처음 멘토링 회기에서 확인한 목표를 검토한다. 멘티가 이 영역에서 어떻게 개선되고 특정 목표를 성취했는지 격려한다. 멘티가 이룬 성취나 개선 영역을 자세히 파악하고 자랑스러워하도록 돕는다. 멘티가 가진 많은 강점과 가용한 지식의 자원을 상기시킨다. 핸드아웃 8.6을 참고하여 논의를 촉진한다.

다음 학기 혹은 인생의 다음 단계를 대비하는 맥락에서 목표 설정 및 달성을 논의한다. ACCESS 프로그램의 본 단계를 마친 후에도 멘티가 계속 사용하고 싶은 전략이 있는지 구체적으로 확인한다. 멘티가 ACCESS 프로그램 활성화 단계에서 다루었던 지식, 기술, 전략 등이 기억나도록 핸드아웃 8.7(ACCESS 내용 요약)을 참고해서 논의를 촉진한다. 다음에는 멘티가 계속 추구하고 싶은 단기 목표 3가지 및 장기 목표 2가지를 찾아보게 한다. 이러한 목표는 건강하게 학기를 마치는 이외에도 장기적으로 졸업과 같은 학업적 목표나 전반적인 삶의 목표와 관련되기도 한다. 전체 논의 일부로 종종 다음 질문이 도움이 된다.

- 단기 및 장기 목표를 달성하는 데 도움이 되는 기법은 어느 것인가?
- 계속 이용할 수 있는 교내 서비스는 무엇이 있는가? 아직 이용한 적은 없지만 앞으로 도움이 될 만한 다른 자원(예: 진로 서비스)은 어떤 것이 있는가?

멘토 : "좋아요. 우리는 당신의 성장 영역과 5년 계획 중 일부를 파악했어요. 학기 초에 세웠던 장기 및 단기 목표를 살펴봅시다."

멘티 : (목표와 진행 과정을 읽고 이야기한다.)

멘토 : "좋아요. 목표 2의 업데이트가 가능한 것 같아요. 제시간에 최고의 성취 프로젝트를 완성했네요. 한 학기 동안 과제를 관리하기 쉽게 더 작은 단위로 나누고 한 번에 한 단계씩 해결해왔어요. 제 생각에 이건 당신한테 엄청난 과제인데 잘 해왔어요. 완결로 표시하세요!"

멘티 : "정말 기분이 좋아요. 이번에 다른 방식으로 하면서 정말 도움이 되었어요."

멘토 : "자, 다른 목표를 살펴보면, 계속 진행하고 싶은 목표가 있나요? 그리고 방금 공유한 5년 계획과 불일치한다고 느끼는 게 있어요?"

멘티 : "네. 플래너에 진행 중인 목표처럼 조직화 도구를 쓰겠다는 목표를 갖고 싶어요. 다음 학기에 바빠져 놓치는 일 없이 스스로 책임지도록 계속 이런 도구를 쓰고 싶어요. 하지만 여학생회(sorority) 참여 자격을 얻기 위해 A와 B 학점 모두를 얻고 싶은 목표는 잘못된 것 같아요. 서두르고 싶은 마음은 여전하지만, 예전에 했던 생각보다는 내 미래에 중요하지 않죠. 성적을 잘 받는 것도 좋은데, 이제는 좋은 성적을 받아 대학원에 진학하는 것처럼 내 잠재력에 더 가깝게 성취한 만족감이 더 중요해요."

멘토 : "훌륭하네요. 이미 그 목표를 한 번 수정했어요, 기억나요?"

멘티 : "네, 전부 A 학점에서 A와 B 학점 받기로 바꿨어요. 완벽해지려고 나에게 너무 가혹하게 굴었어요. 전부 A를 받는 건 대단한 일이고 매우 행복하겠지만, A와 B를 받더라도 프로그램에 흥미가 생겨서 충분해요. 두 성적 모두 자랑스러울 것 같아요."

멘토 : "네, 생각을 좀 더 현실적인 방향으로 적용하기를 잘 해내셨어요. 이건 당신의 전망과 동기 부여에도 분명 도움이 될 거에요. 이 목표는 합리적이고, 장기적인 주요 계획과도 잘 맞네요. 달리 추가하고 싶은 게 있어요?"

ADHD의 슬기로운 대학생활: 대학생 ADHD를 위한 인지행동치료

학기가 몇 주 남아 있는 경우 멘토링 회기가 추가될 수 있다. 추가 멘토링 회기에는 새로운 내용 없이 책임과 문제해결, 코칭을 계속 이어간다.

멘토 : "학습한 기법(도구)을 좀 더 연습하고 점검하기 위해 이번 학기 한두 번 더 만나고 싶은가요?"

멘티 : "집단 말고 멘토링만 오라는 뜻인가요?"

멘토 : "네. 선택할 모든 도구를 구비한 상자를 채웠으니 이제는 당신에게 일어나는 일상적인 문제해결에 주력해서 이번 학기를 마무리하죠. 당신은 이미 기술 전부를 갖췄어요. 저는 코치로서 함께 작업하면서, 이번 학기 마지막 과제를 수행할 때 당신이 쓰고 싶은 도구와 책임 파트너를 선택하도록 돕겠습니다!"

멘티 : "이번 학기 모든 것을 함께해서 정말 좋았어요. 좋기는 하지만, 지금은 혼자서 해보고 싶어요."

멘토 : "그 말을 들으니 정말 좋네요! 많이 발전을 이루어 이번 학기 남은 기간 혼자 할 준비가 된 것에 동의합니다. 필요하지 않다고 했지만 마음이 바뀌면 이번 학기 끝나기 전까지 언제든지 멘토링 회기를 정할 수 있어요."

TIP

일부 멘티는 학기가 끝나가므로 추가 멘토링 회기를 사양할 수 있다. 이와 같은 상황이 일어날 가능성을 예상하여 논의할 대안적 견해를 준비한다. 추가 회기는 부담을 주는 대신 압도된 느낌을 줄여주는 방향에 집중한다.

적응적 사고

멘티가 회기 간 연습을 완성했으면 사고 기록지를 살펴보고 필요한 제안을 한다. 완성하지 못한 경우, 예전에 멘티가 표현했던 부적응적 사고 한 가지를 적용해 회기 중 연습한다. 일례로, 학습한 전략과 기술을 계속 사용하도록 논의하는 과정에서 멘티는 집단과 멘토링 없이는 발전 과정을 유지하지 못한다는 부적응적 사고를 표현한 적이 있다.

멘토 : "프로그램 종결에 관해 무슨 말을 했는지 기억하세요?"

멘티 : "네. 기억나요. '저는 선생님 없이는 이걸 할 수 없어요!' (웃음) 어떤 이야기를 할지 알겠어요."

멘토 : "좋아요. 들어봅시다!"

멘티 : "글쎄요. 그런 생각은 어른이 되면 실패한다는 절망감과 두려움을 줘요. 나의 미래가 험난한 느낌이 들어요."

멘토 : "그렇군요. 이번 학기 할 일을 모두 마쳤는데 그 생각이 정확하게 맞는 것 같아요? 계속...."

멘티 : "아니오. 좀 더 자신을 칭찬해줄 겁니다. 아니면 이렇게 말할 수 있어요. 선생님과 함께 작업해서 즐거웠습니다. 선생님 없이 안 하고 싶지만, 이제 기술이 있으니 가끔 실수하고 넘어져도 해낼 자신이 있습니다!"

멘토 : "그리고?"

멘티 : "절 믿어요. 저를 더 좋게... 자랑스럽게 느껴요."

멘토링 회기 종결

멘티에게 본 회기가 학기의 마지막 멘토링일 수도 있고, 집단 형식은 아니지만 개인의 필요에 특화된 맞춤형 멘토링 회기 1~2번을 더 할 수도 있다고 알려준다. 다음 학기 예정된 유지 관리 단계에서 어떤 것을 할지 간략하게 논의한다.

- 멘티는 두 번의 멘토링 회기 추가 이용 여부를 결정한다. 멘티가 이번 학기 여분의 회기 이용을 원하면, 다음 일정을 잡고 멘티는 플래너에 날짜와 시간을 기록한다.
- 멘티가 나머지 멘토링 회기를 원치 않는 경우, 다음 학기 초반에 첫 번째 유지 멘토링 회기 일정을 잡는 연락이 갈 것이라고 알려준다.
- 멘티가 가져갈 멘티의 목표 설정 및 새로운 기술 유지 핸드아웃을 복사한다.
- 멘티가 가져갈 업데이트된 To-Do list를 복사한다.

유지 단계

11장

활성화 단계가 끝날 즈음 대다수 학생들이 여러 기능이 향상되지만, 치료 종결 후에는 치료적 이득이 점차 하락한다는 임상 시험 연구가 보고된다. 이와 함께 ADHD는 시간이 지나도 지속되는 만성적인 상태이므로 ACCESS 프로그램은 한 학기 장기간 유지 단계를 가진다.

유지 단계동안 학생들은 다시 집단 치료와 개인 멘토링을 받는다. 단, 집단 회기 1회 그리고 멘토링 회기 6회 이하로 축소된다. 회기 수 감소는 매주 지지와 지도를 받던 활성화 단계를 전환해 유지 단계 종결까지 자율성을 더욱 키운다는 원리이다. 성공적인 전환은 ACCESS 유지 단계 참여가 끝난 뒤에도 발전 과정을 이어갈 역량을 갖추었다는 자신감을 길러준다.

새로운 정보 제시보다는 이전에 배운 지식과 기술 검토 및 개선이 주요 목표이고, 이를 달성하는 책임은 ACCESS 멘토링 요소에 있다. ACCESS 두 번째 학기는 멘토만 함께 작업하면서, 학생들이 활성화 단계에서 배운 기술과 지식을 더욱 숙달하는 기회가 된다. 숙달은 ACCESS 프로그램을 마친 후에도 일상적 기능에 개선을 유지할 가능성을 높인다.

집단 부스터 회기

부스터 회기는 유지 단계의 유일한 집단 회기이다. 활성화 단계의 지식과 기술 검토 및 개선에 초점을 맞추기 때문에 부스터 회기라고 한다. 또한 집단 부스터 회기의 목적은 학생들을 집단 구성원으로 다시 모여, 새학기 계획을 세우는 것이다. 이러한 이유로, 90분 회기는 일반적으로 새학기 초에 예정된다. 본 회기는 지난 학기에 어떤 지식, 기술, 전략이 유용했는지 되돌아보고, 발전 과정을 유지하기 위한 계획을 학생들이 이야기하게 된다. 필요에 따라 부스터 집단 시간의 일부는 문제 해결에 집중될 수 있다. 성공의 장애물을 파악하고, 장애물에서 어떻게 벗어날 수 있는지 위주로 다룬다. 멘토와 다시 연락하도록 상기시키고, 다른 교내 서비스 이용도 유도한다.

집단 부스터 회기 도입

ACCESS 프로그램에 돌아온 학생들을 열성적으로 맞이하고, 간략한 사전 체크를 수행한다. ACCESS 유지 단계에 다시 참여한 집단을 칭찬한다. 이러한 격려는 집단 구성원과 ACCESS 프로그램 진행자가 강화를 주는 동시에 지속적인 지지의 원천으로 다시 떠올리게 한다. 사전 체크를 수행할 때, 다음의 질문을 고려한다.

- 지난 학기 말에 만난 이후 어떻게 지냈는가?
- 다가오는 학기에 대해서 어떻게 느끼는가?
- 수업 일정은 확정되었는가?
- 수강할 수업에 대해 기대가 되는가?

ADHD 지식

ADHD에 대한 궁금증 점검

학생이 의논하고 싶은 질문이나 고민에 따라 간단할 수 있다. ADHD에 대한 새로운 질문뿐만 아니라 지난 학기에 다룬 내용에서 생긴 의문을 이야기하면서 시작한다. 새로운 자료를 도입할 필요는 없다. ACCESS의 ADHD 지식 구성요소는 ADHD를 더 잘 이해하여, 향후 ADHD 관련 평가 및 치료 서비스에서 더 정보력 있는 소비자가 되는 데 필요하다고 부각한다. 시간이 된다면, 활성화 단계에서 이야기한 ADHD 지식의 주요 요점 중 일부를 간단히 강조한다(예: 증상의 상황적 가변성). 학생들을 더 참여시키기 위해 ADHD 지식의 어떤 내용이 특히 유용했는지, 어떻게 도움이 되었는지 서로 나누어보게 한다.

행동 전략

전략 논의

활성화 단계 집단 회기에서 다룬 많은 행동 전략을 제시하기 위해 부스터 핸드아웃 1.2에 집중하도록 지시한다. 이후 어떤 전략이 가장 유용했는지 확인하고, 전략의 이용에 대해 자세히 설명하도록 한다. 논의를 촉진하기 위해, 다음 질문을 고려한다.

- 어떤 상황(예: 학업, 사회적 관계)에서 이러한 전략을 이용했는가?
- 전략을 써서 일상 생활이 어떻게 개선되었는가?
- 전략을 쓰기 어렵게 만드는 장애물을 직면해 보았는가?
- 장애물을 극복하기 위해 무엇을 하였는가?
- 전략 적용의 향상에 필요한 제안은 무엇인가?

행동 전략을 꾸준히 써야 하는 중요성을 기억하도록 강조한다. 더 많이 이용할수록 더 많이 숙달하고, 자동적인 기술이 될 가능성이 더 크다고 부각한다. 배운 내용을 되돌아보면서 이미 자동화된 행동전략이 있는지 표시하게 한다.

지속적인 행동 전략 이용이 학업적, 개인적, 사회적 목표를 향한 발전을 유지하는 핵심이라고 다시 말하면서 마무리한다.

전략 이용 계획

학생들이 이번 학기에도 행동 전략을 실행하도록 돕는다. 먼저, 학생이 이미 해낸 일이나 이번 학기 계획에 관한 대화로 시작한다. 학생들이 가장 좋아하는 전략에 대한 정보를 통해 대화를 이끌어낸다. 예를 들어, 플래너 사용이 유용했다고 하면, 플래너를 구입하였는지 혹은 전자식 플래너를 설치했는지 물어본다. 다음은 이 논의 시작에 도움이 된다.

- 이번 학기에 행동 전략 중 무엇을 쓸 계획인가?
- 지난 학기에 도움이 된 행동 전략 중 일부를 이미 써보기 시작한 사람이 있는가? 그렇다면 어떤 전략을 이용하는가? 어떻게 진행되고 있는가?

잠재적 장애물

행동 전략의 성공적인 이용을 이야기하면서 새롭게 습득한 기술을 계속 쓰는데 어떤 장애물이 생길 수 있는지 파악한다. 이러한 가능성을 고려하면 학생들이 장애물 극복을 예상하고 계획할 수 있어서 성과를 유지할 가능성도 커진다고 일깨워준다. 일례로 플래너를 학교에 매일 가지고 오는 것을 까먹을까 봐 염려한다면, 이를 기억하는 방법을 생각해 보도록 한다. 냉장고나 화장실 거울처럼 잘 보이는 장소에 알림 메모를 붙인다. 유사하게, 자주 미루는 학생은 미루는 행동과 충동을 극복하기 위해 To-Do list를 작성할 수 있다. 이 목록은 "과제를 더 작은 단계로 나누기", "15분 안에 작업하기", "부적응적 사고 다루기 위해 적응적 사고 이용하기" 등을 포함한다.

적응적 사고 기술

기술 적용 점검

학생이 적응적 사고를 활용하는지 확인한다. 구체적으로, 자신의 부적응적 사고를 인식하고 명명할 수 있는지 묻고, 이러한 생각에 효과적으로 도전하고 더 적응적 사고로 대체 가능한지 평가한다. 학생들은 일반적으로 다양한 경험을 보고한다. 일부 학생들은 많은 발전을 보고하지만, 적응적 사고의 지속적인 이용이 어려웠다고 말하는 학생도 있다. 발전 과정 정도와 상관없이 칭찬하고, 이러한 기술을 계속 쓸수록 더 효과적이고 자동적으로 된다고 알려준다.

적응적 사고 기술의 검토 및 개선

학생들에게 적응적 사고 기술을 이용할 때 어떤 어려움을 경험하는지 물어보면서 시작한다. 흔히 보고하는 어려움에는 부적응적 사고에 사로잡혀 있는 순간을 어떻게 아는지, 그리고 어떤 생각이 사실인지 아닌지만 너무 집중한다는 것이다. 전자의 문제를 가진 학생에게는 유달리 강한 감정은 부적응적 사고를 찾는 단서가 된다고 알려준다. 그 생각이 도움이 되는지 아닌지가 더 중요한 질문이라고 상기시킨다.

집단에서 적응적 사고 접근법을 명확하게 이해시키기 위해서, 가상의 예나 학생이 자발적으로 공유한 상황을 통해 부적응적 사고를 인식하고, 도전하고, 대체하는 전 과정을 거친다. 논의를 촉진하기 위해, 부스터 핸드아웃 1.3을 참고한다. 부적응적 사고 패턴의 인식과 도전은 부정적 감정 대처에 유용하고, 행동의 긍정적 변화를 이끌어낸다고 다시 강조하면서 마친다.

집단 부스터 회기 종결

집단으로 만나는 마지막 시간이기 때문에, 긍정적인 분위기의 마무리가 중요하다. 두 학기 동안 집단 회기 참석을 축하하고, 자기 발전 전념을 위한 ACCESS 프로그램 참여를 칭찬하는 분위기로 조성한다. 다음으로, ADHD 지식, 행동 전략, 적응적 기술 등 집단에서 배운 경험을 한 발 물러나 되돌아보도록 촉진한다. 학생들이 잘 떠올릴 수 있게, 지난 학기에 집단 관련 성취 중 특히 자랑스러운 한 가지를 말하도록 요청한다. 학생들은 꾸준한 플래너 사용을 언급하거나 부적응적 사고를 인식하고, 통제하는 법을 배웠다고도 한다. 성취를 인식하기 어려워하는 학생에게는 자신이 이룬 발전 과정 1~2개 실례를 물어보고 성취와 관련지어 구체화시켜 본다. 이러한 논의가 모두에게 긍정적인 경험이 되도록 진행한다.

멘토링

대부분 학생은 일반적으로 4~6회의 멘토링 회기로 충분히 자신의 부족한 부분을 채운다. 회기에서 논의되는 내용 및 일정은 유연하며 주로 학생들의 선호에 따라 결정된다. ACCESS 멘토링 구성요소는 다음과 같은 목표 달성의 책임을 맡는다. (1) 이전에 습득한 지식 및 기술을 잘 맞게 조율한다. (2) 멘티의 독립적역할이 더 커지는 전환점을 마련한다. 후자의 측면에서, 멘토는 의도적으로 소크라테스 질문법을 더 많이 해서 멘티가 멘토링 회기 중이나 회기 사이에서 일어나는 모든 일에 점점 더 책임감을 키우도록 한다.

초기 유지 단계 멘토링 회기

이 회기의 목표는 멘티를 유지 단계 멘토링에 적응시키는 것이다. 유지 단계 멘토링의 구조와 기대를 상의하는 시간이 반드시 필요하고, 이러한 점이 활성화 단계와 상당히 다르다. 멘티에게 바뀐 점을 안내한 후, 멘티의 욕구와 목표를 협력적으로 파악하고, 이러한 목표를 이루기 위한 계획에 참여하는 데 집중한다.

사전 체크

지난 학기 활성화 단계의 마지막 멘토링 회기 이후 멘티가 어떻게 지내고 있는지 간략하게 업데이트하는 시간을 가진다. 필요하다면, 이전에 언급했던 주제 가운데 멘티에게 중요한 주제를 이어서 다룬다.

멘토 : "음, 겨울 방학 동안 잠으로 스스로에게 보상을 준다고 하셨는데, 원하는 대로 푹 쉬셨나요?"

멘티 : "그럼요! 3일 내내 12시까지 잤어요. 그 후 친구와 가족을 만났고, 할머니가 해주신 요리를 많이 먹었어요."

멘토 : "잘됐네요! 방학 동안 단기 목표로 내년 가을 유학 신청서 작성도 있었어요. 새로운 소식이 있나요?"

멘티 : "생각한 것보다 방학이 빨리 갔어요. 서류를 출력해서 일부 작성했지만, 마무리는 아직입니다."

멘토 : "좋습니다. 그 계획을 오늘 의제에 넣어봅시다."

협력적 의제 선정

이번 회기 의제를 자세히 살펴보기 전에, 유지 단계에서 멘티가 멘토링의 목적을 명확하게 이해하는지 그리고 지난 학기의 활성화 단계와 구별하는지 확인한다. 유지 단계는 새롭게 습득한 기술을 계속 키우고 개선하며 통합한다는 측면에서 활성화 단계와 다르다고 멘티를 잘 이해시킨다.

멘토링 회기는 최대 6회 받을 수 있다고 알린다. 활성화 단계보다 회기가 줄면 ACCESS 참여가 끝나도 계속 발전할 능력에 대한 자신감이 더 커진다는 이론적 근거가 있다. 유지 단계의 멘토링은 활성화 단계에서 배운 기술과 지식을 잘 맞게 조율해서 숙련도를 향상시키는 위주로 계속 진행된다. 멘티가 멘토링 회기 동안 그리고 회기 사이에 일어나는 일에 점차 책임이 커지는 중요한 변화가 있다고 강조한다. 유지 단계의 모든 변화는 ACCESS 참여가 끝난 후에도 일상 기능의 지속적인 개선에 필요한 자신감과 기술 숙달을 이루는 목적이라고 분명히 밝힌다.

멘토 : "지난 학기에 온갖 기법의 도구로 가득 찬 커다란 도구 상자를 마련했습니다. 조직화, 학업, 감정, 정서, 사회성, 사고, 건강 등의 정보와 수많은 전략을 배웠습니다. 이제 프로그램 주제와 멘토링 지시를 따르는 대신 당신에게 가장 중요한 주제에 훨씬 더 주력하는 방향으로 전환됩니다."

멘티 : "그럼, 이제 의제를 제가 정한다는 뜻인가요?"

멘토 : "음, 네 … 그렇습니다! 의제는 계속 함께 정합니다. 당신의 목표를 다루면서 목표를 방해하는 문제를 해결하고 전략을 세우겠습니다. 매번 만날 때, 당신이 작업하고 싶은 아이디어를 가져오세요. 이 아이디어는 어떤 도구를 쓸지 결정하고 스스로 잘 활용하게 해줍니다. 자신이 필요한 부분에서 스스로 전문가가 되는 셈이죠. 저는 지지체계이자, 지원하는 역할로 돕겠습니다!"

멘티 : "네. 좋아요! 음, 제가 처음 이곳에 왔을 때 말씀드렸듯이, 방학 동안에 전공을 바꾸기로 했는데 지금 저한테 필요한 학점을 확인하니 어떻게 할지 모르겠어요".

멘토 : "그렇군요. 학기 일정을 이야기할 때 관련 자원 찾기도 넣어보죠. 또한 우리는 당신이 현재 필요한 것과 목표를 검토할 생각입니다. 학기를 잘 시작하기 위해 오늘 어떤 주제를 더 포함시키고 싶나요?"

협력적 계획 수립: 현재 필요와 목표 기반

멘티는 유지 단계의 멘토링에서 자신이 정한 우선순위에 강한 의지를 보일 수 있다. 이러한 경우 멘티의 주도로 목표를 다루도록 멘토는 문제 해결 기술과 전략을 적용해보게 한다. 일부 멘티는 자신의 목표와 무엇이 가장 도움이 되는지 불확실할 수도 있다. 다음 각 소제목을 따라가면서 학생에게 가장 관련이 있는 중심 영역을 평가하도록 안내한다.

ADHD의 슬기로운 대학생활: 대학생 ADHD를 위한 인지행동치료

▶ 일상적인 스케줄

멘티가 새 학기에 어떤 계획을 세웠는지 짧게 검토한다. 학생이 수강하는 수업, 직업적인 일, 기타 시간 약속 등을 확인한다. 멘티가 계속 플래너를 이용하는지 파악한다. 쓰고 있다면 플래너를 꺼내서 플래너 이용 습관을 검토하도록 요청한다. 멘티가 이번 학기 플래너 활용을 버거워할 경우, 유지 멘토링 전반에 걸쳐 되짚어볼 주제로 정한다. 멘티의 목표 목록에 추가해도 도움이 된다.

> **TIP** 회기 중 과제를 파악하고, 조직화에 집중하되, 실행 자체는 하지 않는다. 만약 멘티가 플래너를 시작도 안 했으면, 스스로 일정을 짜보도록 돕는다.

▶ 자원

이번 학기에 멘티가 이용하고 있는 교내 서비스를 확인한다. 필요에 따라, 장애 지원센터, 학생 건강 및 기타 적절한 캠퍼스 자원과 연결하는 과정을 알려준다. 또한 이번 학기 멘티와 관련되는 첫 번째 교내 서비스에 관심을 갖게 해준다. 가령, 졸업 예정 학생에게는 진로 서비스 연결이 필요한지 탐색한다. 기타 질문은 다음과 같다.

- 현재 캠퍼스 장애인 지원 센터에 등록되어 있는가?
  - 그렇다면: 서비스 후속조치를 위해 해야 할 일이 있는가?(예: 교수님께 편지보내기 등)
  - 그렇지 않다면: 이번 주 지원 센터 등록을 위한 첫 단계는 무엇인가?
- 치료를 계속 할 필요가 있는가?(예: 약물 재처방 예약, 상담 재개를 위한 예약)
- 지속적으로 이용하는 다른 캠퍼스 자원은 무엇인가?
- 이용해볼 좋은 다른 캠퍼스 자원이 있는가?

▶ 현재 필요와 목표

회기를 시작하기 전에 지난 학기의 노트를 검토한다. 지난 학기 말에 완성한 핸드아웃 8.6 미래 계획에 특히 주의를 기울인다. 1~2개월 전에 작성한 자료를 다시 보면 멘티의 강점, 어려움, 목표, 전략과 자원의 이용 등을 떠올리기에 유용하고, 회기 초반 좋은 출발점이 된다.

방학 동안 완수한 목표에 대해 열정적이고 긍정적인 피드백을 주면서 시작한다. 다음으로, 멘티가 방학 동안 해본다고 계획했던 모든 전략을 간략하게 이어서 다룬다. 이 회기는 멘티의 주도로 목표를 파악하는 위주로 이루어진다는 점을 기억한다. 이러한 논의를 진행하면서 핸드아웃 1.10 목표 설정을 이용하여 멘티가 목표를 업데이트한다. 문제를 다루기 위해 고려할 구체적인 질문은 다음과 같다.

- 이번 학기에 새로 넣고 싶은 다른 목표가 있는가?
- 당신이 말한 _____ 관심 영역의 현실적인 목표는 무엇인가?
- 계획에 포함시키고 싶은 장기적인 목표가 있는가? (예: 대학원 지원, 구직, 인턴십 계획, 유학 등)
- 이번 학기에 어떤 목표가 있는가? 내년은? 앞으로 5년은?
- 이번 학기 다양한 학업적, 사회적, 직업적 요구의 균형을 어떻게 맞출 계획인가?
- 목표 달성을 방해하는 것은 무엇인가?
- 목표를 향한 발전 과정을 유지하도록 도와주는 전략은 무엇인가?

멘토 : "예전에 방학 목표가 유학을 위한 서류작업 완료라고 했습니다. 일부 완성했지만, 아직 할 일이 더 있다고 했는데, 어떤 것인가요?"

멘티 : "건강 상태 관련 서류 작성을 마치고, 성적 증명서를 요청하고, 추천서를 써줄 프랑스 강사에게 연락해야 합니다."

멘토 : "그렇군요. 지난 학기 전략을 생각해보면, 어떻게 해야 할까요?"

ADHD의 슬기로운 대학생활: 대학생 ADHD를 위한 인지행동치료

멘티 : "To-Do list에 추가하고, 그걸 할 수 있는 시간을 플래너에 기록해야죠. 30분 정도면 다 할 것 같아요. 오늘 오후 플래너에 추가할 수 있어요!"

멘토 : "좋아요, 그 목표는 빠르게 달성할 것 같네요. 다음 시간에 확인할게요. 도구 상자의 'To-Do list'로 일정 짜는 방법을 잘 알고 있네요. 이제, 다른 장단기적인 목표를 생각해봐요."

▶ 추가 개선이 필요한 ACCESS 내용 파악

멘티에게 ADHD 지식, 행동 전략이나 적응적 사고 정보 중 유지 멘토링 과정에서 논의하고 싶은 측면이 있는지 물어보면서 시작한다. 논의를 촉진하기 위해 멘티는 핸드아웃 8.7 「ACCESS 내용 요약」을 참고해 보게 한다. 시간 제약 때문에, 첫 회기에서 오래 이야기 못 할 수 있다. 정해진 시간을 알리고 이번 첫 회기나 다음 멘토링 만남에서 이러한 내용의 우선 순위를 어떻게 정할지 멘티에게 의견을 구한다. 문제를 다루는 시기와 상관없이, 다음 주제의 개요를 통해 이야기를 촉진할 수도 있다.

ADHD 지식　　ADHD 지식에서 멘티가 이야기하고 싶은 부분은 모두 다룬다. 활성화 단계에서 배운 내용을 다시 보거나 방학에 새로 읽거나 들은 정보가 될 수도 있다. 멘티가 회기 내내 표현한 ADHD에 대한 오해나 통념에 주의를 기울이고 명확히 한다. 논의를 촉진하기 위해 요청하는 질문의 예는 다음과 같다.

• 지난 학기 ADHD에 대해 배운 정보에서 의문점이 있는가?
• ADHD에 대해 새로운 의문이 생기는 기사를 읽거나 친구나 가족에게 들은 내용이 있는가?
• ADHD 증상의 상황적 가변성을 인식하면 수업 선택이나 직업 결정에서 어떻게 도움이 되는지 기억나는가?
• ADHD가 학업 수행, 가족 및 친구 관계, 정서적 기능에 어떤 영향을 미칠 수 있는가?
• 이번 학기 ADHD 약물치료를 받는 중인가? 그렇다면 어떻게 지내고 있는가?

행동 전략　지난 학기부터 멘티가 계속 이용하는 행동 전략을 확인하고(예: 플래너, To-Do list), 이번 학기 동안 논의와 조율을 원하는 행동 전략을 파악한다. 이야기를 꺼낼 수 있도록 다음 질문을 고려한다.

- 지난 학기에 만든 To-Do list에서 남은 과제는 무엇인가?
- 목표를 향해 발전 과정을 계속 유지하기 위해 어떤 전략을 이용했는가?
- 목표를 향해 계속 노력하면서 예상되는 어려움이 무엇인가?
- 장기 보고서/프로젝트를 얼마나 미리 시작할 계획인가?
- 이번 학기 미루는 행동을 어떻게 대처할지 생각해보았는가?
- 튜터링 서비스를 알아보았는가?
- 그 밖에 누가 당신을 지원할 수 있는가? 함께 책임질 스터디 친구는 있는가?

적응적 사고　방학 동안 멘티가 적응적 사고 기술을 기억해서 계속 적용했는지 간략하게 평가한다. 학생들이 이번 학기에 적응적 사고의 어떤 측면을 논의하고 구체화시키고 계속 작업하고 싶은지 파악해 본다. 학생의 성과를 반드시 인정해준다. 긍정적 발전을 위한 지지와 제안을 제공한다. 적응적 사고 기술에 대한 일반적인 논의를 촉진하기 위해 다음과 같이 질문한다.

- 전반적으로 적응적 사고 기술을 계속 쓰는 데 얼마나 성공하였는가?
- 사고가 감정과 행동에 얼마나 영향을 미치는지 계속 스스로 인식하였는가?
- 부적응적 사고가 일어나는 상황 혹은 나중에 그 상황을 되돌아보며 부적응적 사고에 빠진 자신을 스스로 발견한 적이 있는가?
- 가장 자주 이용하는 부적응적인 사고 패턴이 있는가?
- 부적응적 사고를 대체할 현실적이고 대안적인 사고를 형성하기 힘들었는가?
- 어려운 상황을 극복하려고 사고 기록지를 써본 적이 있는가?
- 적응적 사고를 통해 어려운 상황의 성공적인 해결에 도움받은 경험이 생각나는가?

필요하다면, 핸드아웃 3.7 사고 기록지를 활용하여 멘티가 제시한 사례를 작업한다(예: "나는 지난 학기 ACCESS 프로그램이 제공해준 만큼의 지지가 없으면 이번 학기에 잘할 수 없어").

멘토 : "이번 학기 계획을 이야기하면서, 방금 뭐라고 하셨는지 알아요?"

멘티 : "네, ⋯ 아마 예전 습관으로 돌아가 이번 학기 잘 못할 것이라고 말했어요."

멘토 : "그런 생각을 하면 어떤 기분이 드나요?"

멘티 : "전혀 동기부여가 안 되고, 제 자신이 실망스러워요."

멘토 : "그렇죠, 그런 생각이 들면 무엇을 할 수 있을까요?

멘티 : "제 기분이 부정적인 사고로 방해받지 않도록, 생각을 대체할 수 있어요"

> 멘티가 자신의 초기 사고에 도전하고, 좀 더 현실적이고 덜 불쾌한 사고로 대체하도록 돕는다. 이제 유지단계에 접어들어 멘티에게 이렇게 하라는 유도는 상당히 줄일 필요가 있고, 주도권을 가지도록 격려한다.

멘토 : "좋아요, 그렇다면 들어봅시다! 어떻게 말할 수 있을까요?"

멘티 : "집단과 선생님을 자주 못 보면 예전 습관으로 다시 돌아가 스트레스를 받을 것 같아요. 하지만 나는 이제 어떻게 할지 알고, 계속 선생님께 조언을 구할 수 있어요."

멘토 : "모두 사실입니다. 그렇게 말하면 기분이 어떤가요?"

멘티 : "더욱 동기가 생기고 더 낙관적으로 느껴요. 내게 필요한 도구가 있고, 새 학기가 되어도 잘 견딜 수 있는 내가 떠오릅니다. 선생님은 여전히 저를 지지하고, 내 책임을 다하도록 돕는 친구와 가족이 있어요. 제가 해낼 수 있다는 것을 보여주었고, 또다시 할 수 있어요."

멘토 : "대단하시네요! 맞습니다!"

멘토링 회기 종결

계획했던 논의에 적합하지 않았던 주제를 반드시 다룬다. 협력하여 향후 회기 일정을 약속한다. 치료가 점차 줄어드는 과정으로, 이상적으로는 더 이상 멘토링은 매주 진행되지 않아야 한다. 멘티가 스스로 성공할 수 있는 더 큰 자신감을 키워나가도록, 학기 중 멘토링 회기는 격주 혹은 몇 주 간격으로 최대 6번까지 멘티에게 가장 도움이 되는 시기로 예정한다. 다음 약속 시간/날짜 확인하고 멘티에게 이 정보를 플래너에 기입하도록 요청한다.

> **TIP**
>
> 이 아이디어는 더욱 독립적인 연습을 허용하고, 멘티가 멘토 이외의 책임 파트너를 두도록 전환시키는 것이다. 지속적인 지지와 격려를 해줄 친구, 가족 구성원, 적절한 대학 관계자나 다른 전문가를 파악하기 어려워할 경우 이 주제를 다룬다.

중기 유지 단계 멘토링 회기

앞서 언급한 바와 같이, ACCESS 유지 단계에서 멘토링 회기는 최대 6회 제공한다. 첫 번째와 마지막 멘토링 회기는 상대적으로 더 많은 구조화가 필요하며, 이 장에 각 멘토링에 대한 개요가 제시된다. 첫 번째와 마지막 회기 사이에 이루어지는 멘토링 회기는 목적상 매우 유사하므로, 특별한 설명이 필요하지 않아서, 중기 유지 단계 멘토링 회기는 단일 회기를 포괄적으로 소개한다.

사전 체크

초기 유지 멘토링 회기 이후 이어지는 다음 유지 회기로 멘티가 이행되도록 매번 친근하게 단단한 사전 체크를 해야 한다. 가능하면 언제든지 멘티와 관련 있는 주제에 개별 맞춤형 후속 조치를 한다.

협력적 의제 선정

가장 최근 멘토링 회기 이후 진행 상황에 대한 정보를 얻고, 이전에 배운 지식과 기술을 이용하기 위한 지속적인 노력을 검토하면서 협력적으로 각 회기 의제를 정한다. 사전 체크에 나온 주제 가운데 멘티의 요구와 관련되면 더 많이 이야기하도록 의제에 추가할 것을 제안한다.

유지 단계의 목표 중 하나는 전문가인 멘토에게 벗어나 멘티가 더욱 숙련되는 전환점을 촉진하는 것임을 기억한다. 가능하면 멘티가 주도적 역할을 맡도록 격려하는 동시에 지지해주고, 질문하며 필요에 따라 아이디어를 추가한다.

협력적 계획 수립: 현재 필요와 목표 기반

이전 멘토링 회기에서 논의한 To-Do list나 연습 항목을 점검한다. 이번 학기는 멘토링 회기 수가 적기 때문에, 진행 상황의 책임과 모니터링에 필요한 새로운 전략을 이야기하면 유용하다. 대부분 멘티는 새로운 전략을 개발하여 목표를 향한 진행 상황을 모니터링하고, To-Do list 항목을 완수하면서 새로운 전략을 연습할 필요가 있다.

멘티 : "저는 지난 학기처럼 공부와 과제 회기 일정을 계속하고 싶어요. 그게 제 학점을 살렸어요!"

멘토 : "좋습니다. 그런 일이 다시 일어나려면 어떻게 해야 하나요?"

멘티 : "글쎄요, 제 플래너에 일정을 넣으면 시작하는 것이죠. 수업 일정, 학업 시간, 주요 과제 제출 마감일 등은 이미 적었어요."

멘토	:	"훌륭합니다. 그때처럼 되게 할 다른 방법이 있을까요?"
멘티	:	"여기 와서 멘토와 이야기하면 스스로 책임을 다하는 데 도움이 되요. 또한, 공부를 마치고 룸메이트와 함께 TV 프로그램 다음 회를 시청하는 보상 체계도 재미있었어요. 룸메이트도 공부를 더 잘하게 되었다고 해요."
멘토	:	"룸메이트가 함께 책임지고 일부 보상이 되는 공개적인 짝 같아요. 사전 체크를 저 대신 함께 공부할 룸메이트나 친구와 할 수 있겠어요."
멘티	:	"친구들과 공부를 해봤는데, 너무 산만해요."
멘토	:	"이해해요. 아니면, 같은 수업을 듣는 친구도 가능해요. 문자로 점검하면서 서로 격려하고, '5분만 더'를 도전하면, 목표를 달성했을 때 잠시나마 즐거운 일로 축하할 수 있어요."
멘티	:	"그렇겠네요! 룸메이트도 하고 싶을 거예요. 룸메이트는 지난 학기 저에게 일어난 모든 변화를 보면서 감명받았거든요."

시간 제약으로 초기 유지 단계에서 논의하지 않았던 주제는(예: ADHD 지식, 행동 전략, 적응적 사고) 중기 유지 단계 중 한 번이나 몇 차례 회기에서 다룬다. 여기에서는 ADHD 지식과 관련된 정보를 검토하고, 행동 전략의 세부 조율과 연습을 도우며, 멘티가 적응적 사고 기술을 개선하여 쓰도록 계속 지원하는 일 등이 이루어진다.

멘티가 ADHD 지식, 행동 전략, 적응적 사고 기술과 관련된 뻔한 질문을 하는 상황이 자주 있는데, 이때는 멘티가 주도해서 훨씬 더 자세히 이야기할 기회로 삼는다. 독립성을 더 촉진하기 위해 우선 소크라테스식 질문을 통해 스스로 질문하고 답하면서, 멘티가 이전에 학습한 도구와 정보를 기억하고 활용하도록 장려한다. 이 방법이 효과가 없어 멘티에게 답을 알려주더라도 낙담하지 말고, 나중에 다시 소크라테스식 접근법을 시도한다. 멘티가 이런 유형의 연습을 많이 할수록, 앞으로 비슷한 질문에 스스로 답하는 능력이 향상될 것이다.

멘티 : "제 과제와 다른 책임을 잘 수행하고 있어요. 그런데 아직 학기의 반도 안 지났는데 벌써 소진됐어요."

멘토 : "소진됐다는 게 어떤 의미인가요?"

멘티 : "피곤해요. 제가 내내 애를 쓰다보니 상황을 파악할 동기를 잃었다고 생각합니다."

멘토 : "정말 열심히 하셨습니다. 성과를 거두기 위해 대가를 치른 거죠. 지난 학기에 건강한 생활 양식과 균형에 대한 이야기 기억하나요?"

멘티 : "잠자고, 운동하고, 친구들과 시간 계획하고... 그런 것 말인가요?"

멘토 : "네, 맞습니다. 그 핸드아웃을 꺼내서 당신이 할 수 있는 일을 다시 생각해보면 어떨까요? 건강의 균형과 소진 예방에 도움이 되는 방법을 확인할 수 있어요."

새로운 목표 설정

멘티와의 대화를 바탕으로, 다음 멘토링 회기 전 연습할 활동 및 과제를 확인한다. 활성화 단계에서 연습했던 회기 간 과제와 같을 수도 있고(예: 플래너 사용, 조직화 등) 이번 학기 멘토의 필요에 맞춘 새로운 연습 항목이 될 수 있다.

핸드아웃 1.10 목표 설정에 근거해 멘티가 정한 목표를 재검토하기 위해 학기 내내 진행 상황을 평가하고, 기존 목표를 수정하며, 적절하게 새로운 목표를 추가한다. 이 검토의 일환으로 멘티가 활성화 단계의 목표 설정에서 배운 내용(예: S.M.A.R.T 목표)을 반드시 참고한다. 멘티가 달성한 목표는 반드시 지운 표시를 하고 발전 과정을 칭찬하는 것이 중요하다.

멘토링 회기 종결

계획된 토론에 맞지 않았던 주제를 다룬다. 멘토링 회기를 어디까지 마치고 얼마나 남아 있는지 상기시킨다. 다음 약속 시간/날짜를 확인하고, 멘티에게 이 정보를 플래너에 기록하게 한다. 유연성을 유지하면서 멘티 우선순위(예: 기말고사, 수강신청)와 예상하지 못한 일들(예: 아르바이트 일정 변경)을 고려하여, 향후 멘토링 회기 일정을 조정한다.

후기 유지 단계 멘토링 회기

사전 체크

계획된 유지 멘토링 회기의 마지막이자 ACCESS 프로그램의 공식 종결이다. 멘티에게 중요한 이정표이므로 종결에 대해 열정적인 인사로 맞이한다. 기념으로 좋아하는 음료수, 간식이나 장난기 가득한 "난 해냈어!" 상장은 멘티의 성공을 칭찬하는 재미있는 방법이다.

평소와 같이 지난 멘토링 회기 이후 멘티가 어떻게 지내고 있는지 간략하게 업데이트한다. 이전 회기 마지막에 멘티에게 중요했지만 자연스럽게 정규 의제에서 논의되지 못한 주제를 이어서 다루어준다. 이 시점은 학기 말이 다가와 특정 프로젝트, 보고서, 중요한 행사 등으로 멘티가 느낄 심적 압박을 염두에 둔다. 사전 체크는 신경써서 피드백 한다.

협력적 의제 선정

이전 ACCESS 프로그램 기술이나 자료에서 멘티가 다시 보고 싶은 부분을 사전 체크하면서 회기 개요를 협력해서 정한다. 사전 체크에 나온 주제가 멘티의 필요와 더 부합하면, 의제에 추가하여 이야기를 나누자고 제안한다. ACCESS

프로그램의 최종 요약을 의제에 포함한다. ACCESS 프로그램에서 멘티의 마지막 멘토링 회기이기 때문이다. 목표를 재검토하고, 성장, 강점 및 계속 연습할 영역을 평가하기 위해 시간을 할애한다.

협력적 계획 수립: 현재 필요와 목표 기반

이전 멘토링 회기에서 논의한 To-Do list나 연습 항목을 사전 체크한다. 멘토링을 마무리하기 위해, ADHD 지식, 행동 전략이나 적응적 사고와 관련된 정보를 포함하여 멘티가 ACCESS 프로그램에 대한 궁금증을 반드시 다시 논의한다.

마지막 멘토링 회기는 학기 말에 진행할 가능성이 높기 때문에 멘티에게 남은 학기 동안 주요 To-Do list, 수강 신청, 작게 분석할 큰 과제 등을 생각해 보게 한다. 이 시간은 멘티와 함께 학기 말 전략을 확인할 수 있는 유용한 시간이다.

시간이 지나도 ACCESS 프로그램에서 배운 기술을 유지하는 전략을 논의한다. 멘티가 새로운 기술을 이용하면서 직면할 장애물과 필요하다면 문제 해결도 논의하면 도움이 된다.

멘토 : "그래서, 여기서 얻은 모든 것을 어떻게 유지할 거예요? 다음 학기 대학교 3학년이 되어 더 이상 ACCESS도 없으면, 어떤 일이 생길까요?"

멘티 : "하던 대로 계속 유지하면 좋겠어요. 플래너와 To-Do list 모두 쓸 겁니다."

멘토 : "그러다가 막히면 어떻게 될까요?"

멘티 : "기겁하겠죠. 그래도 아주 잠깐이면 좋겠어요. 그런 다음 제 생각을 조정해서 나한테 있는 도구를 떠올릴 거예요. 그래도 무엇을 할지 생각나지 않으면, ACCESS 핸드아웃을 꺼내 다른 선택도 고려할게요."

멘토 : "훌륭합니다! 만약 5년 후 목표로 정한 마케팅 분야 취업을 달성했는데, 상사가 맡긴 거대 프로젝트가 압도적으로 느껴지면 어떻게 하겠어요? 자신에게 벅찬 프로젝트를 준다면요? 그럼 어떻게 할까요?"

멘티 : "하하! 아마도 같은 방식이겠죠. 프로젝트를 여러 부분으로 나누어 목표를 더 낮게 설정하고, 일정도 조율해서 자신에게 보상을 주겠죠. 지금 하는 모든 것 말이에요. 그리고 기억이 나지 않으면, ACCESS 핸드아웃을 다시 꺼내서 확인할 거예요."

많은 멘티는 종종 멘토의 지원 없이 새로운 기술을 계속 쓰지 못할까 봐 우려를 표현한다. 멘티의 걱정을 다루고, ACCESS로 개선된 점을 비롯해 멘티의 강점과 추가 자원의 연계 능력도 격려한다. 논의 중 나오는 부적응적 사고 패턴에 주목한다. 필요에 따라 멘티가 적응적 사고 기술을 써보도록 유도한다.

새로운 목표 설정

마지막 시간에 핸드아웃 1.10 목표 설정에 열거된 멘티의 목표를 다시 살펴본다. 멘티가 ACCESS 프로그램 특정 전략을 현재 진행 중인 목표에 계속 쓰고 싶어 하는지 파악한다. 그 목표를 목표설정 핸드아웃에 적어두고, 멘티가 자신의 도구 상자에서 목표 달성을 도울 모든 전략을 떠올리게 한다. 멘티에게 ACCESS 프로그램 전반에서 자신의 가장 큰 강점이나 성취 몇 가지를 찾도록 권해도 유용하다. 멘티가 어려워한다면, 프로그램 전반에서 진척된 멘티의 발전을 되새겨 보고, 격려할 표현과 성장의 실례를 준비해둔다.

멘티의 현재 목표를 검토하고, 몇 가지 새로운 목표를 세우도록 요청한다. 장, 단기 목표가 될 수도 있고 학업(예: 학기를 잘 마치기, 대학원 지원), 일반적인 삶의 목표(예: 운동 더 하기, 건강한 삶의 균형 유지하기), 그 밖에 멘티와 관련된 목표라면 무엇이든 가능하다. 멘티가 작성한 목표 설정 핸드아웃을 복사해서 회기가 끝날 때 멘티에게 준다.

멘토링 회기 종결

- 성공적으로 ACCESS를 완수한 멘티를 축하한다. 멘티가 프로그램을 통해 이룩한 모든 성취를 상기시키고, 가장 크게 개선된 몇 가지를 부각한다.
- 멘티가 원한다면 프로그램 완료에 대한 보상으로 축하 상장이나 간식을 챙겨준다.
- 멘티에게 필요한 자료나 문서를 제공한다(예: 분실한 회기 핸드아웃, 목표 양식 사본 등).

멘토 : "ACCESS 프로그램의 완료를 축하합니다! 부단한 노력으로 이제부터 앞으로 이용할 많은 도구를 얻어 바로 자신에 대한 전문가가 되었습니다!"

멘티 : "계속 공부를 해야 할 이유를 확실히 알았고, '어른이 된다'는 부담감도 줄었어요. 그런데 멘토가 없으면 어떻게 해야 할까요?"

멘토 : "지금 하던 대로 계속하세요. 학습과 연습에서 숙달 단계로 훌륭하게 바뀌었으니까요. 멘토의 지원을 받았지만 이제 스스로 문제를 해결하고 책임질 수 있어요. 삶에서 목표를 공유하고 서로 책임지는 짝꿍이 생긴 것도 성공적인 변화입니다. 앞으로 나아가면서, 완벽이 아닌 발전을 열망하되 목표를 향해 계속 노력해도 오르내리는 부침이 있다는 점을 명심하세요. 막힐 경우, 언제든지 핸드아웃에서 추가지원이 가능한 것을 찾으면 됩니다. 지난 두 학기 동안 열심히 노력해서 자신의 접근방식을 수차례 변화시켜서 더 성공한 것입니다. 이제 준비가 되었습니다! 함께 작업해서 기뻤습니다. 축하합니다!"

참가자 핸드아웃

ACCESS 프로그램 소개

■ 프로그램 형식(집단 8회, 멘토링 8회 이상) 및 근거

■ 참여와 출석에 대한 기대

■ 8회기 전체 주제 개요

■ 멘토 소개(권장하지만 선택사항임)

ADHD 지식

■ ADHD의 증상, 유병률, 경과, 신경심리학적 설명 등 ADHD의 핵심 특징에 관한 정보

■ ADHD가 있는 개인 수행에 영향을 미치는 상황적 가변성 요인

행동 전략

■ 학업적, 사회적, 정서적 자원을 제공하는 교내 서비스 및 담당 부서 알려주기

■ 서비스 이용을 위한 연락처 정보 및 지침 제공

■ 교내 서비스 이용 경험에 대한 집단원 피드백 촉진

적응적 사고 기술

■ 인지 치료의 기본 원칙

■ 인지 삼제 모델: 사고, 감정, 행동의 연계성

■ 인지 치료의 목표: 더 **현실적인** 사고

집단 회기 종결

핸드아웃

- 1.1 1주 차 집단 표지
- 1.2 ACCESS 소개
- 1.3 활성화 치료 단계
- 1.4 과정도표
- 1.5 ADHD 안내
- 1.6 적응적 사고의 이해

ACCESS

Accessing Campus Connections and Empowering Student Success

1주 차 – 집단 핸드아웃

■ 1.1 1주 차 집단 표지

■ 1.2 ACCESS 소개

■ 1.3 활성화 치료 단계

■ 1.4 과정도표

■ 1.5 ADHD 안내

■ 1.6 적응적 사고의 이해

ADHD의 슬기로운 대학생활: 대학생 ADHD를 위한 인지행동치료

ACCESS 소개

ACCESS = Accessing Campus Connections & Empowering Student Success

프로그램 설명

- 주의력 결핍 과잉행동 장애(ADHD) 겪는 대학생을 위해 기획
- 두 학기 실행 프로그램: 8주 활성화 단계로 한 학기를 마치고, 다음 학기는 유지 단계로 연결
- 프로그램은 집단 및 개인 멘토링으로 구성
- 집단(8주 활성화 단계)
  - □ ADHD 더 알기
  - □ 성공적인 ADHD 대처 위한 행동전략
  - □ 적응적 사고 전략 학습
- 개인 멘토링(활성화 단계 8~10회)
  - □ 집단에서 배운 내용 적용해 보기
  - □ 교내 서비스 연계
  - □ 개인적 목표 설정 및 달성
  - □ 지지/코칭
  - □ 심리치료 **이루어지지 않음**
- 두 번째 학기
  - □ 집단 부스터 회기 1번
  - □ 멘토와 만남은 최대 6번

참여 목표

■ 집단 회기 및 개인적 멘토 만남 모두 참여하기

■ 제시간에 오기 (알림은 제공할 예정)

  □ 참여 자체가 중요합니다! 프로그램에 많이 참여할수록, 얻는 이득도 더 커집니다!

■ 회기 간 연습의 중요성

■ 비밀보장: 집단 안에서 일어난 일은 집단에 남겨두기

  □ 집단 리더와 멘토는 안전 유지를 위해 비밀보장에서 예외임

활성화 치료 단계

활성화 치료 단계

	1주 차	2주 차	3주 차	4주 차	5주 차	6주 차	7주 차	8주 차
ADHD 지식	주요 증상	원인	평가	학교 및 일상 기능	정서, 위험감수	투약 관리	심리사회적 치료	장기 전망
행동 전략	교내 서비스	플래너, To-Do list	조직화	수업 출석	효율적 학습	장기 프로젝트	사회적 관계	장기 목표
적응적 사고	기본 원칙	부적응적 사고	적응적 사고	학업 관리	정서 다루기	치료순응	사회적 관계	재발 방지

과정도표

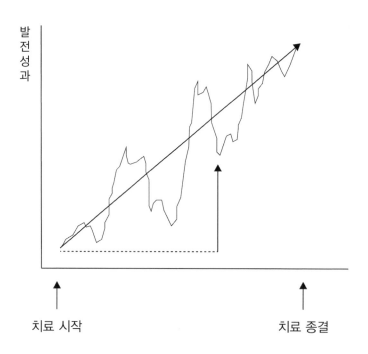

예측한 방향대로 꾸준한 향상을 기대하지만, 발전 과정은 종종 가변적이다. "슬럼프"를 경험하더라도 시작점과 비교해서 나아졌다는 것을 기억하라!

주의력 결핍 과잉행동 장애(ADHD)

ADHD = Attention-Deficit Hyperactivity Disorder (ADHD)

DSM-5 진단기준

부주의	과잉활동-충동성
■ 부주의한 실수	■ 가만히 있지 못함
■ 과제에 지속적인 주의 집중의 어려움	■ 가만히 앉아 있어야 하는 상황에서 자주 일어나 돌아다님
■ 타인의 말을 귀 기울여 듣지 않음	■ 과도하게 뛰어다니거나 기어오름
■ 할 일을 끝내지 못함	■ 조용히 하는 놀이나 오락활동의 참여가 어려움
■ 조직화의 어려움	■ 쉬지 않고 움직임
■ 지속적인 정신적 노력이 필요한 활동을 피함	■ 너무 말을 많이 함
■ 물건을 잘 잃어버림	■ 질문이 끝나기도 전에 대답을 불쑥 해버림
■ 외부 자극에 의해 쉽게 산만해짐	■ 차례를 기다리지 못함
■ 일상적인 일을 잘 잊어버림	■ 다른 사람을 방해하거나 참견함

유병률

■ 아동의 5~7%

■ 청소년은 상대적으로 적음(진단기준 70~80% 정도 충족)

■ 성인의 3~5%

■ 성별에서 아동 및 청소년은 남성이 우세하지만(아동 2:1, 청소년 6:1), 성인 은 1:1로 나타남

■ 소득 수준 상관없이 발생

■ 모든 인종/문화에서 발견

발달 경과

■ 3~4세 사이에 발병률 가장 높음

■ 흔히 과잉활동/충동성 증상이 부주의 증상보다 먼저 출현

■ 청소년기에서 성인기까지 지속됨

■ 시간이 지날수록 과잉활동/충동성 문제 다소 약화

상황 및 수행 가변성 문제: 무능력 아님

■ 상황: 흥미 vs 지루함, 일대일 vs 집단

■ 피드백: 빈번 vs 드묾, 즉각 vs 지연

ADHD의 슬기로운 대학생활: 대학생 ADHD를 위한 인지행동치료

적응적 사고의 이해

사고 → 감정 & 행동

어떤 생각을 하느냐는 무엇을 느끼고, 어떻게 할지에 영향을 준다.

사고		감정		행동
	→		&	
나는 절대 할 수 없을 것이다		슬픔		포기

인지 삼제

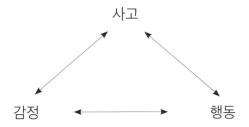

자동적인 사고는 마음을 관통해서 어떻게 느끼고 행동할지 영향을 준다. 그렇지만, 자동적인 사고는 사실이 아니거나 진실의 티끌 정도일 뿐이다.

자동적인 사고는 과제 완수를 방해할 수 있으며 우울감, 불안, 좌절감에 기여할 수 있다.

적응적 사고의 목표 = 현실적이고 균형잡힌 사고

◼ 1주 차 - 멘토링 의제

도입 & 비밀보장

사전 체크

협력적 의제 선정

멘티에 대한 정보 수집

멘토링의 차별성 구체화

집단 소감 나누기

멘티의 강점, 필요, 목표 평가

멘토링 회기 종결

핸드아웃

- ◼ 1.7 1주 차 멘토링 표지
- ◼ 1.8 배경정보 양식
- ◼ 1.9 교내 서비스 체크리스트
- ◼ 1.10 목표 설정 양식

ACCESS

Accessing Campus Connections and Empowering Student Success

1주 차 – 멘토링 핸드아웃

■ 1.7 1주 차 멘토링 표지

■ 1.8 배경정보 양식

■ 1.9 교내 서비스 체크리스트

■ 1.10 목표 설정 양식

배경 정보 양식[8]

전공: _____

학년: _____

연락처: 전화 _____ 이메일 _____

*선호하는 연락 방식을 선택하십시오.

① 전화   ② 이메일   ③ 문자   ④ 기타

지난 학기 학점:

학업 성적(학사경고, 재적 처리 경험 등):

ADHD 진단 받은 시기: _____ 임상 양상 유형: _____

다른 심리적 혹은 의학적 상태로 인한 진단: 있다/없다

    진단 내용:

    진단 시기:

    현재 치료 여부:

---

8 역자 주) 원문에 제시된 순서 및 구성을 국내 상황에 맞게 수정하였음.

ADHD 혹은 다른 정신질환으로 인한 약물치료(기억나는 대로 아는 정보를 기록해주세요.)

ACCESS 진행자에게 중요하게 알리고 싶은 정보:

교내 서비스 체크리스트

학내 자원	이용 여부	이용 계획	메모
장애 지원 서비스/ 접근성 높은 자원			
상담 센터			
튜터			
학업 코칭			
글쓰기 지도			
진로 서비스 센터			
학생 건강 센터			
그 외			

목표 설정 양식

목표	시작 날짜	목표 날짜	진행 과정
1.			
2.			
3.			
4.			
5.			

집단 회기 도입

ADHD 지식

■ ADHD 원인에 관한 정확한 최신 정보 제공

■ 신뢰할 만한 정보를 제공하는 책 및 온라인 자원 추천

■ 유용성 좋은 앱이나 컴퓨터 프로그램 소개

행동 전략

■ 수기식·전자식 플래너의 장단점

■ 사용할 특정 플래너 확인

■ 플래너 효과 극대화 방법

■ To-Do list 과제 나누기, 우선순위 정하기 요령

적응적 사고 기술

■ 부적응적 사고의 일반적인 유형

■ 부정적인 사고가 감정과 행동에 미치는 영향의 예시

■ 부적응적 사고 인식을 위한 세 칸 전략 적용 방법 이야기하기

집단 회기 종결

■ 자유로운 질의 응답

■ 완성된 회기 간 연습과제 세부 검토

핸드아웃

■ 2.1 2주 차 집단 표지

■ 2.2 ADHD 원인

■ 2.3 플래너

■ 2.4 To-Do list

■ 2.5 부적응적 사고 패턴의 인식

ACCESS

Accessing Campus Connections and Empowering Student Success

2주 차 - 집단 핸드아웃

- 2.1 2주 차 집단 표지
- 2.2 ADHD 원인
- 2.3 플래너
- 2.4 To-Do list
- 2.5 부적응적 사고 패턴의 인식

ADHD의 슬기로운 대학생활: 대학생 ADHD를 위한 인지행동치료

ADHD 원인

ADHD의 신경생물학

■ 뇌의 전전두 변연계 영역의 신경화학적, 신경심리학적, 신경해부학적 이상

가능한 원인

■ 유전적 전달
■ 산전·선천성 합병증
■ 신경학적 질병 또는 외상

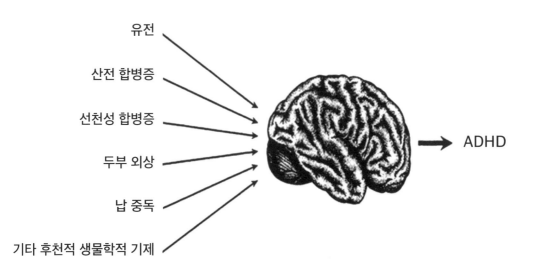

ADHD 가족력

■ 자녀가 ADHD일 경우, 가족의 ADHD 확률은 다음과 같음

　　□ 어머니 15~20%

　　□ 아버지 25~30%

　　□ 형제 자매 25%

　　□ 이란성 쌍생아 30~40%, 일란성 쌍생아 70% 이상

■ 만약 부모가 ADHD일 경우

　　□ 자녀의 ADHD 확률 50%

유전자 표지

■ ADHD와 연결된 유전자는 하나가 아니라 다수

■ 이러한 유전자는 도파민 시스템과 많이 연합

■ ADHD 유전학에 관한 이해 아직 미진

플래너

플래너 유형

■ 수기식 플래너
■ 스마트폰/전자식 플래너

플래너 규칙 세 가지

■ 플래너 하나만 사용하기
■ 항상 플래너 지참하기
■ 일정과 과제 전부 플래너에 입력하기

플래너 사용법

■ 매일 정해진 시간에 플래너 검토 및 업데이트
■ 플래너 **하나에** 수업, 일, 개인 일정 모두 입력
■ 각 수업마다 수업 시간, 시험 날짜, 과제 마감일, 학습 및 과제 시간 입력
■ 반복적인 일(예: 세탁)은 주간별로 규칙적인 시간 정하기
■ 집중이 필요한 과제에 더 많이 시간 배분
■ 제일 어려운 일은 정신이 가장 맑은 시간에 계획
■ 제일 쉬운 일은 가장 피곤한 시간에 계획
■ 어려운 일을 한 다음 즐겁고 쉬운 일 계획
■ 휴식시간 정하기
■ 플래너 사용을 잊어도 속상해하지 않기 – 최대한 빨리 다시 시작하기

약속 떠올리는 시각적, 청각적 알림 사용

■ 시각 알림

　□ 화장실 거울, 현관문 안쪽, 강의록 바인더, 스마트폰에 포스트잇 붙이기

　□ 화이트보드 혹은 게시판 일일 "알림판" 사용

■ 청각 알림

　□ 알람시계 또는 스마트폰 알람

　□ 어떤 곳에 갈 때 이동 시간 여유있게 정하기(예: 약속 15분 전 도착)

ADHD의 슬기로운 대학생활: 대학생 ADHD를 위한 인지행동치료

To-Do list

To-Do list 필요성

- 모든 과제를 적는 곳
- 다음과 같은 이유로 유용함
  - □ 할 일 기억하기
  - □ 시간을 좀 더 효율적으로 조직화하기
- 날짜와 상관 없어서 플래너에 없는 정보 기록 가능
- 잃어버리기 쉬운 쪽지 대신 사용

To-Do list 사용법

- 해야 할 일은 한 번에 하나만 정하기
- 큰 과제를 다루기 쉬운 작은 "단계"로 나누기
- 완료 후 지우기
- 매일 To-Do list 처음부터 끝까지 검토하고 수정하기
- To-Do list 지저분해지면 아직 끝내지 않은 과제만 넣어서 새롭게 다시 작성하기

과제 우선순위 정하기

- 체계적으로 과제 우선순위 정하기
- 긴급함/마감일 및 단/장기 목표 기초하여 우선순위 정하기

■ **제일** 중요한 과제 먼저 하기

■ To-Do list를 만든 후, 각 과제에 A, B, C 순으로 우선순위 부여하기

　　□ A = 가장 중요한 일, 오늘이나 내일 해야 할 일

　　□ B = 중간으로 중요한 일, 곧 시작할 필요가 있음

　　□ C = 가장 낮은 중요성, 쉬울 수도 있지만 중요한 일은 아님

■ A 과제 "전부" 마치고 B 과제 시작하기, 그리고 B 과제 "모두" 한 후 C 과제 하기

부적응적 사고 패턴의 인식

적응적 사고의 목표 = 현실적이고 긍정적인 사고

부적응적인 사고 패턴

- **흑백논리 사고**: 상황을 흑백논리로 본다. 결과가 완벽하지 않으면 완전한 실패로 여긴다.

- **성급한 결론 내리기**: 결론을 뒷받침할 만한 사실이 없는데도 부정적인 해석을 한다.

  □ **독심술**: 누군가가 나에게 부정적으로 반응한다고 자의적으로 결론짓는다.

  □ **예언자적 사고**: 상황이 나쁘게 될 거라고 예상한다.

- **과잉일반화**: 부정적인 사건 하나를 끝없는 패턴의 일부라고 생각한다.

- **파국화**: 극단적인 결론 및 결과를 예상한다.

- **당위적 진술**: 스스로 "해야 한다"와 "하면 안 된다"라고 동기를 부여해서 어떤 일을 시작도 하기 전부터 벌 받는 것처럼 애를 쓴다.

- **정신적 여과**: 부정적인 세부사항 하나를 골라 여기에만 연연하고, 상황의 다른 긍정적 측면을 간과한다.

- **긍정폄하**: 긍정적인 경험을 여러 이유를 들어 "대수롭지 않다"라고 주장하며 거부한다.

- **잘못된 명명**: 과잉일반화의 극단적인 형태로 자신이나 타인의 일부분을 확대하여 부정적인 꼬리표를 붙인다.

- **개인화**: 부정적인 사건은 자신이나 다른 사람의 부정적인 특징을 대표한다고

생각하거나, 자신의 잘못이 아닌 일에 책임을 진다.

■ **정서적 추론**: 부정적인 감정이 틀림없이 실제 상황을 반영한다고 가정한다. "내가 그렇게 느끼니까 사실이 분명하다".

사고 기록지

상황	자동적 사고	감정/행동

ADHD의 슬기로운 대학생활: 대학생 ADHD를 위한 인지행동치료

◼ 2주 차 - 멘토링 의제

사전 체크

협력적 의제 선정

회기 간 연습 검토

집단 소감 나누기

멘토링 회기 종결

핸드아웃

- ◼ 2.6 2주 차 멘토링 표지
- ◼ 2.7 To-Do list
- ◼ 2.8 사고 기록지

ACCESS

Accessing Campus Connections and Empowering Student Success

2주 차 – 멘토링 핸드아웃

■ 2.6 2주 차 멘토링 표지

■ 2.7 To-Do list

■ 2.8 사고 기록지

To-Do list

우선순위	할 일	목표한 완료 날짜	실제 완료 날짜

우선순위

A = 가장 중요한 일, 오늘이나 내일 해야 할 일

B = 중간으로 중요한 일, 곧 시작할 필요가 있음

C = 가장 적은 중요도, 쉬울 수도 있지만 중요한 일은 아님

사고 기록지

상황	자동적 사고	감정/행동

일반적인 부적응적 사고 패턴

흑백논리 사고	당위적 진술
성급한 결론 내리기	정신적 여과
독심술	긍정폄하
예언자적 사고	잘못된 명명
과잉일반화	개인화
파국화	정서적 추론

집단 회기 도입

ADHD 지식

■ ADHD 평가에 대한 정보 제시
■ 다중 방법 평가의 중요성 강조

행동 전략

■ 미루는 행동 및 관리기법
■ 시간 관리 전략
■ 수업 자료 조직화 전략
■ 물리적 환경을 정리하고 집안일 마치는 전략
■ 재정 조직화 전략

적응적 사고 기법

■ 집단원에게 부적응적 사고의 예시 확인
■ 자동적 사고에 도전하는 방법
■ 부적응적 사고에 도전하는 질문
■ 여섯 칸 사고 기록지로 부적응적 사고에 도전하는 예시 작업

집단 회기 종결

■ 자유로운 질의 응답

■ 회기 간 연습 과제 세부 검토

핸드아웃

■ 3.1 3주차 집단 표지

■ 3.2 ADHD 평가

■ 3.3 미루는 행동 관리

■ 3.4 조직화

■ 3.5 부적응적 사고 도전

ACCESS

Accessing Campus Connections and Empowering Student Success

3주차 - 집단 핸드아웃

- ■ 3.1 3주차 집단 표지
- ■ 3.2 ADHD 평가
- ■ 3.3 미루는 행동 관리
- ■ 3.4 조직화
- ■ 3.5 부적응적 사고 도전

ADHD 평가

진단기준

■ 부주의 혹은 과잉행동- 충동성 목록에서 발달 수준과 일치하지 않는 수준에서 5가지 혹은 그 이상의 증상

■ 12세 이전 일부 증상

■ 증상으로 인한 손상이 둘 혹은 그 이상의 상황에서 발생

■ 학업적, 직업적, 사회적 기능 손상의 증거

■ 다른 어떠한 상태로 더 잘 설명되지 않는 증상

ADHD 양상

■ 복합형

■ 주의력 결핍 우세형

■ 과잉행동/충동성 우세형

■ 달리 명시된 ADHD 혹은 명시되지 않은 ADHD

■ 부분 완해

ADHD 평가에 미치는 요인

■ 진단 기준 준수 vs 증상 개수만 헤아리기

■ 상황마다 달라지는 ADHD 증상과 손상

■ 여러 기능 영역에 영향을 미치는 ADHD

■ ADHD 증상과 유사한 다른 상태

　□ 부주의는 우울, 불안, 학습 장애, 정신증, 트라우마에서도 야기됨

　□ 과잉행동 충동성은 불안, 양극성 장애, 틱 장애, 경계선 성격장애에서도
　　나타남

최적의 다중 평가 전략

■ 다양한 정보 제공자/자료(예: 자기 보고와 타인 보고)

■ 각 정보 제공자/자료에 사용하는 다양한 측정(예: 인터뷰, 평가척도, 기록)

미루는 행동 관리

	장점	단점
단기	다른 무언가를 함 불안 감소	과제 진행 못함 죄책감과 불안감 느낌
장기	없음	스트레스 증가 일하느라 무언가 포기(잠, 자기-돌봄, 친구 만나는 시간 등) 주어진 일을 잘할 수 없음 과제를 못 마칠 위험

■ 미루는 이유를 다루어 기저에 있는 문제 이해하기(불안? 과제의 압도적인 느낌? 영감을 기다리다가?)

■ 미루는 행동을 관리하는 ACCESS 다양한 전략 방법 생각해보기(플래너, To-Do list, 과제 나누기, 생각 바꾸기)

■ 긍정적인 변화 만들기! (단, 습관 변화는 시간이 걸림을 기억하기)

조직화 I

시간

■ 시간 인식 향상
 □ 시계 착용하기, 잘 보이는 곳에 시계 두기
 □ 매일 업무들이 실제로 얼마나 걸리는지 추정하고 시간 재기
 □ 시간 계산 능력 향상하기

■ 제시간 지키기
 □ 수업/일하는 곳에 도착하는 데 걸리는 **실제** 시간 재기
 □ 시각/청각 알림을 통해 도착 시간 준수
 □ **일찍 출발해서** 시간적 '여유' 만들기
 □ 아침 수업은 친구와 함께 수강 신청해서 출석 도움 받기

■ 수면 후, 알람 활용
 □ 알람 여러 개 설정
 □ 알람 중 하나는 침대에서 일어나 끄는 것으로 마련

수업 자료

■ **각 수업마다** 별도의 바인더 구비
■ 전자 기기에 각 수업별 폴더 만들기
■ 각 수업의 바인더 혹은 폴더는 다음을 포함함

□ 강의계획서

□ 과제 지시문

□ 강의 필기와 읽을 자료

□ 핸드아웃과 보충자료

■ 바인더/폴더 규칙적인 검토 및 정리

문서작업과 이메일

■ 중요한 문서를 위한 문서정리 시스템 구축

□ 간단할수록 좋음

□ 중요한 항목들만 보관

■ "전자 문서작업" 구조화

□ 이메일 수신함에 폴더 만들기

□ 제목 만들기

■ 작업이 필요한 중요 문서의 위치 지정

조직화 II

집

■ 환경의 조직화
- □ 일의 순서 유지하기
- □ 주의분산 최소화하기

■ 물건 분실 방지
- □ 중요한 물건은 정해진 장소에 두기

  예시: 문 옆에 바구니나 그릇을 두어 열쇠 보관하기
- □ 집에 들어오는 **즉시** 정해진 장소에 물건 놓기
- □ 들고 다니는 물건은 배낭/가방/지갑 등 한 곳을 정해 넣어두기

■ 집안일
- □ 규칙적인 집안일 일정 짜기(예: 매주 일요일 오후 빨래)
- □ 집안일을 더 즐겁게 하기

  예시: 음악 재생, 빨래 개며 동안 TV시청, 룸메이트와 집안일 마치기

재정

■ 청구서 놓치지 않기: 지정된 장소나 폴더에 보관

■ 온라인 뱅킹 및 청구서 자동이체 설정
- □ 대금 결제를 잊어버릴 위험 줄이기
- □ 계좌에 결제 금액을 충당할 잔액 확인

■ 충동 구매 피하기: 카드 대신 현금 사용!
- □ 현금 사용은 지출에 대한 인식을 늘려줌

■ 월별 예산 작성 고려
- □ 여러 앱이 지출 내역 파악에 유용

참가자 핸드아웃

■ 좋은 신용 점수 유지

　　□ 제시간에 청구서 요금 지불

　　□ 빚 최소화

　　□ 신용 평가 손실 확인

■ 학자금 지원/대출 조건 충분히 알아보기

■ 신뢰할 가족 구성원에게 재정관리 자문해서 도움 받기

부적응적 사고 도전

부적응적 사고 패턴

- 흑백논리 사고
- 과잉일반화
- 긍정 폄하
- 성급한 결론 내리기
- 파국화
- 잘못된 명명
  - □ 독심술
  - "당위적" 진술
  - 개인화
  - □ 예언자적 사고
  - 정신적 여과
  - 정서적 추론

부적응적 사고 패턴에 도전하는 질문

(1) 자동적 사고가 맞는 증거는 무엇인가?

   자동적 사고가 **맞지 않는** 증거는 무엇인가?

(2) 대안적인 설명이 있는가?

(3) 일어날 수 있는 가장 나쁜 일은 무엇인가? 그 일을 겪고도 살아갈 수 있는가?

   일어날 수 있는 가장 좋은 일은 무엇인가?

   가장 현실적인 결과는 무엇인가?

(4) 자동적 사고를 믿으면 어떤 효과가 있는가?

   내 생각을 바꾸면 그 효과는 무엇인가?

(5) 이 상황에서 만약 친구가 이런 생각을 한다면, 나는 어떻게 말해줄 것인가?

확장된 사고 기록지

(6간 사고기록지)

상황	자동적 사고	감정 / 행동	대안적 사고	대안적 사고를 믿는 정도	새로운 감정/ 행동

사전 체크

협력적 의제 선정

회기 간 연습 검토

집단 소감 나누기

멘토링 회기 종결

핸드아웃

■ 3.6 3주 차 멘토링 표지
■ 3.7 부적응적 사고 도전: 개인 연습

ACCESS

Accessing Campus Connections and Empowering Student Success

3주차 - 멘토링 핸드아웃

■ 3.6 3주 차 멘토링 표지

■ 3.7 부적응적 사고 도전: 개인 연습

부적응적 사고 도전: 개인 연습

상황	자동적 사고	감정/행동	대안적 사고	대안적 사고를 믿는 정도	새로운 감정/행동

부적응적 사고 패턴

- ■ 흑백논리 사고
- ■ 성급한 결론 내리기
  - □ 독심술
  - □ 예언자적 사고
- ■ 과잉 일반화
- ■ 파국화
- ■ 당위적 진술
- ■ 정신적 여과
- ■ 긍정 폄하
- ■ 잘못된 명명
- ■ 개인화
- ■ 정서적 추론

자동적 사고에 도전하도록 돕는 질문

(1) 자동적 사고가 맞는 증거는 무엇인가? 자동적 사고가 맞지 않는 증거는 무엇인가?

(2) 대안적 설명이 있는가?

(3) 일어날 수 있는 가장 나쁜 일은 무엇인가? 그 일을 겪고도 살아남을 수 있는가? 일어날 수 있는 가장 좋은 일은 무엇인가? 가장 현실적인 결과는 무엇인가?

(4) 자동적 사고를 믿으면 어떤 효과가 있는가? 내 생각을 바꾸면 어떤 효과가 있겠는가?

(5) 이 상황에서 만약 친구가 이런 생각을 한다면, 나는 어떻게 말해줄 것인가?

집단 회기 도입

ADHD 지식

■ 대학의 학문적 요구와 자기조절 요구의 증가

■ ADHD 대학생에게 특히 도전이 되는 대학생활의 요구

■ ADHD가 일상생활 활동에 미치는 기타 영향

■ ADHD로 인한 결과에서 위험 및 보호 요인의 역할

행동 전략

■ 강의 선택 및 시간표 짜는 전략

■ 수업 중 주의 집중하고 산만함 줄이는 전략

■ 노트 필기 전략

■ 교수와 만나 이야기해서 도움이 되는 점

적응적 사고 기법

■ ADHD가 있는 사람들에게 더 빈번한 부적응적 사고 패턴의 사례

■ 부적응적 사고 패턴이 성공적인 학업성취 방해하는 예시

■ 부적응적 사고 패턴에 도전하는 예시로 작업하기(ADHD 관련 사고나 학업 수행 방해하는 사고 도전하기)

집단 회기 종결

■ 자유로운 질의 응답

■ 회기 간 연습 과제 세부 검토

핸드아웃

■ 4.1 4주차 집단 표지

■ 4.2 ADHD가 대학 생활에 미치는 영향

■ 4.3 수업 시간 활용법

■ 4.4 ADHD 관련 생각 다루기: 학업 향상

참가자 핸드아웃

ACCESS

Accessing Campus Connections and Empowering Student Success

4주차 – 집단 핸드아웃

- 4.1 4주차 집단 표지
- 4.2 ADHD가 대학 생활에 미치는 영향
- 4.3 수업 시간 활용법
- 4.4 ADHD 관련 생각 다루기: 학업 향상

ADHD가 대학 생활에 미치는 영향

ADHD가 어떻게 대학 수행에 영향을 미치는가?

"퍼펙트 스톰(perfect storm)"

■ 대학에 입학하면 자기조절에 대한 요구가 늘어남

■ 동시에 사람들의 도움과 지원이 중단됨

"퍼펙트 스톰"은 생활 환경에서 다음과 같은 위험 증가

■ 선수 과목을 등록할 수 없음

■ 다른 사람들보다 더 자주 수업을 취소하거나 포기함

■ 기대와 역량에 못 미치는 학점

■ 졸업을 못 하거나 더 긴 시간이 걸림

ADHD가 오직 학업 수행에만 영향을 미치는가?

자기조절이 저하될수록, 다음과 같은 위험이 증가함

■ 친구/연인 관계 유지 어려움

■ 운전의 어려움

■ 잦은 직업 변화

■ 돈 관리 어려움

■ 가족이나 부모와 갈등

수업 시간 활용법

전략적 수업 선택 및 시간표 계획

■ 수강 자격 및 요건 잘 파악하기

■ 어려운 강의는 정신이 가장 맑은 시간에 일정짜기

■ 어려운 수업과 재미있는 수업/활동을 번갈아하는 일정짜기

■ 장시간 강의 피하기(예: 세 시간 강의)

■ 강의 사이에 휴식 시간 넣어 계획하기

  □ 강의 사이에 노트/교재를 검토할 시간이 될 수 있음

  □ 다음 강의에 갈 수 있는 시간 여유 생김

  □ 잠시 휴식할 시간을 갖게 됨

■ 무리하지 말기

■ 소규모 강의 고려

수업 중 주의집중 잘하기

■ 휴식 잘 취하기

■ 강의 전 간단한 운동은 정신을 맑게 함

■ 취향에 맞는 껌/사탕/커피/물 가져오기

■ 앞자리에 앉기

■ 노트 필기하기

■ 노트 필기는 주의 집중 유지에 유용함

■ 수업 중간에 진동 알람 울리도록 설정해서 주의 점검하기

최고의 노트 필기법

■ 필기 vs 타이핑

■ 노트의 모든 페이지에 머리말 써놓기(강의명, 날짜, 페이지 번호)

■ 코넬식 노트 필기법

■ 강의를 녹음하고 검토하기

　　□ 노트 필기에서 빠진 부분을 채울 수 있음

　　□ 스마트 펜 고려하기

■ 강사의 파워포인트 노트 사용 – 강의 **전** 출력

■ 같이 강의 듣는 친구의 노트 필기와 비교

교수 도움받기

■ 면담 시간 활용

ADHD 관련 생각 다루기: 학업 향상

ADHD와 관련된 부적응적 사고

■ "내가 일정을 지킬 리가 없어."

■ "그냥 흘러가는 대로 하는 게 더 나아."

학업 수행 영향 주는 부적응적 사고

■ "나는 막바지에 공부가 더 잘 된다."

■ "나는 그냥 수학은 잘 못해."

■ "나는 이 시험에서 낮은 점수를 받았어. 대학을 중퇴하게 될 거야."

부적응적 사고 패턴

■ 흑백논리 사고	■ 과잉일반화	■ 긍정 폄하
■ 성급한 결론 내리기	■ 파국화	■ 잘못된 명명
□ 독심술	■ "당위적" 진술	■ 개인화
□ 예언자적 사고	■ 정신적 여과	■ 정서적 추론

자동적 사고에 도전하는 질문

(1) 자동적 사고가 맞는 증거는 무엇인가?

   자동적 사고가 **맞지 않는** 증거는 무엇인가?

(2) 대안적인 설명이 있는가?

(3) 일어날 수 있는 가장 나쁜 일은 무엇인가? 그 일을 겪고도 살아갈 수 있는가?

   일어날 수 있는 가장 좋은 일은 무엇인가?

   가장 현실적인 결과는 무엇인가?

(4) 자동적 사고를 믿으면 어떤 효과가 있는가?

   내 생각을 바꾸면 어떤 효과가 있겠는가?

(5) 이 상황에서 만약 친구가 이런 생각을 한다면, 나는 어떻게 말해줄 것인가?

상황	자동적 사고	감정 / 행동	대안적 사고	대안적 사고를 믿는 정도	새로운 감정/행동

사전 체크

협력적 의제 선정

회기 간 연습 검토

집단 소감 나누기

멘토링 회기 종결

핸드아웃 – 없음

집단 회기 도입

ADHD 지식

- 우울, 불안, 감정 조절 문제, 자존감 저하, 물질 사용 등 위험성 증가
- 다양한 보호 요인

행동 전략

- 효과적인 학습의 중요성
- 학습 플래너 사용법
- 학습 공간
- 주의분산 지연을 통한 주의력 향상
- 기타 학습 요령

적응적 사고 기술

- 부적응적 사고와 우울, 불안, 분노/좌절의 관계를 집단에서 이야기하기
- 부적응적 사고와 위험 행동 사이의 관계를 집단에서 나누기
- 우울, 불안, 분노/좌절, 위험 행동과 관련된 부적응적 사고방식에 어떻게 도전하는지 예시를 통해 배우기

집단 회기 종결

■ 자유로운 질의 응답

■ 회기 간 연습과제 세부 검토

핸드아웃

■ 5.1 5주 차 집단 표지

■ 5.2 ADHD, 정서적 기능, 부적응적 행동

■ 5.3 효과적인 학습

■ 5.4 적응적 사고 적용: 정서 및 부적응적 행동 대처

ACCESS

Accessing Campus Connections and Empowering Student Success

5주 차 – 집단 핸드아웃

- 5.1 5주 차 집단 표지
- 5.2 ADHD, 정서적 기능, 부적응적 행동
- 5.3 효과적인 학습
- 5.4 적응적 사고 적용: 정서 및 부적응적 행동 대처

ADHD, 정서적 기능, 부적응적 행동

대학생 ADHD 대상 위험성 높은 영역 연구 결과

■ 정서조절 문제

■ 낮은 자존감

■ 우울, 불안 및 기타 심리적 고통

■ 자살 사고 및 시도의 위험 증가

■ 물질 남용

　□ 흡연 경향 더욱 심함

　□ 알코올/약물 사용과 관련 문제는 더 많지만, 이용률의 차이는 유의미하지
　　않음

■ 위험한 성행동

　□ 의도하지 않은 임신 위험성 높음

　□ 성병 위험성 높음

보호 요인

■ 보호 요인은 강점, 기술, 자원, 지지체계 또는 대처 전략

■ 스트레스를 더 효과적으로 다루기에 유용

■ 부정적인 결과의 위험성을 줄임

효과적인 학습

학습 플래너 작성 및 실천

■ 공부 일정을 플래너에 기입

■ 짧은 학습 시간을 여러 구간에 계획함. 긴 시간 한번에 하는 "벼락치기"보다 효과적

■ 각 과목별 학습시간을 고정해서 배분, 계획

■ 학습 일정을 따르고 지키면 스스로 보상하기

좋은 학습 공간

■ 사회적 주의분산 제한

　□ "방해 금지" 표시 걸어두기

　□ 전화 벨소리 끄고, 이메일 보지 않기

　□ 자신이 언제 공부할지 친구/룸메이트/다른 사람에게 알리기

■ 감각적 주의분산 제한

　□ 조용한 장소 선택/귀마개 사용

　□ 창가나 교통량 많은 곳에서 공부하지 않기

　□ 모든 학습 자료 가까이에 두기

주의분산 지연을 통한 주의력 향상

■ 얼마나 오래 집중할 수 있는지 측정

■ 학습 시간을 자신의 집중 시간에 맞춰서 나누기

■ "집중" 기간 동안 주의 분산의 생각을 실행하는 대신 기록할 공책을 가까이
에 두기

■ 집중 기간이 끝난 후, 적어둔 생각을 검토하고 급한 사항이 있는지 확인하기

■ 집중 기간의 지속 시간 점차 늘리기

학습 요령

■ 학습의 중요한 정보 파악

    □ 양이 많은 읽기 자료에 대한 기억량 늘리기

    □ 읽기 전에 자료를 훑어보고 질문 떠올리기

    □ 읽는 동안 질문에 대한 답을 찾기

■ 각 영역을 읽고 난 후 요약(구두 혹은 서면)

■ 자료에 더 몰두할 수 있는 학습 기법 사용

    □ 표 만들기

    □ 스스로 테스트하기

    □ 플래시카드 만들기

■ 암기법 개발

■ 학습 시간 중간쯤 알람이 울리게 설정해서, 과제에 집중하고 있는지 자신에
게 묻는 신호로 사용하기

적응적 사고 적용: 정서 및 부적응적 행동 대처

어떤 생각이 부적응적 행동을 할 가능성을 높이는가? 이러한 행동을 피하는 데 어떤 생각이 도움이 되는가?

- ■ "나는 절대 나아지지 않을거야"
- ■ "모두들 대학에서 술을 많이 마신다"

부적응적 사고 패턴

■ 흑백논리 사고	■ 과잉일반화	■ 긍정 폄하
■ 성급한 결론 내리기	■ 파국화	■ 잘못된 명명
□ 독심술	■ "당위적" 진술	■ 개인화
□ 예언자적 사고	■ 정신적 여과	■ 정서적 추론

자동적 사고에 도전하는 질문

(1) 자동적 사고가 맞는 증거는 무엇인가?

   자동적 사고가 **맞지 않는** 증거는 무엇인가?

(2) 대안적인 설명이 있는가?

(3) 일어날 수 있는 가장 나쁜 일은 무엇인가? 그 일을 겪고도 살 수 있는가?

   일어날 수 있는 가장 좋은 일은 무엇인가?

   가장 현실적인 결과는 무엇인가?

(4) 자동적 사고를 믿으면 어떤 효과가 있는가?

   내 생각을 바꾸면 그 결과는 무엇인가? 어떤 효과가 있겠는가?

(5) 이 상황에서 만약 친구가 이런 생각을 한다면, 나는 어떻게 말해줄 것인가?

상황	자동적 사고	감정 / 행동	대안적 사고	대안적 사고를 믿는 정도	새로운 감정/ 행동

ADHD의 슬기로운 대학생활: 대학생 ADHD를 위한 인지행동치료

사전 체크

협력적 의제 선정

회기 간 연습 검토

집단 소감 나누기

멘토링 회기 종결

핸드아웃 – 없음

집단 회기 도입

ADHD 지식

■ 약물치료 경험에 대한 집단 논의

■ ADHD 약물의 작용 방식, 다양한 유형의 ADHD 약물 및 약물 선택지(예: 속효성 또는 서방정)

■ 잠재적 이점 및 부작용에 대한 정보 제시

행동 전략

■ 일반적인 시험 요령 및 전략

■ 장기 프로젝트 및 보고서 관리 전략

적응적 사고 기술

■ ADHD 증상이 어떻게 치료를 방해할 수 있는지 집단에서 이야기

■ 부적응적 사고 패턴이 어떻게 치료를 방해할 수 있는지 집단에서 이야기

■ ADHD 치료와 관련된 부적응적 사고 패턴에 도전하는 예시

집단 회기 종결

■ 자유로운 질의 응답

■ 회기 간 연습 과제 세부 검토

핸드아웃

■ 6.1 6주 차 집단 표지

■ 6.2 시험 보기

■ 6.3 보고서 및 장기 프로젝트 관리

■ 6.4 적응적 사고 적용: 치료 유지

ACCESS

Accessing Campus Connections and Empowering Student Success

6 주 차 - 집단 핸드아웃

- 6.1 6주 차 집단 표지
- 6.2 시험 보기
- 6.3 보고서 및 장기 프로젝트 관리
- 6.4 적응적 사고 적용: 치료 유지

ADHD의 슬기로운 대학생활: 대학생 ADHD를 위한 인지행동치료

시험 보기

시험 잘 보는 요령

■ 밤에 잠을 잘 자고 시험 전에 반드시 식사하기

■ 주의분산을 줄이기 위해 앞자리에 앉기

■ 모든 지시사항 주의 깊게 읽기

■ 가장 쉬운 문제부터 풀기

■ 문제를 빈 칸으로 놔두지 않기! 추측하고, 시작해서, 어떤 정보라도 적어두기

■ 제출 전에 검토하기

■ 시험 채점이 끝나면 틀린 답을 검토해서 다음 시험 준비하기

진위형 문제 전략

■ 명제가 참이 되기 위해서, **모든** 부분이 참이어야 함

■ 한정어(자주, 아마도, 드물게, 때로)는 진술을 참으로 만드는 경향이 있음

■ 절대어(항상, 오직, 틀림없이, 결코)는 진술을 거짓으로 만드는 경향이 있음

■ 의미를 바꾸는 부정적인 단어/접두어(아닌, 않은, 아니다) 조심하기

객관식 문제 전략

■ "~을 제외하고", "사실이 아닌 것은"과 같은 교묘한 단어와 구문을 동그라미로 표시하기

■ 객관식 선택지를 읽기 **전에** 질문에 대한 답을 만들고, 이후에 가장 잘 맞는

선택지 찾아보기

■ **모든** 선택지 읽기

■ 확실하게 틀린 선택지 지우기

■ 정답을 알고 있는 문제의 정보를 다른 질문 답할 때 사용하기

주관식 문제 전략

■ 지시문 주의 깊게 읽기

■ 글쓰기 시작 전에 생각 조직화 및 간단한 개요 작성

■ 원래의 질문을 바꾸어 표현해 서론 작성하기

■ 문제에 답할 시간 마련하기

보고서 및 장기 프로젝트 관리

목표 나누기!

■ 플래너 및 To-Do list 통해 장기 프로젝트 관리

- 프로젝트를 작고 관리 가능한 단계로 나누기

- 단계 하나가 압도적으로 보이면, 더 세분화하기

- 각 단계를 완료하는 데 걸리는 시간 추정하기

- 플래너를 사용하여 각 단계를 완료하는 데 걸리는 시간 배분하기

- 각 단계마다 자신만의 마감 시간을 정하면 유용함

■ 시작이 때로 가장 어려운 부분이다! 막힌 느낌이 들면, 목표를 향해 작더라도 무엇이든 하기

■ 각 단계를 완료한 후 자신에게 보상하기(예: 친구에게 전화하기, 간식 먹기)

보고서 작성 요령

■ 글쓰기 과정을 더 작고 관리하기 쉬운 단계로 나누기

■ 일찍 시작하기

■ 글을 쓰고 교정하는 사이에 휴식 취하기

- "새로운 시각"을 갖는 데에 도움이 됨

■ 문법 오류, 어색한 문장 및 부주의한 실수를 파악하기 위해 최종 보고서 소리 내어 읽기

- 친구가 대신 소리내서 읽는 것도 생각해보기

■ 교내 지원 서비스 고려하기

  – 튜터나 학업 코치에게 브레인스토밍, 조직화, 글쓰기, 편집 등 도움 받기

  – 마감 기한 지키도록 튜터와 같은 외부 지원 도움 받기

■ 교수 도움 받기

  – 가능하다면 진행 상황을 의논하기 위해 만남 정하기

  – 초안 검토(반드시 마감일에 앞서 요청하기)

■ 음성을 글로 변환하는 소프트웨어 고려하기

■ 글을 쓸 때 아이디어가 떠오르지 않고 막히는 경우가 있는가?

  – 형식이나 구성을 판단하지 말고 그저 자유롭게 아이디어 써보기

적응적 사고 적용: 치료 유지

ADHD 치료에 방해가 되는 부적응적 사고 유형

- "나는 항상 이랬어—나는 변할 수 없다"
- "나는 아무것도 끝내지 않는다"
- "나는 오늘 아침에 내 플래너를 보는 것을 잊었다. 지금 그것을 하는 것은 아무 소용이 없다"

부적응적 사고 패턴

- 흑백논리 사고
- 성급한 결론 내리기
  - □ 독심술
  - □ 예언자적 사고
- 과잉일반화
- 파국화
- "당위적" 진술
- 정신적 여과
- 긍정 폄하
- 잘못된 명명
- 개인화
- 정서적 추론

자동적 사고에 도전하는 질문

(1) 자동적 사고가 맞는 증거는 무엇인가?

　자동 사고가 **맞지 않는** 증거는 무엇인가?

(2) 대안적인 설명이 있는가?

(3) 일어날 수 있는 가장 나쁜 일은 무엇인가? 그 일을 겪고도 살아갈 수 있는가?

　일어날 수 있는 가장 좋은 일은 무엇인가?

　가장 현실적인 결과는 무엇인가?

(4) 자동적 사고를 믿으면 어떤 효과가 있는가?

  내 생각을 바꾸면 어떤 효과가 있겠는가?

(5) 이 상황에서 만약 친구가 이런 생각을 한다면, 나는 어떻게 말해줄 것인가?

상황	자동적 사고	감정 / 행동	대안적 사고	대안적 사고를 믿는 정도	새로운 감정/ 행동

사전 체크

협력적 의제 선정

회기 간 연습 검토

집단 소감 나누기

멘토링 회기 종결

핸드아웃 – 없음

집단 회기 도입

ADHD 지식

■ ADHD의 근거-기반 심리사회적 치료에 대한 정보

행동 전략

■ 건강한 생활양식 습관의 시작 및 유지 근거

■ 건강한 생활양식 습관의 전략

    □ 영양과 수면, 운동

    □ 이완 및 스트레스 관리

    □ 약물치료의 효과적인 이용

■ 건강한 관계 형성 및 유지 전략

    □ 새로운 친구 사귀기

    □ 친구와 계속 연락해서 관계 유지하기

    □ 관계의 건강한 경계 정하기

■ 집단 혹은 팀 작업을 관리하는 전략

■ 직장과 학교에서 전문성을 위한 전략

적응적 사고 기술

■ ADHD 증상과 부적응적 사고 패턴이 친구나 가족의 관계를 어떻게 방해할 수 있는지 집단에서 이야기

■ 관계에 악영향을 줄 수 있는 부적응적 사고 패턴에 어떻게 도전하는지 예시 통해 작업

집단 회기 종결

■ 자유로운 질의 응답

■ 회기 간 연습 세부 검토

핸드아웃

■ 7.1 7주 차 집단 표지

■ 7.2 약물치료는 ADHD를 치료하는 유일한 방법인가?

■ 7.3 건강한 생활양식

■ 7.4 대인관계 다루기

■ 7.5 적응적 사고 적용: 관계 개선

ACCESS

Accessing Campus Connections and Empowering Student Success

7주 차 - 집단 핸드아웃

- 7.1 7주 차 집단 표지
- 7.2 약물치료는 ADHD를 치료하는 유일한 방법인가?
- 7.3 건강한 생활양식
- 7.4 대인관계 다루기
- 7.5 적응적 사고 적용: 관계 개선

ADHD의 슬기로운 대학생활: 대학생 ADHD를 위한 인지행동치료

약물치료는 ADHD를 치료하는 유일한 방법인가?

성인 ADHD

■ 인지 행동 치료(CBT) 및 변증법적 행동 치료(DBT) 근거 연구 지지

■ ADHD 코칭 및 마음챙김이 도움이 된다는 부분적인 근거

대학생 ADHD

■ 심리사회적 치료의 효과 연구 초기 단계

■ ADHD 대학생에게 해당하는 유망한 치료/자원: CBT, DBT, 캠퍼스-기반 서비스와 지원, ADHD 코칭, 조직화, 시간 관리, 계획

아동·청소년 ADHD

■ CBT 비-효과적

■ 가족-기반 및 부모-중심 행동 치료 가장 효과적

■ 학교-기반 개입 및 여름 치료 프로그램도 효과적

■ MTA 연구(엄격한 연구 방법을 사용한 대규모 획기적인 연구)

　　□ 대부분 ADHD 아동/청소년의 경우 다중-양식 치료가 가장 좋음

　　□ 다중양식=근거-기반 치료 사용(즉, 약물치료와 행동 치료 결합해서 사용)

건강한 생활양식

건강 유지

■ 잘 먹기, 충분한 수면 취하기, 규칙적인 운동은 스트레스 영향을 막음

■ 기분과 주의력을 유지하기 위해 잘 먹기

　□ 규칙적인 식사와 충분한 물 섭취

　□ 건강한 음식 선택

■ 일상적 수행 향상을 위해 잘 자기

　□ 내부 시계가 작동하여 일어나기 더 쉽도록 규칙적인 취침 시간과 기상 시간 유지

　□ 한숨 돌리는 데 도움이 되도록 저녁 일정 정하기

　□ 아침 몽롱함을 깨기 위해 아침 일정 정하기

　□ 아침에 멍한 상태가 심각한 문제라면, 체크리스트 작성 고려

■ 스트레스 해소와 조바심 감소 위해 규칙적인 운동

　□ 운동에 대한 욕심만으로 불충분함-플래너에 넣기

　□ 처음에는 관리할 수 있는 작은 목표를 정하여 추진력(momentum) 키우기

　□ 진행 과정 모니터링

　□ 재미있게 하기! (운동 파트너, 수업)

이완

■ 가능한 조기에 대응할 수 있도록 스트레스의 초기 증상 인식하기

■ **"자기 자신"**에게 잘 맞는 이완 방법 탐색

　　□ 심호흡

　　□ 점진적 근육 이완

　　□ 바디-스캔 명상

　　□ 시각화 명상

　　□ 요가/태극권

약물치료의 효과적인 이용

■ 약물치료는 처방에 따라 규칙적으로 복용할 때 가장 유용함

■ 의사와 상의하여 가장 적합한 약물치료 찾기

■ 약 복용 기억하기

　　□ 시각 및 청각 알림 사용(일정 입력, 알람 설정)

　　□ 일정에 재처방 날짜 기록

　　□ 처방하는 의사가 시외에 있어 재처방을 받기 어려우면, 지역 의사나 정신
　　　　과 의사 진료 고려

대인 관계 다루기

새로운 친구 사귀기

■ 친구 사귀기 계획의 필요성

　□ 플래너에 친목 행사 시간 마련하기

　□ 학생 동아리나 집단에 가입하기

　□ 사람을 많이 만날수록 친구 사귈 가능성이 커짐

■ 사회적 기술 작업

　□ 사회적 만남을 위한 준비: 몇 가지 대화 시작 방법 연습

　□ 다른 사람에게 물어볼 질문 개발하기

　□ 압도당하는 느낌이 들면? 이야기할 수 있는 한두 명 고르기

　□ 비언어적 의사소통의 중요성

　□ 눈 맞춤 유지

　□ 관심을 보여주기 위해 고개 끄덕이거나 미소 짓기

친구 관계 유지

■ 플래너에 친구 생일이나 중요한 행사 써놓기

■ 플래너를 이용해서 친구와 함께 점검할 부분 스스로 떠올리기

■ 친구 관계 유지에 도움 되는 정기적인 활동 계획하기(예: 주 1회 조깅, 매주 금요일 커피타임)

■ 건강한 경계 정하기

집단 과제 작업

■ 집단 프로젝트와 관련된 여러 단계 계속 추적하기

　□ 각 단계를 적어두고 누구의 책임인지 표시하기

■ 플래너에 모든 마감일 기록하기

■ 지나치게 몰두하지 않기

프로답게 행동하기

■ 윗사람/감독자에게 전문적으로 대하기

　□ 격식 있는 행동 유지

■ 교수와 의사소통

　□ 교수가 선호하는 의사소통 방법 이용(예: 이메일, 음성 메일)

　□ 이메일에 격식을 갖춘 글쓰기 관례 적용(예: 정확한 제목, 철자와 구두점)

■ 동료와 경계 유지

참가자 핸드아웃

적응적 사고 적용: 관계 개선

관계에 영향을 줄 수 있는 부적응적 사고

■ "나는 결코 친구와 계속 연락하고 지낼 수 없다"

■ "나는 절대 친구를 사귈 시간이 없다"

■ "나는 항상 관계를 망친다 – 해봐야 소용없다"

부적응적 사고 패턴

■ 흑백논리 사고	■ 과잉일반화	■ 긍정 폄하
■ 성급한 결론 내리기	■ 파국화	■ 잘못된 명명
□ 독심술	■ "당위적" 진술	■ 개인화
□ 예언자적 사고	■ 정신적 여과	■ 정서적 추론

자동적 사고에 도전하는 질문

1) 자동적 사고가 맞는 증거는 무엇인가?

   자동적 사고가 **맞지 않는** 증거는 무엇인가?

2) 대안적인 설명이 있는가?

3) 일어날 수 있는 가장 나쁜 일은 무엇인가? 그 일을 겪고도 살아갈 수 있는가?

   일어날 수 있는 가장 좋은 일은 무엇인가?

   가장 현실적인 결과는 무엇인가?

4) 자동적 사고를 믿으면 어떤 효과가 있는가?

내 생각을 바꾸면 어떤 효과가 있겠는가?

5) 이 상황에서 만약 친구가 이런 생각을 한다면, 나는 어떻게 말해줄 것인가?

상황	자동적 사고	감정 / 행동	대안적 사고	대안적 사고를 믿는 정도	새로운 감정/ 행동

사전 체크

협력적 의제 선정

회기 간 연습 검토

집단 소감 나누기

멘토링 회기 종결

핸드아웃

ACCESS

Accessing Campus Connections and Empowering Student Success

7주 차 – 멘토링 핸드아웃

- 7.6 7주 차 멘토링 표지
- 7.7 스트레스 감소 전략

스트레스 감소 전략

	전략	시도한 날짜	어떻게 되었는가?	유용성 평정 (0-10)
1				
2				
3				
4				
5				

ADHD의 슬기로운 대학생활: 대학생 ADHD를 위한 인지행동치료

◼ 8주 차 - 집단 의제

집단 회기 도입

ADHD 지식

■ ADHD 지식이 취업, 대인관계, 양육, 금전 관리 등 삶의 다양한 영역의 개선
을 위해 향후 어떻게 기능하는지 집단 논의

행동 전략

■ 장기 목표를 정하고 성취하는 전략 제시 및 논의

■ 집단에서 배운 기법 및 유지, 적용 논의

■ 지속적 지원을 제공하는 교내 서비스의 유용성 강조

적응적 사고 기술

■ 적응적 사고 전략 요약

■ 적응적 사고 기술의 유용성 및 적응적 사고 기술 유지에 관한 집단 논의

집단 회기 종결

■ 유지 단계의 목표와 형식 논의하기

■ 유지 단계에 대한 질문에 답하기

참가자 핸드아웃

핸드아웃

■ 8.1 8주 차 집단 표지

■ 8.2 ADHD 지식 요약

■ 8.3 미래 전망

■ 8.4 적응적 사고 요약

ADHD의 슬기로운 대학생활: 대학생 ADHD를 위한 인지행동치료

ACCESS

Accessing Campus Connections and Empowering Student Success

8주 차 - 집단 핸드아웃

- 8.1 8주 차 집단 표지
- 8.2 ADHD 지식 요약
- 8.3 미래 전망
- 8.4 적응적 사고 요약

ADHD 지식 요약

ADHD에 대해 알기

■ 병에 대한 인식 향상하기

■ 더욱 효과적으로 대처하는 전략 떠올리기

취업

■ 성격과 기질을 고려하고, ADHD가 있다는 사실에 부합하는 직업 찾아보기

■ 학업 관리에 쓰인 다수의 전략은 직장에서 똑같이 적용 가능함(예: 플래너)

금전 관리

■ 지출 관리와 금전 절약을 위해 더 많이 노력하기

친밀한 관계/결혼

■ ADHD를 비롯하여 풍부한 자질을 가진 성인으로서 상대방에게 이해, 수용, 지지를 받으면 받을수록, 서로 만족하는 관계를 맺을 가능성은 더욱 커짐

양육

■ 자녀 양육에는 조직화, 계획, 일관성 등이 상당히 필요함

■ 학업 관리에 사용된 다수의 전략이 양육에서 똑같이 적용 및 활용 가능(예: To-Do list 작성)

미래 전망

목표 설정 및 달성

■ 목표를 적기

■ 실행하고 싶은 목표 정하기

　□ 작은 목표로 시작해서 연습하여 자신감 키우기

■ 목표를 관리 가능한 단계로 나누고 To-Do list 넣기

■ 플래너에 각 단계의 마감일 적기

■ 무엇이 방해되는지 생각하기 — 이러한 장애물을 어떻게 다룰 수 있는가?

■ 목표를 향한 진행 과정 모니터하기

　□ 매일 평가할 항목

　　- 목표를 향해 노력한 시간의 양

　　- 무엇이 잘 되었는지 파악하기

　　- 방해하는 것 그리고 내일 다르게 할 것 확인하기

■ 스스로 책임감을 유지하기 위해 가족 및 친구와 목표 공유

■ 목표를 메모장에 적고 매일 볼 수 있는 곳에 테이프로 붙이기

■ 목표와 그것을 성취할 때 얼마나 기분이 좋을지 상상하는 시간 갖기

■ 예상치 못한 상황을 위해 목표에 유연성 구축하기

새로운 기술 유지

■ 가장 도움이 된다고 생각하는 기술 파악하기

■ 기술을 계속 사용하면서 진행 과정 유지하기

■ 새로운 기술을 자동으로 하려면 규칙적인 연습이 필요함

■ 모든 사람은 도전과 좌절을 경험함

  □ 도전은 문제해결을 위해 노력할 기회가 됨

  □ 적응적 사고 전략 이용하기

■ 교내 서비스 활용하기

목표는 과정 자체이다. 완벽한 끝은 없다는 점을 기억한다!

자신이 이루어낸 발전 과정을 인정한다!

적응적 사고 요약

스스로 고통을 느끼거나 비생산적인 일을 한다고 깨달은 경우

■ 이러한 상황에 선행하는 사건을 다시 생각하고 뒤이어 나온 사고 분석하기

■ 정서적 고통이나 비생산적 행동을 초래하는 부적응적 사고 패턴 경계하기

어떤 상황이든 항상 한 가지 이상으로 생각하는 법 기억하기

■ 감정과 행동을 더 잘 관리하도록 현실적이고 믿을 수 있는 대안적 사고 생성하기

앞으로 나아가면서 과거의 재구성도 도움이 될 수 있음

■ 과거에 겪은 ADHD로 인한 어려움은 ADHD를 치료받지 않은 상태로 살았던 결과로 기억하기

■ 과거에 ADHD와 관련된 어려움을 겪었다고 미래도 똑같이 반복된다고 말할 수 없음

발전 과정을 이어가고 개선을 유지하려면,
계속해서 ACCESS에서 배운 기술과 지식을 이용한다.

◨ 8주 차 - 멘토링 의제

사전 체크

협력적 의제 선정

회기 간 연습 검토

집단 소감 나누기

멘토링 회기 종결

핸드아웃

■ 8.5 8주 차 멘토링 표지

■ 8.6 미래 계획

■ 8.7 ACCESS 내용 요약

ACCESS

Accessing Campus Connections and Empowering Student Success

8주 차 – 멘토링 핸드아웃

- ■ 8.5 8주 차 멘토링 표지
- ■ 8.6 미래 계획
- ■ 8.7 ACCESS 내용 요약

미래 계획

지난 학기 동안 긍정적으로 변화한 실례를 생각한다. 개선이나 발전에 도움이 된 특정 기술이나 성취, 전반적인 여러 내용도 떠올린다.

ACCESS 활성화 단계에서 발전된 점

1.	
2.	
3.	
4.	
5.	

긍정적 변화에 도움이 된 기술

1.	
2.	
3.	
4.	
5.	

ACCESS 내용 요약
ADHD 지식

■ ADHD 증상

　□ 핵심 증상: 부주의, 충동성, 과잉행동

　□ 상황적 가변성

　□ 행동 억제 및 실행 기능 결핍

■ ADHD 원인

　□ 신경생물학적 근거

　□ 유전

　□ 도파민

■ ADHD 평가

　□ ADHD 진단 기준

　□ ADHD 다른 양상

　□ 다양한 측정치

　□ 다양한 정보

■ ADHD가 대학 수행에 미치는 영향

　□ 자기조절의 요구 증가

　□ 외부의 지지 감소

■ ADHD와 정서적 기능, 부적응적 행동

　□ 우울, 불안, 낮은 자존감

□ 정서 조절 문제; 자살 사고

□ 약물 남용 위험 증가; 일부 위험한 성행위

□ 보호 요인의 중요성

■ ADHD 치료에 사용되는 약물

□ 중추신경 자극제/비-자극제 약물

□ 약리적 작용 원리

□ 일반적인 부작용

■ 약물치료 이외의 ADHD 치료 방법

□ CBT, DBT, 마음챙김

□ ADHD 코칭, 캠퍼스 자원

■ ADHD 지식

□ ADHD 지식의 중요성

□ "적합한" 직업 찾기

□ 금전 관리

□ 대인관계

□ 양육

ADHD의 슬기로운 대학생활: 대학생 ADHD를 위한 인지행동치료

ACCESS 내용 요약
행동 전략

- 교내 서비스 이용
- 플래너 사용법
- To-Do list 사용법
- 우선순위 전략
- 조직화 전략
  - 시간 조직화
  - 수업 자료 조직화
  - 집안 환경 조직화
  - 재정 조직화
- 미루기 해결
  - 원인 알기
  - 단계 나누기
  - 스스로 보상하기
- 수업 시간의 최대 활용
  - 전략적인 수업 일정 짜기
  - 수업 시간 주의 집중하기
  - 노트 필기 기술
  - 교수의 도움 받기

■ 시험 보기

　- 시험 보는 전략 및 요령

■ 보고서 및 장기 프로젝트 관리

　- 단계를 나누고 초반에 시작하기

■ 건강한 생활양식

　- 건강 유지(식사, 수면, 운동)

　- 스트레스 관리

　- 효과적인 약물 사용

■ 대인 관계 다루기

　- 친구 사귀고 관계 유지하기

　- 집단 과제 작업하기

　- 프로답게 행동하기

■ 목표 설정

　- 목표 설정 및 달성 전략

■ 발전 과정 유지

ADHD의 슬기로운 대학생활: 대학생 ADHD를 위한 인지행동치료

ACCESS 내용 요약
적응적 사고

■ 적응적 사고란 무엇인가

　– 생각 → 감정과 행동

　– 적응적 사고의 목표: 현실적이고 균형 잡힌 사고

■ 부적응적 사고의 인식

　– 부적응적 사고 유형

　　□ 흑백논리 사고

　　□ 성급한 결론 내리기(독심술; 예언자적 사고)

　　□ 과잉 일반화

　　□ 파국화

　　□ 정신적 여과

　　□ 잘못된 명명

　　□ 개인화

　　□ 감정적 추론

　　□ 당위적 진술

　　□ 긍정 폄하

■ 부적응적 사고 도전

　– 부적응적 사고에 도전하는 질문

　　□ 그 생각을 입증하는 증거와 반대하는 증거는 무엇인가?

□ 대안적 설명이 있는가?

□ 일어날 수 있는 가장 나쁜 일은 무엇인가? 그 일을 겪고도 살 수 있는가?

□ 그 생각을 믿으면 어떤 효과가 있는가? 내 생각을 바꾸면 어떤 효과가 있는가?

□ 친구라면 뭐라고 말할까?

■ ADHD 관련 생각 다루기: 학업 향상

- "나는 마지막 순간까지 기다릴 때 더 잘한다"

- "나는 절대로 상황을 조직화할 수 없다"

■ 적응적 사고 적용: 정서와 부적응적 행동 대처

- "나는 절대 나아지지 않을 것이다"

- "모두가 대학에서는 술을 많이 마신다"

■ 적응적 사고 적용: 치료유지

- "나는 아무것도 끝내지 못한다"

- "나는 항상 이런 식으로 지내왔다 – 나는 변할 수 없다"

■ 적응적 사고 적용: 관계 개선

- "나는 결코 친구와 계속 연락하고 지낼 수 없다"

- "나는 친구를 사귈 시간이 없다"

◨ 집단 부스터 회기 의제

ADHD 지식

■ ADHD에 대한 질문 점검

행동 전략

■ 학생들에게 가장 도움이 되는 전략 논의

■ 학생들에게 이번 학기 전략 이용 계획 안내하기

■ 학생들이 잠재적인 장애물을 고려하도록 돕기

적응적 사고 기술

■ 학생들의 적응적 사고 기술 이용 점검

■ 필요에 따라 적응적 사고 기술을 검토 및 수정

집단 회기 종결

핸드아웃

■ 부스터 집단 표지 1.1

■ 부스터 핸드아웃 1.2 ACCESS 전략 검토

■ 부스터 핸드아웃 1.3 적응적 사고

ACCESS

Accessing Campus Connections and Empowering Student Success

부스터 집단 핸드아웃

- 부스터 1.1 부스터 집단 표지
- 부스터 1.2 ACCESS 전략 검토
- 부스터 1.3 적응적 사고

ACCESS 전략 검토

■ 교내 서비스 이용

■ 플래너 사용법

■ To-Do list 및 우선순위 기법

■ 학습 플래너 만들기

■ 동기부여를 위해 스스로 강화/보상하기

■ 좋은 학습 공간 만들기

   – 사회적, 감각적 자극에 의한 주의분산 제한

■ 주의분산 지연을 통한 주의력 향상

■ 미루는 행동 다루기

   – 미루는 이유 이해하고, 적절한 전략 적용하기

   – 압도감을 느끼는가? 보고서/프로젝트를 더 작은 단계로 세분화하기

   – 유용하지 않은 생각인가? 적응적 사고 적용하기

■ 학업과 가정 조직화 전략

   – 물건 분실 방지

   – 주의산만한 잡동사니 방지

■ 건강 유지

   – 잘 먹고, 충분한 숙면 취하기

   – 규칙적으로 운동하고, 스트레스 관리 기법 이용하기

적응적 사고

상황	자동적 사고	감정 / 행동	대안적 사고	대안적 사고를 믿는 정도	새로운 감정/ 행동

부적응적 사고 패턴

■ 흑백논리 사고: "검은색 아니면 모두 흰색(모 아니면 도)"으로 사물을 보는 것

■ 성급한 결론내리기: 증거가 거의 없거나 전혀 없이 부정적인 해석을 하는 것

   – 독심술: 누군가가 부정적으로 반응한다고 가정하는 것

ADHD의 슬기로운 대학생활: 대학생 ADHD를 위한 인지행동치료

– 예언자적 사고: 사건에 대해 부정적인 결과를 예측하는 것

■ 과잉 일반화: 하나의 부정적인 사건을 광범위한 진실로 해석하는 것

■ 파국화: 극단적이고 끔찍한 결과를 예상하는 것

■ "당위적" 진술: "해야 한다"가 포함된 진술. 종종 비현실적인 기대를 반영함

■ 정신적 여과: 더 큰 상황에 대해 하나의 부정적인 세부 사항에만 집착하는 것

■ 긍정폄하: 긍정적인 경험은 "중요하지 않다"라고 주장함으로써 거부하는 것

■ 잘못된 명명: 자신이나 다른 사람에게 광범위한 부정적인 꼬리표를 붙이는 것(과잉일반화의 극단적 형태)

■ 개인화: 부정적인 사건을 부정적인 개인 특성의 증거로 보는 것. 어떤 식으로든 모든 것이 "당신의 잘못"이라 하는 것

■ 정서적 추론: 부정적인 감정을 증거로 해석하는 것. "난 그것을 느낀다, 그래서 그것은 사실이 틀림없다"

자동적 사고에 도전하는 질문

1) 자동적 사고가 맞는 증거는 무엇인가?

   자동적 사고가 **맞지 않는** 증거는 무엇인가?

2) 대안적인 설명이 있는가?

3) 일어날 수 있는 가장 나쁜 일은 무엇인가? 그 일을 겪고도 살아갈 수 있는가?

   일어날 수 있는 가장 좋은 일은 무엇인가?

   가장 현실적인 결과는 무엇인가?

4) 자동적 사고를 믿으면 어떤 효과가 있는가?

   내 생각을 바꾸면 어떤 효과가 있겠는가?

5) 이 상황에서 만약 친구가 이런 생각을 한다면, 나는 어떻게 말해줄 것인가?

▣ 초기 유지 단계 멘토링 회기 의제

사전 체크

협력적 의제 선정

협력적 계획 수립: 현재 필요와 목표 기반

멘토링 회기 종결

핸드아웃

- 1.1 유지 멘토링 표지
- 8.6 미래 계획
- 1.10 목표 설정
- 8.7 ACCESS 내용 요약
- 3.7 부적응적 사고 도전: 개인 연습

ACCESS

Accessing Campus Connections and Empowering Student Success

초기 유지 단계 멘토링 핸드아웃

■ 1.1 유지 멘토링 표지

■ 8.6 미래 계획

■ 1.10 목표 설정 양식

■ 8.7 ACCESS 내용 요약

■ 3.7 부적응적 사고 도전: 개인 연습

미래 계획

지난 학기 동안 긍정적으로 변화한 실례를 생각한다. 개선이나 발전에 도움이 된 특정 기술이나 성취, 전체적이고 광범위한 내용도 떠올린다.

ACCESS 활성화 단계에서 발전된 점

1.	
2.	
3.	
4.	
5.	

긍정적 변화에 도움이 된 기술

1.	
2.	
3.	
4.	
5.	

목표 설정 양식

목표	시작 날짜	목표 날짜	진행 과정
1.			
2.			
3.			
4.			
5.			

ACCESS 내용 요약
ADHD 지식

■ ADHD 증상
- □ 핵심 증상: 부주의, 충동성, 과잉행동
- □ 상황적 가변성
- □ 행동 억제 및 실행 기능 결핍

■ ADHD 원인
- □ 신경생물학적 근거
- □ 유전
- □ 도파민

■ ADHD 평가
- □ ADHD 진단 기준
- □ ADHD 다른 양상
- □ 다양한 측정치
- □ 다양한 정보

■ ADHD가 대학 수행에 미치는 영향
- □ 자기조절의 요구 증가
- □ 외부의 지지 감소

■ ADHD와 정서적 기능, 부적응적 행동
- □ 우울, 불안, 낮은 자존감

□ 정서 조절 문제; 자살 사고

　　□ 약물 남용 위험 증가; 일부 위험한 성행위

　　□ 보호 요인의 중요성

■ ADHD 치료에 사용되는 약물

　　□ 중추신경 자극제/비-자극제 약물

　　□ 약리적 작용 원리

　　□ 일반적인 부작용

■ 약물치료 이외의 ADHD 치료 방법

　　□ CBT, DBT, 마음챙김

　　□ ADHD 코칭, 캠퍼스 자원

■ ADHD 지식

　　□ ADHD 지식의 중요성

　　□ "적합한" 직업 찾기

　　□ 금전 관리

　　□ 대인관계

　　□ 양육

ACCESS 내용 요약
행동 전략

■ 교내 서비스 이용

■ 플래너 사용법

■ To-Do list 사용법

■ 우선순위 전략

■ 조직화 전략

　– 시간 조직화

　– 수업 자료 조직화

　– 집안 환경 조직화

　– 재정 조직화

■ 미루기 해결

　– 원인 알기

　– 단계 나누기

　– 스스로 보상하기

■ 수업 시간의 최대 활용

　– 전략적인 수업 일정 짜기

　– 수업 시간 주의 집중하기

　– 노트 필기 기술

　– 교수의 도움 받기

■ 시험 보기

  − 시험 보는 전략 및 요령

■ 보고서 및 장기 프로젝트 관리

  − 단계를 나누고 초반에 시작하기

■ 건강한 생활양식

  − 건강 유지(식사, 수면, 운동)

  − 스트레스 관리

  − 효과적인 약물 사용

■ 대인 관계 다루기

  − 친구 사귀고 관계 유지하기

  − 집단 과제 작업하기

  − 프로답게 행동하기

■ 목표 설정

  − 목표 설정 및 달성 전략

■ 발전 과정 유지

ACCESS 내용 요약
적응적 사고

■ 적응적 사고란 무엇인가

　– 생각 → 감정과 행동

　– 적응적 사고의 목표: 현실적이고 균형 잡힌 사고

■ 부적응적 사고의 인식

　– 부적응적 사고 유형

　　☐ 흑백논리 사고

　　☐ 성급한 결론 내리기(독심술; 예언자적 사고)

　　☐ 과잉 일반화

　　☐ 파국화

　　☐ 정신적 여과

　　☐ 잘못된 명명

　　☐ 개인화

　　☐ 감정적 추론

　　☐ 당위적 진술

　　☐ 긍정 폄하

■ 부적응적 사고 도전

　– 부적응적 사고에 도전하는 질문

　　☐ 그 생각을 입증하는 증거와 반대하는 증거는 무엇인가?

□ 대안적 설명이 있는가?

□ 일어날 수 있는 가장 나쁜 일은 무엇인가? 그 일을 겪고도 살 수 있는가?

□ 그 생각을 믿으면 어떤 효과가 있는가? 내 생각을 바꾸면 어떤 효과가 있는가?

□ 친구라면 뭐라고 말할까?

■ ADHD 관련 생각 다루기: 학업 향상

– "나는 마지막 순간까지 기다릴 때 더 잘한다"

– "나는 절대로 상황을 조직화할 수 없다"

■ 적응적 사고 적용: 정서와 부적응적 행동 대처

– "나는 절대 나아지지 않을 것이다"

– "모두가 대학에서는 술을 많이 마신다"

■ 적응적 사고 적용: 치료 유지

– "나는 아무것도 끝내지 못한다"

– "나는 항상 이런 식으로 지내왔다 – 나는 변할 수 없다"

■ 적응적 사고 적용: 관계 개선

– "나는 결코 친구와 계속 연락하고 지낼 수 없다"

– "나는 친구를 사귈 시간이 없다"

부적응적 사고 도전: 개인 연습

상황	자동적 사고	감정/행동	대안적 사고	대안적 사고를 믿는 정도	새로운 감정/행동

부적응적 사고 패턴

■ 흑백논리 사고
■ 성급한 결론 내리기
  □ 독심술
  □ 예언자적 사고
■ 파국 일반화
■ 파국화
■ 당위적 진술
■ 정신적 여과
■ 긍정 폄하
■ 잘못된 명명
■ 개인화
■ 정서적 추론

자동적 사고에 도전하도록 돕는 질문

(1) 자동적 사고가 맞는 증거는 무엇인가?
   자동적 사고가 맞지 않는 증거는 무엇인가?
(2) 대안적 설명이 있는가?
(3) 일어날 수 있는 가장 나쁜 일은 무엇인가?
   그 일을 겪고도 살아갈 수 있는가?
   일어날 수 있는 가장 좋은 일은 무엇인가?
   가장 현실적인 결과는 무엇인가?
(4) 자동적 사고를 믿으면 어떤 효과가 있는가?
   내 생각을 바꾸면 어떤 효과가 있겠는가?
(5) 이 상황에서 만약 친구가 이런 생각을 한다면, 나는 어떻게 말해줄 것인가?

ADHD의 슬기로운 대학생활: 대학생 ADHD를 위한 인지행동치료

사전 체크

협력적 의제 선정

협력적 계획: 현재 필요와 목표 기반

멘토링 회기 종결

사전 체크

협력적 의제 선정

협력적 계획 수립: 현재 필요와 목표 기반

멘토링 회기 종결

부록 1

NRC 약물표

ADHD Medications Approved by the US Food and Drug Administration

Stimulant Medications

Class	Brand Name	Generic Name	Duration	Available Dosage Strengths
Methylphenidate	Adhansia XR™	methylphenidate hydrochloride - extended-release (capsule)	16 hours	25mg 35mg 45mg 55mg 70mg 85mg
	Azstarys™	serdexmethylphenidate and dexmethylphenidate (capsule)	10+ hours	26.1mg/5.2mg 39.2mg/7.8mg 52.3mg/10.4mg
	Aptensio XR™	methylphenidate hydrochloride - extended-release (capsule)	12 hours	10mg 15mg 20mg 30mg 40mg 50mg 60mg
	Concerta®	methylphenidate hydrochloride - extended-release (tablet)	10–12 hours	18mg 27mg 36mg 54mg 72mg
	Cotempla™XR-ODT	methylphenidate extended-release (orally disintegrating tablet)	8–12 hours	8.6 mg 17.3mg 25.9 mg
	Daytrana®	methylphenidate (transdermal patch)	10–16 hours	10mg 15mg 20mg 30mg
	Focalin®	dexmethylphenidate hydrochloride (tablet)	3–5 hours	2.5mg 5mg 10mg
	Focalin XR®	dexmethylphenidate hydrochloride - extended-release (capsule)	12 hours	5mg 10mg 15m 20mg 25m 30mg 35mg 40mg
	Jornay PM™	methylphenidate hydrochloride - extended-release (capsule)	12+ hours	20mg 40mg 60mg 80mg 100mg
	Metadate CD®	methylphenidate hydrochloride - extended-release (capsule)	8 hours	10mg 20mg 30mg 50mg
	Metadate® ER	methylphenidate hydrochloride - extended-release (tablet)	8–12 hours	20mg
	Methylin® ER	methylphenidate hydrochloride - extended-release (tablet)	8 hours	10mg 20mg
	Methylin® Oral Solution	methylphenidate hydrochloride (liquid)	3–5 hours	5mg/5ml and 10mg/5ml

Children and Adults with Attention-Deficit/Hyperactivity Disorder (CHADD)
4221 Forbes Blvd, Suite 270
Lanham, MD 20706
www.CHADD.org | 301-306-7070

Copyright 2023

Class	Brand Name	Generic Name	Duration	Available Dosage Strengths
Methylphenidate	QuilliChew ER™	methylphenidate hydrochloride - extended-release (chewable tablet)	8–12 hours	20mg 30mg 40mg
	Quillivant XR®	methylphenidate hydrochloride - extended-release (liquid)	8, 10, and 12 hours	25mg/5ml (5mg/ml)
	Ritalin®	methylphenidate hydrochloride (tablet)	3–5 hours	5mg 10mg 20mg
	Ritalin LA®	methylphenidate hydrochloride - extended-release (capsule)	8 hours	10mg 20mg 30mg 40mg
Amphetamine	Adderall ®	amphetamine and dextroamphetamine mixed salts (tablet)	4–8 hours	5mg 7.5mg 10mg 12.5mg 15mg 20mg 30mg
	Adderall XR®	amphetamine and dextroamphetamine mixed salts - extended-release (capsule)	8–12 hours	5mg 10mg 15mg 20mg 25mg 30mg
	Adzenys ER	amphetamine extended-release oral suspension (liquid)	9-12 hours	3.1mg/2.5ml 6.3mg/5ml 9.4mg/7.5ml 12.5mg/10ml 15.7mg/12.5ml 18.8mg/15ml
	Adzenys XR-ODT™	amphetamine extended-release (orally disintegrating tablet)	9–12 hours	3.1mg 6.3mg 9.4mg 12.5mg 15.7mg 18.8mg
	Desoxyn®	methamphetamine hydrochloride (tablet)	4-8 hours	5mg
	Dexedrine®	dextroamphetamine sulfate - (tablet)	4-6 hours	2.5mg 5mg 7.5mg 10mg 15 mg 20mg 30mg
	Dexedrine®	dextroamphetamine sulfate - extended-release (tablet)	6–9 hours	15mg
	Dexedrine Spansule®	dextroamphetamine sulfate - extended-release (capsule)	8-12 hours	15mg
	Dyanavel® XR	amphetamine extended-release tablet	8–12 hours	2.5mg 5mg 10mg 15mg 20mg
	Dyanavel® XR	amphetamine extended-release oral suspension (liquid)	8–12 hours	2.5mg/ml, 12.5 mg/tsp

ADHD의 슬기로운 대학생활: 대학생 ADHD를 위한 인지행동치료

Class	Brand Name	Generic Name	Duration	Available Dosage Strengths
Amphetamine	Evekeo®	amphetamine sulfate (tablet)	4–6 hours	5mg 10mg
	Evekeo ODT ™	amphetamine sulfate - orally disintegrating (tablet)	4–6 hours	5mg 10mg 15mg 20mg
	Mydayis™	mixed salts of a single-entity amphetamine product - extended-release (capsule)	16 hours	12.5mg 25mg 37.5mg 50mg
	ProCentra®	dextroamphetamine sulfate (liquid)	4-8 hours	5mg/5ml
	Vyvanse®	lisdexamfetamine dimesylate (chewable tablet)	8-12 hours	10mg 20mg 30mg 40mg 50mg 60mg
	Vyvanse®	lisdexamfetamine dimesylate (capsule)	10–12 hours	10mg 20mg 30mg 40mg 50mg 60mg 70mg
	Xelstrym™	dextroamphetamine (transdermal patch)	9 hours	10mg 15mg 20mg 30mg
	Zenzedi®	dextroamphetamine sulfate (tablet)	4–8 hours	2.5mg 5mg 7.5mg 10mg 15mg 20mg 30mg

Nonstimulant Medications

Class	Brand Name	Generic Name	Duration	Available Dosage Strengths
Norepinephrine reuptake inhibitor	Strattera®	atomoxetine hydrochloride (capsule)	24 hours	10mg 18mg 25mg 40mg 60mg 80mg 100mg
	Qelbree™	viloxazine extended-release (capsule)	24 hours	100mg 150mg 200mg
Alpha agonist	Kapvay®	clonidine hydrochloride extended-release (tablet)	12–24 hours	0.1mg 0.2mg
	Intuniv®	guanfacine hydrochloride - extended-release (tablet)	12–24 hours	1mg 2mg 3mg 4mg

US Food & Drug Administration. Medication Guides. (www.accessdata.fda.gov/scripts/cder/daf/index.cfm?event=medguide.page)

This chart is supported by Cooperative Agreement Number NU38DD000002 from the Centers for Disease Control and Prevention (CDC). The contents are solely the responsibility of the authors and do not necessarily represent the official views of CDC.

© January 2023 Children and Adults with Attention-Deficit/Hyperactivity Disorder (CHADD). All Rights Reserved.

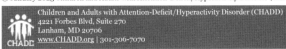
Children and Adults with Attention-Deficit/Hyperactivity Disorder (CHADD)
4221 Forbes Blvd, Suite 270
Lanham, MD 20706
www.CHADD.org | 301-306-7070

Page 3

부록 2
프로그램 진행 시 참고 자료 (국내)

★ 웹사이트

1. 에이앱 _ [성인 ADHD 커뮤니티]

에이앱   홈 병원후기 커뮤니티▾ 블로그▾ 메시지함 유튜브 트위터 특방

아이디
| ID |

비밀번호
| Password |

☐ 자동로그인   로그인

회원 가입 비밀번호 찾기

설문 리워드 담첨사 공지

명예의전당

투약 1년 6개월차..문득 삶이 편해짐을 느꼈어요 [1개 ~..   [2022-05-04]

[미니연재] 3. 성인 ADHD를 어떻게 진단하나요? (2) CA..   [2022-03-05]

우울방에서 벗어나는 것은 철나의 순간이더다 [5] - 트룸아   [2022-03-29]

옮자유게시판

22살도 @이들 처방 전에 뇌,심장 관련 보험가입 필요 ...   [2022-07-21]

ADHD 임산부 너무 힘드네요 @ - ■■■■ 1234   [2022-07-21]

adhd는 면예해도 탈까요 [2] @ ■■■   [2022-07-21]

adhd약 처방시 소견서가 필요하다는데..[3] ■ ■■■   [2022-07-21]

약복용 여의에 하면 도움되는게 있을까요 [4] ■ ■■■   [2022-07-21]

약 택기 전 실행능력 문제 [3] ■   [2022-07-21]

콘서티 빨고 교로 시작하는 보법제약 약 이름 [2] ■ ■■■   [2022-07-21]

♥블로그

공과 시작 ■   [2022-07-21]

대학 졸업 후 있었던 다양한 이야기 ■ ■■■   [2022-07-21]

콘서티 식욕부진 편이었네? [2] ■ ■■■   [2022-07-20]

@오늘의실수@

공부를 안했다.. 엄때가 아시면 실망하시겠지? 어리면 ...   [2022-07-19]

또 마감을 지키지 못 했어요 한두번이 아니라서 더 판...   [2022-07-18]

꼭 해야하는 일도 미루고, 또 꼭 필요한 물건이 어딘대...   [2022-07-14]

공지

에이앱 후원해가(리워드 제공) - 에이앱   [2022-06-05]

사이트 탈회 방법 - 에이앱   [2022-02-20]

게시판 이용규칙 위반 회원 신고 - 에이앱   [2022-01-30]

2021년 하반기 에이앱 결산입니다 - 에이앱   [2022-01-23]

새 줄 일기

아직 캘셈어지만 - 오트밀   [2022-07-10]

ADHD의 슬기로운 대학생활: 대학생 ADHD를 위한 인지행동치료

★ 어플(애플리케이션)

1. 일정 관리 어플

1) Google Calendar

Intelligently manage
work, school, and
personal calendars

Clearly see
all of your events

Quickly create and
schedule meetings

2) 네이버 캘린더

스티커와 스킨으로 꾸미는 나만의 달력!

중요한 일정이나 기념일을 스티커로 꾸미고, PC웹에서 디자인 스킨을 설정하세요

언제 어디서든 PC웹과 연동되는 캘린더앱!

일정, 할 일 관리는 물론 시간표 등록, D-day 설정, 다양한 뷰로도 이용할 수 있어요

할 일은 체크리스트로 관리

3) 투두메이트

위젯 지원

오늘 할 일을 기록

2. 금전 관리 어플

1) 뱅크 샐러드

1원까지 정확한
자동 가계부

나도 몰랐던
내 소비패턴

복잡한 인증서 없이
모든 자산 한 눈에

ADHD의 슬기로운 대학생활: 대학생 ADHD를 위한 인지행동치료

2) 토스 Toss

3. 음성을 글로 변환해주는 소프트웨어[Speech to Text]

1) 네이버 클로바 노트

2) 다 글로

주제·환경 선택으로 상황에 맞게
무제한으로 받아쓰세요!

대화의 핵심 내용만 콕콕
키워드로 요점을 파악하고

ADHD의 슬기로운 대학생활: 대학생 ADHD를 위한 인지행동치료

부록 3

성인 ADHD 단행본 참고도서

반건호. (2022). *나는 왜 집중하지 못하는가 :37년 정신의학 전문가가 전하는 복잡한 머릿속을 꿰뚫는 성인 ADHD의 모든 것 /*. 서울 : 라이프앤페이지.

신지수. (2021). *나는 오늘 나에게 ADHD라는 이름을 주었다 :서른에야 진단받은 임상심리학자의 여성 ADHD 탐구기 /*. 서울 : 휴머니스트출판그룹.

이성직. (2020). *ADHD 전문가를 위한 치료 지침서 /*. 서울 : 학지사.

정지음. (2021). *젊은 ADHD의 슬픔 :정지음 에세이 /*. 서울 : 민음사.

황희성. (2023). *아무도 모르는 나의 ADHD :성인 ADHD 종합 안내서 /*. 서울 : 어깨 위 망원경.

Boissiere, P. (2023). *매우 산만한 사람들을 위한 집중력 연습 /*. 서울 : 부키.

Daly, B. P. (2021). *성인 ADHD /*. 파주 : 군자.

Hallowell, E. M. (2022). *ADHD 2.0 /*. 서울 : 녹색지팡이.

Nadeau, K. G. (2023). *ADHD 소녀들 이해하기 :ADHD 소녀들은 어떤 방식으로 감정을 느끼고 어떤 방식으로 행동하는가 /*. 서울 : 학지사.

Ramsay, J. R. (2019). In 한국성인ADHD 임상연구회 (Ed.), *성인 ADHD의 대처 기술 안내서 :실생활적응능력 향상을 위한 인지행동치료 기법 활용 /*. 서울 : 하나醫學社.

Skoglund, L. B. (2023). *여성 ADHD :투명소녀에서 번아웃 여인으로 /*. 파주 : 군자.

Young, S. (2019). *청소년 및 성인을 위한 ADHD의 인지행동치료 /*. 서울 : 시그마프레스.

Zylowska, L. (2016). *ADHD를 위한 마음챙김 처방 :주의력 강화와 정서 관리, 목표 성취를 위한 8단계 프로그램 /*. 서울 : 북스힐.

저자 소개

Arthur D. Anastopoulos

Purdue University에서 임상심리학 박사 학위를 취득했다. 현재 University of North Carolina Greensboro의 인간발달 및 가족학과 교수이고, ADHD 클리닉을 운영하고 있다. ADHD 평가와 치료를 전 생애적 관점에서 연구했고, ADHD 대학생 연구에 관심이 있다.

Joshua M. Langberg

University of South Carolina에서 임상 및 지역사회 심리학 박사 학위를 취득했다. 현재 Virginia Commonwealth University의 심리학과 교수이고, 인문과학 대학의 연구 부학과장이다. ADHD 청소년과 대학생을 위한 개입 개발과 보급에 관심이 있다.

Laura Hennis Besecker

University of North Carolina Greensboro에서 박사 학위를 취득했다. 동 대학 인간발달 및 가족학과의 연구원이며, 현재 ADHD 클리닉에서 임상가로 일하면서, University of North Carolina Greensboro와 Elon University에서 대학생과 대학원생을 가르치고 있다. ADHD, 불안, 파괴적 행동장애, 건강 문제가 있는 젊은 성인의 탄력성 및 보호 요인 연구에 관심이 있다.

Laura D. Eddy

Virginia Commonwealth University에서 임상심리학 박사 학위를 취득했다. 현재 University of North Carolina Greensboro 인간발달 및 가족학과에 있는 ADHD 클리닉의 연구원이다. ADHD 인지행동 치료와 동반이환, 임신한 ADHD 여성 연구에 관심이 있다.

역자 소개

박정수_아주대학교 심리학과 조교수

아주대학교 심리학과 학사, 석사(임상심리학)
North Carolina State University 박사(Lifespan Developmental Psychology)
임상심리전문가 및 정신건강임상심리사1급
전) 중앙보훈병원 정신건강의학과 임상심리 수퍼바이저
전) University of Michigan, Institute for Social Research, Postdoctoral Fellow

유미

아주대학교 심리학과 학사, 석사, 박사 수료(임상심리학)
임상심리전문가 및 정신건강임상심리사1급
전) 제주대학교병원 정신건강의학과 임상심리 수퍼바이저

최선

아주대학교 심리학과 학사, 석사, 박사 수료(임상심리학)
임상심리전문가 및 정신건강임상심리사1급
전) 부부클리닉 후 임상심리전문가
전) 성 안드레아 신경정신병원 임상심리과장/수퍼바이저
전) 용인정신병원 임상심리과장/수퍼바이저

김나래

가톨릭대학교 심리학과 학사, 아주대학교 심리학과 임상심리학 석사

김미영

Simon Fraser University 심리학과 학사, 아주대학교 심리학과 임상심리학 석사

임효섭

아주대학교 심리학과 학사, 아주대학교 심리학과 임상심리학 석사

First published in English under the title
CBT for College Students with ADHD; A Clinical Guide to ACCESS
by Arthur D. Anastopoulos, Joshua M. Langberg, Laura Hennis Besecker and Laura Downs Eddy, edition: 1
Copyright © Springer Nature Switzerland AG, 2020
This edition has been translated and published under licence from Springer Nature Switzerland AG.
Springer Nature Switzerland AG takes no responsibility and shall not be made liable
for the accuracy of the translation.
All rights are reserved.
Korean translation rights © PYMATE 2024
Korean translation rights are arranged with Springer Nature Customer Service Center GmbH
through AMO Agency Korea.
이 책의 한국어판 저작권은 AMO 에이전시를 통해
저작권자와 독점 계약한 피와이메이트에 있습니다.
저작권법에 의해 한국 내에서 보호를 받는 저작물이므로
무단 전재와 무단 복제를 금합니다.

ADHD의 슬기로운 대학생활: 대학생 ADHD를 위한 인지행동치료
CBT for College Students with ADHD; A Clinical Guide to ACCESS

초판발행   2024년 8월 30일

지은이   Arthur D. Anastopoulos · Joshua M. Langberg
                Laura Hennis Besecker · Laura Downs Eddy
옮긴이   박정수 · 유 미 · 최 선 · 김나래 · 김미영 · 임효섭
펴낸이   노 현

편 집   전채린
표지디자인   이수빈
기획/마케팅   이선경
제 작   고철민 · 김원표

펴낸곳   ㈜ 피와이메이트
                서울특별시 금천구 가산디지털2로 53, 210호(가산동, 한라시그마밸리)
                등록 2014. 2. 12. 제2018-000080호
전 화   02)733-6771
f a x   02)736-4818
e-mail   pys@pybook.co.kr
homepage   www.pybook.co.kr
ISBN   979-11-6519-329-4   93180

* 파본은 구입하신 곳에서 교환해 드립니다. 본서의 무단복제행위를 금합니다.

정 가   25,000원

박영스토리는 박영사와 함께하는 브랜드입니다.